皇學館大学講演叢書　第135輯～第142輯

伊勢の神宮と式年遷宮

皇學館大学出版部

伊勢の神宮と式年遷宮

目次

刊行の辞　皇學館大学学長　清水　潔

刊行の辞

第六十二回神宮式年遷宮は、平成二十五年秋の斎行にむけて、全国民的奉賛のもと着々と準備が進められている。この佳節に、皇學館大学として学問的立場から神宮奉賛の微意を表したいとの思いで、ここ数年、神宮と神道を中心とする日本の歴史と文化に関する各種の講演、啓蒙活動等が学内外で展開されてきた。

その一つが、平成二十二年度に開催した月例文化講座「伊勢の神宮と式年遷宮」である。この講座は文学部国史学科が担当し、八名の教員が分担して、古代から近代に至る式年遷宮の歴史とその周辺について講じたものである。幸いにも毎回、伊勢市民のみならず県内外からも百数十名にのぼる多数の聴講者があり、好評をいただいた。

本書は、その八講をもとに一冊の書物に仕立てたものである。一講ごとに個別の講演録とするのではなく、八講全体を一冊にまとめることは、講座企画当初からの計画であった。さらにこれを授業テキストとして学生の学習にも使用できるよう、補筆工夫の手が加えられている。

担当教員の多くは伊勢市史編纂に関わり、その調査研究の成果の一端が本書にも取り入れられている。学術的に新たな知見も加味した内容を、わかりやすく解説するとともに、総じて神宮と式年遷宮に関する歴史とその意味を問うものとなった。

式年遷宮を理解する手引き書として、また広く神宮をはじめ日本文化の特質を知る上でも、江湖のご参照を乞う次第である。

平成二十四年七月十六日

皇學館大学長　清　水　潔

第一講　伊勢の神宮と式年遷宮

清　水　潔

はじめに

第六十二回神宮式年遷宮は、平成二十五年の斎行に向けて、着々と準備が進められています。一昨年（平成二十年）四月には、「鎮地祭《ちんちさい》」が行われ、新宮《にいみや》の宮地《みやどころ》に坐《ましま》す神を鎮めまつり、新宮奉建の平安が祈念されました。現正殿に向かって左隣り（西側）に同じ広さの空閑地（古殿地）がありますが、そこが新しい御社殿が建てられる宮地です。その新御敷地《みしきち》に、心御柱《しんのみはしら》の覆屋を中心として、祭場の中央と四隅に黄・青・赤・白・黒色の五色の幣が立てられており、忌物《いみもの》、神饌が奉奠され、祝詞が奏上され、大宮司以下神職の八度拝があり、その後、物忌《ものいみ》の童女と介添え役の物忌父（権禰宜）が、清められた忌鎌《いみかま》をもって草を刈り、忌鍬《いみくわ》を執って宮地を穿ち始める所作が行われました。私も参列奉拝を許され、何と素朴な、簡素洗練されたお祭りかと、深い感銘を禁じ得ませんでした。また同時に、いよいよこれから、ここに新しい大宮が造られ始めるのだ、という感慨を懐いたことでありました。

そして昨年（平成二十一年）は宇治橋が新しく架け替えられ、渡り始め式が行われました。平成十八・十九年の御木曳行事の前後から参拝者が急増しましたが、さらに宇治橋が架け替えられ

「穿初《うがちぞめ》」物忌《ものいみ》と物忌父《ものいみのちち》（神宮司庁提供）

た頃より内宮周辺を中心に伊勢は殷賑を極める非常な賑わいであります。国民の神宮奉賛、崇敬のいや高まるなかで、式年遷宮の完遂に向け着々と準備が整えられていくことは、洵に慶びに堪えません。

一、神宮とその社殿

神宮にお祀りされている天照大神は、もと天皇の大殿の内において「同床共殿」でお祀りされていました。それを畏れ多いこととして、第十代崇神天皇の御代に皇女豊鍬入姫命《とよすきいりひめのみこと》に託して倭笠縫邑《やまとのかさぬいのむら》にお遷しし、「磯堅城《しかたき》の神籬《ひもろぎ》」を立ててお祀りすることになりました。さらに次の垂仁天皇朝には皇女倭姫命に託して、大神が御鎮座になるに相応しいところを求めて巡幸され、笠縫邑から菟田（宇陀）の筱幡《ささはた》、さらに伊賀、近江、美濃と巡り、美濃から一転南下してこの伊勢に至り祠を立て、五十鈴の川上に斎宮《いわいのみや》を興《た》て鎮祭したというのが、『日本書紀』や平安時代初期に斎部広成が著した『古語拾遺』、また神宮の祭祀や由緒を記した最も古い文献である『皇太神宮儀式帳』などに伝える神宮創祀の古伝です。

以来、連綿と祭祀が継承され今日に至っていますが、この創始の由来からも明らかなように、伊勢の神宮は、皇祖天照大神をお祀りし、その祭祀の祭り主は上御一人、天皇が神宮祭祀の主体であるところに根本的な意義があります。神宮は、わが国の国家形成の歴史的展開とともに、天神地祇の国家祭祀の頂点として体系化が進行し、やがて律令神祇制度のなかに整備されていきました。

『古語拾遺』に、「天照大神は、惟《こ》れ祖《おや》惟《こ》れ宗《きみ》、尊きこと与《なら》二《び》無《な》し。因りて、自余の諸神は、乃《すなは》ち子乃ち臣、孰《たれ》か能《よ》く敢《あ》へて抗《さから》はむ。」とあることは、皇祖天照大神を祀る伊勢の神宮の位置をよく示しています。中臣氏とともに、古来、朝廷祭祀に預かってきた忌部（斎部）氏の発言だけに、神宮の由来と歴史、本義を踏まえた表現と思われます。天下諸神に超越する国家最高の尊貴な社としての位置は、古今を通して変わることなく今日に至っています。

さて、その神宮の社殿は「神明造」とよばれます。神明造りのなかでも、とくに神宮正殿の建築様式を「唯一神明造」と称します。出雲大社の「大社造」と並んで、最も古い神社建築の様式を今日に伝えたものとされています。その唯一神明造の特色として、次のような諸点を挙げるこ

皇大神宮御正宮（神宮司庁提供）

とができます。

①掘立式の丸柱。礎石などを置かずに、地中に直接埋め立てるという掘立式であります。「底つ磐根に宮柱太敷き立て」るものです。

②棟の両端を支える棟持柱がある。本殿本体から少し離れて独立して立てられているので「独立棟持柱」とも呼ばれます。

③屋根は切妻造で、萱葺である。

④屋根の両妻にある破風が延びて屋根を貫き、千木がそびえている。「高天原に千木高知り」の姿です。

⑤棟の上には多くの堅魚木《かつおぎ》が置きならべられております（内宮は一〇本、外宮は九本、大嘗宮は八本）。

⑥この建築様式は、すべてが直線式であり、高床式の素木造です。必要な覆金物、飾金物のほかは、基本的に装飾や彩色がありません。

⑦入り方は平入です。正面の御扉は棟に平行な面にあ

ります。大社造りは妻入りです。

『古事記』雄略天皇段によれば、天皇は、のちに大后となる若日下部王《わかくさかべのおほきみ》を求めて妻問いのため、河内国河内郡の日下《くさか》（東大阪市の日下町か）へ行幸された際、その途次に、山の上から国見をされた時に、「堅魚《かつを》を上げて舎屋《や》を作れる家」があるのを見とがめられます。そして「己が家を天皇の御舎《みあらか》に似て造れり」として、直ちにその家を焼こうとされたとあります。その家主は志幾大県主《しきのおほあがたぬし》、河内国磯城《しき》郡の地方を治めていた有力者でしたが、懼れ畏んで、神聖な白犬を献上し謝ったので、事なきを得ました。この所伝から、棟の上に堅魚木をあげるのは、当時、王権を象徴するような特別な建築様式で、他者の使用を認めないという意識があったのではないかと思われます。ただ古墳から出土した家型埴輪のなかには、棟の上に堅魚木を載せたものも散見します。堅魚木は、元来、棟を葺く草を緊縛する実用的な意義から発生したものと考えられていますが、やがてそれが装飾化する過程で王権を示す建築様式として発展していったのではないか、地方の有力豪族のなかには王家のその荘厳な建物を模して、自己の権勢を誇示することが行われたのでしょうか。志幾大県主の家は、そのような一例であったのではないかとみられます。

天皇の瑞《みず》の御舎《みあらか》を表す堅魚木が神明造の特徴と共通しているのは、神宮の社殿を王権を示す荘厳な社として整えられていったことと関連するものと考えられます。

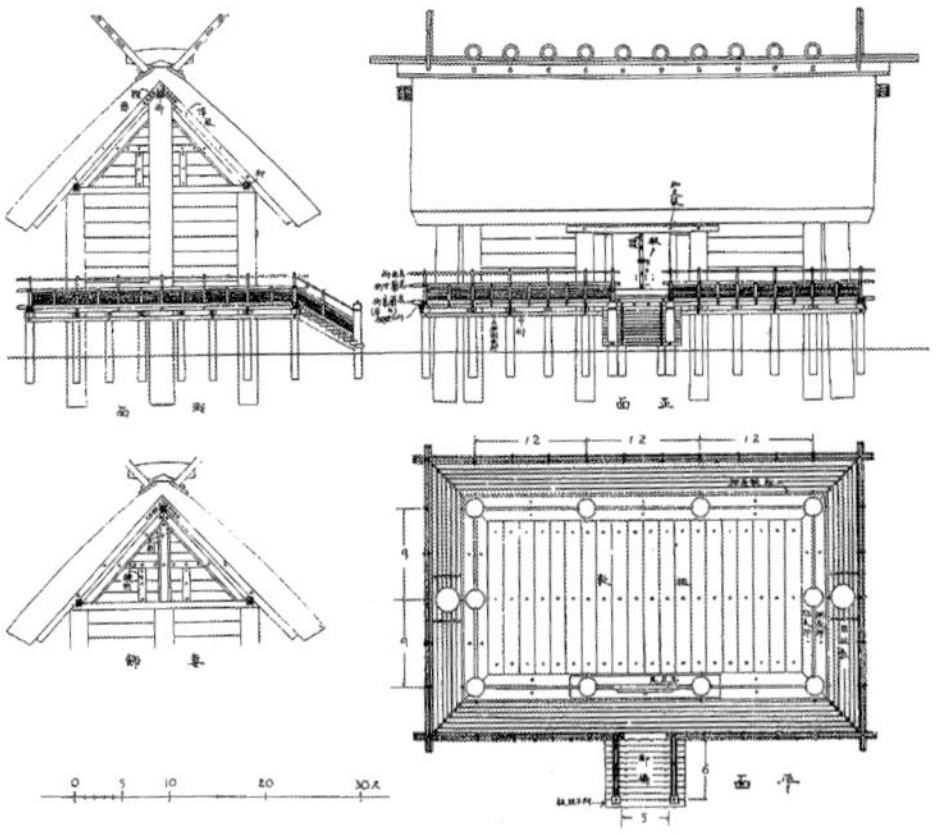

神宮正殿推定図
（『神宮の建築に関する史的調査』附図より）

その神宮の建築に関する最も古い記録は、奈良時代の「正倉院文書」の中に残されていた「皇大神宮殿舎餝金物注文」という文書です。このことを指摘し、この文書の研究を本格的になさいました福山敏男博士によりますと、おそらくこの文書は天平宝字六年（七六二）以前の文書であろう。そして天平神護二年（七六六）の御遷宮の準備のために、その前、前回に行われた天平十九年（七四七）の遷宮の際の殿舎の記録をもとに記されたのが、この「皇大神宮殿舎餝金物注文」ではないか、と考察されております。これによって当時の内宮正殿が、板壁で、正面に扉と階段があり、四方に簀子縁、高欄、各所に銅製の餝物があったことが確認されています。「皇大神宮殿舎餝金物注文」と『皇太神宮儀式帳』によって復元推定された「皇大神宮正殿推定図」を上段に掲げましたが、これは「現在のものと大差なかった」との結論を得ておられ、現在の神宮の正殿の姿は、少なくとも奈良時代まで遡ることが可能となります。

さらに福山博士は、神宮の正殿は「古墳時代の或時には既に存在していたと考えられる」と推測されています。神明造の建築様式の骨格は、弥生時代以来の高床式穀倉の様式を今日に伝えたものであり、奈良時代にはあった回廊、簀子縁などはなく、それらの宮殿様式のものは後になってつけ加えられたもので、いまの御稲御倉や東西宝殿のようなホクラの姿が想定されます。弥生時代の高床式穀倉が神殿へと変化した、それが古い神宮の社殿建築であったとみられるわけです。

この建築様式のとりわけ特徴的な点は、周知の通り棟持柱を備えていることです。棟持柱をもつ高床式建築は、考古学の発掘調査の進展によって、弥生時代の多くの事例が確認されるようになってきました。著名な例で言えば、古くから知られた伝香川県出土の銅鐸や奈良県田原本町の唐古遺跡（紀元前一～二世紀の遺跡と推定されている）出土の壺型土器の破片、また近年注目された大阪府和泉市の池上曽根遺跡（遺跡の柱材の年輪年代か紀元前五十二年伐採と推定されている）出土の大型の壺などに描かれた高床式建造物は、いずれも独立棟持柱が描かれています。そして池上曽根遺跡や滋賀県の伊勢遺跡、下鈎遺跡ほかからは、明らか

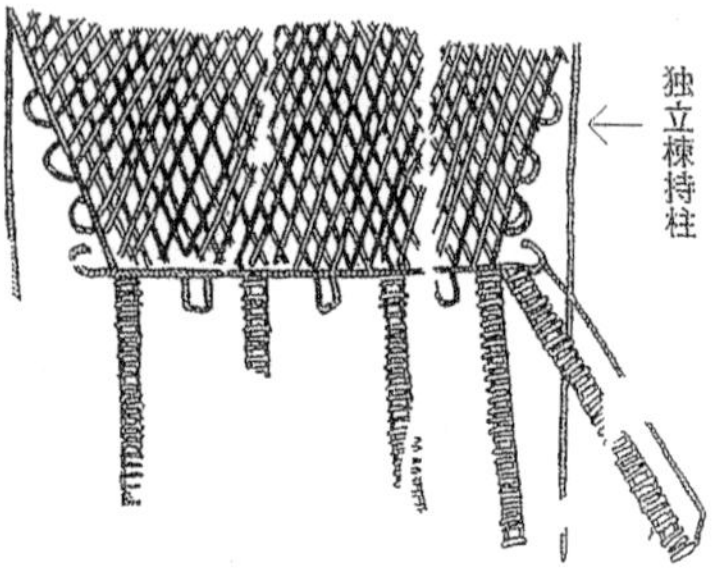

大阪府池上曽根遺跡出土の壷
（和泉市教育委員会）

に棟持柱の跡とみられる柱穴が認められます。これらの遺物、遺跡は、弥生時代中期〜後期にまたがるものとされていますので、棟持柱をもつ高床式建造物は弥生時代中期に遡ることは確かとみられます。

それが倉庫、穀倉であったのか、神殿であったのか、或いは共同集会施設であったのか、確かなことはわかりませんが、妻側の外側に棟持柱をもつ建物跡は遺跡全体からすれば稀少例であり、その建物跡近辺から祭祀遺物が出土している事例があることなどから、祭祀儀礼にかかわった建物、神殿であった可能性が高いと主張されるようになっています。

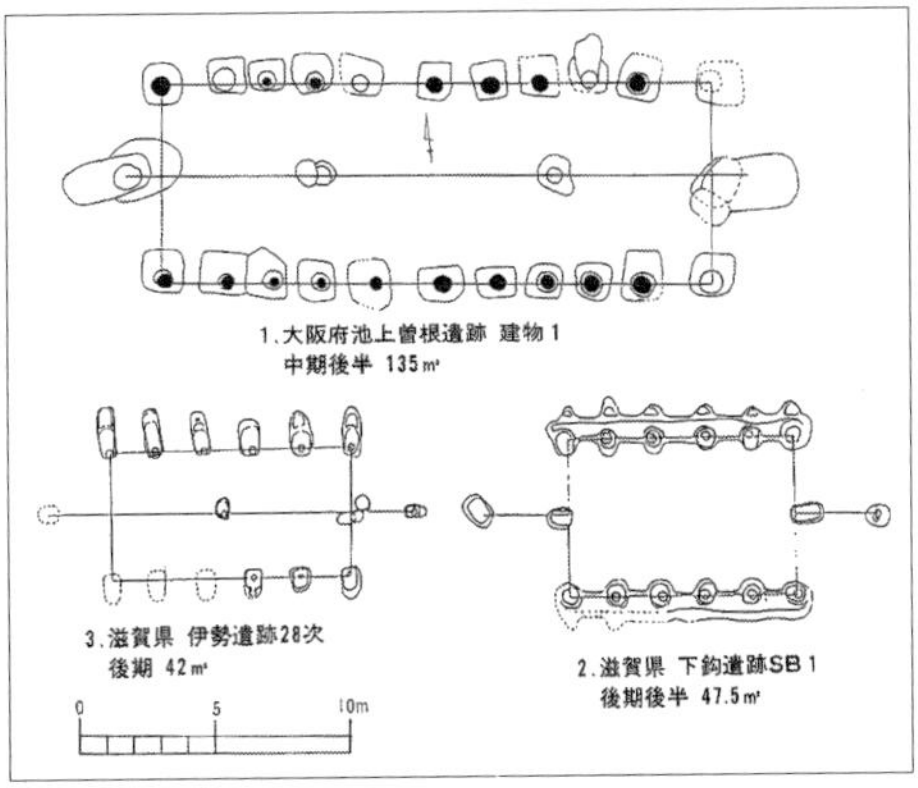

（守山市教育委員会・栗東市教育委員会・和泉市教育委員会）

弥生時代中期から古墳時代に神明造社殿と共通する建築物が確認され、その建築物が祭祀に用いられたとする学説が認められるとすると、神社建築の始まりについてのこれまでの考え方を再考する必要が出てきます。『日本書紀』によれば、天照大神が伊勢の五十鈴の川上に鎮座されたのは垂仁天皇朝（三世紀後半から四世紀前半と推定）のことで、そのときに「祠」「斎宮」が立てられたと伝えていますが、その祠は、弥生時代以来の建築様式を伝えた神明造社殿の基本型となる要素―高床式・切妻・掘立柱・棟持柱―を備えた素朴なものであっても何の不思議もありません。さらに今後の検証を待たねばなりませんが、その可能性を考えておく必要があると思います。

神宮正殿の姿は、後世に宮殿建築様式が採り入れられたところもありますが、その基本形は弥生時代中期の穀倉建築に原型をもつもので、その祖型が今に伝えられているのです。今日に伝え得たことは、驚くべき見識であると言わねばなりません。そのことを可能にしたのは、古儀を守り古式を尊重して、式年の遷宮が今日まで営々と遂行されてきたことと深く関係することでしょう。

二、近代化と神宮の社殿

昭和八年（一九三三）に来日した独逸の世界的建築家ブルーノ・タウトは、桂離宮に西洋にはない日本建築の簡素で機能的、洗練された美しさを発見しましたが、そのあと、その年の十月に伊勢に参拝しています。そして、神宮にこそ清純な伝統的日本建築の完全な原型があるとして、惜しみない讃辞を呈しました。その構造と形式が「透明清澄」「明白単純」であり、その材料

（白木の檜、萱、白石）も「浄潔の極み」であり、構造、形式、材料が「純粋無双」の釣り合いを保っている神宮に、「完成した形のゆえに全世界の讃美する日本の根源」「独自な日本文化をひらく鍵」を見いだしました。

昭和八年といえば、昭和四年の式年遷宮の四年後ですから、白木の輝く新しい美しい社殿や御門、御垣と神域を見たことでしょう。タウトが、弥生時代以来の建築様式を今に伝える神宮の社殿に、日本の伝統的建築の原型を見いだしたのは、古式を受け継ぐ式年遷宮によって守り伝えられたものに他ありません。

わが国は明治以降、積極的に西欧文明を採り入れ、近代化の道を急ぎました。明治三十七年（一九〇四）七月、日露戦争がはじまって国家非常態勢の中でのこと、内務大臣芳川顕正、宮内大臣田中光顕によって「式年造営の古法改正」に関する上奏がなされました。その要旨は、『明治天皇紀』によれば次のようなものでした。

明治四十二年度式年造営には、仍《な》ほ用材乏しからざると雖《いへど》も、次回の造営まで僅かに二十年、用材生育せず。随《したが》って大材を得ること能《あた》はざるべきを以て、今度造営に際し、柱を土中に樹つるの古法を改めて、柱下に礎石を置き、コンクリートを以て固むるときは、即ち二百年を保つべく、此の期間に檜樹成育し、巨大の用材を得ること難からざるべし。

これに対して、

天皇聴したまはず。八月三日実則を以て、四十二年度造営は総て現在の様式に従ふべき旨を二人に伝へしめたまふ。

と、侍従長徳大寺実則を介して、古法を改めることなく行うよう伝えられました。明治天皇の侍従を務められた日野西資博氏が、後年、このときの天皇の御沙汰として伝えるところでは、

それは大変な間違ひであらうと思ふ。神宮の御造営といふものは我が国の固有の建て方である。これを観て始めてこの国の建国の昔の古いことを知り、一つはまた祖宗がかくの如き御質素な建物の中に起臥あそばされたといふことも知るし、神宮を介して始めて我が国建国の基を知るのであるから、現在のこの建て方は全く永世不変のものでなくてはならぬ。決して建築法が進歩したからと言って、煉瓦とかコンクリートで造るべきものではない。

という御趣旨であったことが知られます。

今日でも、すぐれた高層建築を可能とするような近代建築技術の粋を採り入れれば、二十年ごとに造替する必要はない、自然環境保護の観点からも問題がありはしまいか、というような議論が起こりかねません。

明治天皇の御叡慮は、神宮に伝えられた純粋な日本古来のあり方に、祖宗の姿と精神を仰ぎ、謹み深く、固有の形式と祭祀を永世に伝えていくことに重大な意義を認められ、固く決意されたものでした。翌々年の明治三十九年には、帝室林野局管轄の木曽山中に、八千町歩を割いて神宮造営備林とし、遷宮の御用材が安定的に供給できるよう、現実的施策も講じられています。

三、式年遷宮制の成立

神宮の式年遷宮は、式年、定めの年、二十年に一度行われる遷宮のことで、御社殿を新しく造替し、御神宝や御装束類も新しく整え、新宮へ遷御いただく祭儀です。新しく造る、新しく整えると言っても、まったく昔と同じものをつくるのです。このような式年遷宮は何時から始まったのでしょうか。そのことを示す史料は、『日本書紀』以下の国史の記事にはなく、内宮祠官荒木田氏相伝の古記録で、平安時代後期（最末記事は延久元年（一〇六九））に成立したとみられる『大

『神宮諸雑事記《しょぞうじき》』（以下『諸雑事記』）の次の記事です。

天武天皇
朱雀三年九月二十日、左大臣の宣に依り、勅を奉《うけたまは》りて、伊勢二所大神宮の御神宝の物等を勅使を差《さしつかは》して送り奉られ畢《をはん》ぬ。（式目記さず。）宣旨の状に偁ふ。二所大神宮の御遷宮の事、二十年に一度、まさに遷御せしめ奉るべし。宜しく長例と為すなりと。云云。
抑も朱雀三年以往の例、二所太神宮殿舎・御門・御垣等は、宮司破損の時を相待ちて修補し奉るの例なり。而るに件の宣旨に依り遷宮の年限を定む。また外院の殿舎・倉・四面重々の御垣等、造り加へらる所なり。
持統女帝皇
即位四年（庚寅）太神宮御遷宮。同六年（壬辰）豊受太神宮遷宮。

この記事は、式年遷宮の立制を示す唯一の史料でありながら、記事の前半に混乱挿入があるようですし、後世の用語、表現が用いられており、解釈が難しい点がありますが、「朱雀三年九月二十日」以下の要旨は、勅使による神宝献納が行われたことと、二十年一度の式年遷宮制を定めたことの二つの内容からなっています。勅使による神宝奉献の記事は、本来、第一回遷宮が実施された記事の後に記されていたものが、誤ってここに挿入された可能性があります。或いは、文言に問題がありますが、式年遷宮制が定められる時に、神宝奉献の制も同時に立制されたことを示していると理解しての記載であるかも知れません。

主旨は、朱雀三年までは、定まった年限での造替ではなく、殿舎・御門・御垣等が破損するにしたがい補修するのを例としていたが、朱雀三年の宣旨によって、二十年に一度と年限を定めて造替遷御し奉ることとなったというもので、式年遷宮の立制を示す重要な記事です。

その立制に基づき、持統天皇四年（六九〇）に皇大神宮（内宮）の、二年後の持統天皇六年（六九二）に豊受大神宮（外宮）の、第一回式年遷宮が行われたことが、示されています。

さて、立制の「朱雀三年」ですが、「朱雀」年号は『日本書紀』には認められません。公的な年号ではなく、天武天皇の「朱鳥」年号の改称とみるのが、最も妥当であると考えられています。「朱鳥」と改元されたのは天武天皇十五年丙戌（六八六）七月、天皇はその九月に崩御されました。天武天皇最晩年の年号「朱鳥」元年（六八六）より数えて三年（六八八）は、持統天皇二年に当たります。

『日本書紀』では「朱鳥」年号は元年のみです。厳密にいえば本来、朱鳥三年はありません。しかし『万葉集』巻一の左注には「朱鳥四年」（三十四番歌）「朱鳥六年」（四十四番歌）「朱鳥七年」（五十番歌）という年号がみえます。これは、『日本書紀』の誤読によるものですが、当時一般には朱鳥年号をこのように使った例を示しています。したがって朱鳥年号の改称としての朱雀三年は、朱鳥三年で問題はないと思われます。

朱雀三年＝朱鳥三年＝持統天皇二年（六八八）に式年遷宮制が立制された。ただこの朱雀三年の記事全体が、天武天皇朝にかけられていることには疑問が残りますが、恐らく『諸雑事記』が編まれるときに、「朱雀」は天武天皇の御代の年号という認識が存在したために、このような処理がなされたのではないか。『諸雑事記』の最終的な成立時期とほぼ近い頃に撰述されたとみられる『扶桑略記』には、天武天皇元年壬申を朱雀元年とし、「朱雀」を天武天皇朝の年号としています。このような説は平安時代後期から鎌倉時代に撰述された史書、年代記などに広く認められます。このような認識が神宮側にも存在し、『諸雑事記』が編纂される際に朱雀三年の記事を天武天皇朝の記事として扱ったのではないか。或いはまた、そもそも『諸雑事記』は荒木田祠官によって書き継がれてきたものですから、もとは本文の記事のみで、歴代天皇名を標記していなかった可能性もあります。さまざまな複雑な事情が介在しており、明瞭でない点もありますが、大要、以上のように理解し、朱雀三年は朱鳥三年を意味し、すなわち持統天皇二年に神宮の式年遷宮が立制されたとみるのが妥当と思います。

そもそも式年遷宮は天武天皇の「御宿願」によるもので、壬申の乱の時以来、天皇と運命を共にし、辛苦を分かち合われてきた持統天皇は、天武天皇の思し召しをよく承知しておられ、その御宿願を実現されたものと思われます。それまでは破損するにしたがって修理するのが例であったのを、持統天皇二年に二十年度の式年遷宮制を定め、持統天皇四年に皇大神宮（内宮）の、二年後の持統天皇六年に豊受大神宮（外宮）の、第一回式年遷宮が行われました。

最初の遷宮は御正宮のみの遷宮でしたが、『諸雑事記』によれば「天平十九年九月、太神宮御遷宮。即ち下野国に金上分を進めしめ給へり。同十二月諸別宮同じく遷し奉りて、二十年に一度の御遷宮、長例宣旨し了ぬ。」とあるように、第四回の皇大神宮式年遷宮が行われた天平十九年（七四七）には、十二月になり別宮も遷宮が行われ、二十年一度の遷宮制が定められました。

『延喜式』には、

凡そ大神宮は、廿年に一度、正殿・宝殿・及び外幣殿を造り替へよ（度会宮及び別宮、余社、神殿を造る年限は此に准へよ）皆新材を採りて構へ造り、自外の諸院は新旧通用し、其旧宮の神宝は、新殿に遷し収めよ。

とあります。当初、正殿・宝殿・外弊殿の造替であったのが、別宮、余社、この余社というのは、次の造神宮使に関する条文を参照すると、朝熊社、園相社、鴨社、田乃家社、蚊野社、湯田社、月夜見社、草名伎社、大間社、須麻漏売社、佐那社、櫛田社の十二社をさすとみられますが、次第に式年造替の対象を広げていったことが知られます。

ところで、神宮と同様に、住吉大社、下総国の香取神宮、常陸国の鹿嶋神宮においては、二十年に一度の式年造替が行われていました。『日本後紀』弘仁三年六月辛卯条によりますと、

神祇官言さく「住吉・香取・鹿嶋の三神社は、二十箇年を隔てて一たび皆改作す。積習常と為りて、其の弊少なからず。今須らく正殿を除くの外、破るるに随ひて修理すべし。永く恒例と為さん」と。之を許す。


とありますから、嵯峨天皇の御代、平安時代前期にすでに、住吉・香取・鹿嶋の三社では二十年一度の式年遷宮が行なわれていたことが知られます。何時から行われたかはわかりませんが、弘仁三年（八一二）に「積習常と為りて」とありますから、少なくとも二・三度は遷宮を繰り返したとみなければなりませんから、奈良時代には行われていたとみられます。その際、神宮において、天平十九年（七四七）に別宮にも遷宮制を適用していった頃が、一つの目安となるのではないかと思われます。

しかし「其の弊少なからず」、すべての社殿を建て替えることは大きな経済的負担であったので、御正殿のみは二十年に一度改作する。それ以外は破損にしたがって修理するというように

改訂したものです。

どうしてこの三社が神宮に准じて、式年造替されていたのか。住吉社は、難波津に面して鎮座する、古来、半島や大陸への海上交通の守護神であり、香取社、鹿島社は東国、東北地方を望む大海に接した要衝に鎮座する開拓守護の武神であり、ともに大和朝廷の発展に重要な役割を担った国家枢要の神社でした。神宮に准じて、鄭重な祭祀、国家的礼遇が行われたのは、その故であろうと思われます。

なお、弘仁三年以後、正殿のみの造替となったと思われますが、『日本三代実録』元慶六年十二月九日条によると、「勅すらく。下総国神税五千八百五十五把九分四毫を以て、造正一位勲一等香取神社雑舎料に充てよ。二十年を隔てて一たび作る。例なり。」とありますから、香取神社は正殿のほか雑舎を含めて式年造替していたことが知られます。また『日本三代実録』貞観八年正月二十日条を見ますと、「鹿嶋大神宮は惣て六箇の院、二十年間に一たび修造を加ふ。」とあり、「用ゐる所の材木五万余枝。公夫十六万九千余人」で「宮を造くる材を採る山は那珂郡に在り。宮を去ること二百余里、行路険峻、挽運に煩ひ多」いので、「宮を造くる材木」として多く用いられている「栗樹」を「宮辺に付して加植せしめ、兼ねて斎き守らしめん」ことを太政官に申請し、その通り認められていますから、やはり正殿のみでなく、すべて六箇の院を式年修造していたことが知られます。式年の造営は、神宮に限らず、最大限の努力を払い維持継承されていたことが知られます。

四、天武・持統天皇朝の「清浄」思想

神宮の式年遷宮制が立てられ、第一回の遷宮が行なわれた天武・持統天皇朝は、律令国家体制の基盤が確立された時期であり、清新優美な白鳳文化が展開された時代としても注目されます。何故に式年遷宮制を導入されたのかを考えようとするとき、この時代思潮、とりわけ天武天皇朝の思想的特色に注目せざるを得ません。

天武天皇（大海人皇子）は壬申の乱が起ころうとする時、伊勢の国の朝明郡の迹太川のあたりで「天照大神を望拝」され、乱に勝利し収束して飛鳥浄御原宮において即位された二ヶ月後に、大来皇女を斎王として神宮に奉仕させられました。こうした神祇祭祀の復興整備をはじめとして、仏道の振興、法令の整備、編纂・施行、冠位の改正、官制、朝儀の整備、新宮都の造営、その他風俗の匡正、族姓の更改に努められるなど、実に万般に及ぶ改革改善を精力的に進められました。それらは推古天皇朝の聖徳太子の改革、大化の改新、天智天皇の諸施策を受けて、天武天皇に受け継がれた諸課題であり、総じて中央集権的律令国家体制の確立にありました。それが国

家の恒久の発展を実現する基盤と考えられたからでした。

その意味で、天武天皇十年（六八一）という年は、とりわけ注目すべきではないかと思います。天武天皇十年二月に、飛鳥浄御原律令の編纂を命じられましたが、その一ヶ月後の三月には「帝紀及び上古の諸事」、国家の歴史書を撰定するよう命じておられます。国家の政治行政の基本となる律令の編纂と国家の精神的基盤を培う歴史書の編纂が、ほぼ時を同じくして命じられていることは、同じ思想による一体の事業であったとみられます。『古事記』の序文に、天武天皇の国史編纂の趣旨として、帝紀と旧辞は「邦家の経緯、王化の鴻基」、つまり国家の骨格、根本であり、天皇のまつりごとの基盤であるから、「帝紀を撰録し、旧辞を討覈《とうかく》して、偽を削り実を定めて、後葉に流《つた》へんと欲《おも》ふ」とあります。国家の根本となる正しい歴史、道統を明らかにして、これを永く後世に伝えていくことが国家永遠の発展の基であるという思想をくみ取ることができます。

国家の基本法典、律令の編纂や国家の歴史書の編纂に先立って、同じ天武天皇十年の正月には、諸々の天神地祇に幣帛を奉り（二日）、畿内及び諸国に詔して「天社地社《あまつやしろくにつやしろ》の神宮《かみのみや》を修理」せしめられています（十九日）。諸神に幣帛を奉り、諸社の修造を詔し、神祇尊崇のまことを尽くして、その上で、律令や国史の編纂という国家基盤の形成確立に重要な大事業に着手するのです。このような気運のなかで、諸々の国家祭祀のなかでも最高神たる神宮の祭祀を厳重鄭重にし、神宮の永遠の存立と繁栄を期すべく、式年遷宮制が実現していったことは、きわめて自然な展開といえるでしょう。

天武天皇朝の宮は「飛鳥浄御原宮」といいますが、この宮名には飛鳥の地名のみでなく、「浄御原」と特称し、清浄な地にある天皇の宮という特別な称名となっています。ここに「清浄」を尊ぶ思想が込められているとみられます。この宮は、壬申の乱の直後に造営され、持統天皇八年（六九四）に藤原宮に遷都されるまで続いた宮室です。宮名が定められたのは、朱鳥元年（六八六）七月二十日でした。同じこの日に「朱鳥」と改元されています。

その一年前となる天武天皇十四年（六八五）には「明・浄・正・直・勤・務・追・進」（六十階）という爵位が制定されています。わが国の冠位制度は、聖徳太子によって推古天皇十一年（六〇三）に制定された冠位十二階「徳・仁・礼・信・義・智」（十二階）にはじまります。その後、大化三年（六四七）には「織・繡・紫・錦・青・黒・建武（立身）」（十三階）と改定され、大化五年にはそれを「織・繡・紫・花・山・乙・立身」（十九階）と改めています。そしてさらに天智天皇三年（六六四）には「織・縫・紫・錦・山・乙・建」（二十六階）と改定するという推移があり、その次に続くのが、この度の天武天皇十四年の改定です。

ここで注目したいのは、冠位名の由来です。冠位十二階の冠位名は、儒教の徳目、その中でも五常の徳目を中心にして定められています。次の大化三年、大化五年、天智天皇三年の冠位名

推古天皇朝の冠位	徳・仁・礼・信・義・智	（十二階）
大化三年の冠位	織・繡・紫・錦・青・黒・建武（立身）	（十三階）
大化五年の冠位	織・繡・紫・花・山・乙・立身	（十九階）
天智天皇三年の冠位	織・縫・紫・錦・山・乙・建	（二十六階）
天武十四年の位階	明・浄・正・直・勤・務・追・進	（併せて六十階）

は、それぞれで若干名称の変化がありますが、基本的に共通しているのは、冠位名が儒教の徳目ではなくて、一転して冠位を表わす冠の色目、布の種類、模様、形状といったものの種類によって、この冠位名がつけられていることです。

それがさらに一転したのが、この天武天皇十四年の爵位名であります。「明・浄・正・直」に始まる位階名に替えられた。わが国の固有の道徳観念に基づく、人間の精神や態度を表現したもので、明き心、浄き精神の持ち主を最高位に位置づけるものです。清浄を尊ぶ思想は、ここにも見て取ることができるであろうと思います。

天武天皇が宮中や諸国で説かしめられた護国経典である『金光明経』や『仁王般若波羅蜜経』にも、清浄を尊ぶ思想が唱われています。その後、歴代天皇の即位などの宣命にみられる「明き浄き直き誠の心」「浄き明き心」「清き明き正き直き心」などの表現は、天武天皇が定められた位階名に通うものがあります。

天武天皇朝に尊重されたこうした清浄の思想は、式年遷宮制度成立の背景として考慮されるべきでしょう。天皇の宮の清浄、天皇に仕える臣下の明浄、神社とりわけ皇祖をお祀りする神宮神殿の清浄性を尊ぶ施策は、一連の共通する天武天皇の思想を背景にもつと理解することが出来るのではないかと思います。

掘立式で萱葺の屋根をもつ社殿は、そのままでは永く清浄な社殿を保持することは出来ません。祭祀に対して厳しく求められるのは、清浄性です。清らかな社殿、清らかな神饌、お供え物、清らかな調度、装束、清らかな神宝。それらは真新しいことと同義です。

式年遷宮は部分的な修復ではなくて、一切を新しくして、徹底した清浄を実現し、そこに御神体を御遷しし、お祭りする。これを二十年ごとに繰り返し、二十年ごとに更新する。そのことによって永久にこの清浄性を保持する。真新しい清浄な神殿に御神体をお遷しして、神威の更新を繰り返し、皇室国家国民の永遠無窮の発展、弥栄を祈念する。ここに式年遷宮が成立した精神的思想的基盤があったのではないかと思います。

天武天皇朝における神祇政策で、あと一点注目したいのは、大祓の国家的規模における創始です。『日本書紀』天武天皇五年、同十年、朱鳥元年に次のように見えています。

○天武天皇五年八月辛亥（十六日）詔し曰はく「四方に大解除《おほはらへ》せむ。用ゐむ物は、国別に国《くにの》造《みやつこ》輸せ。祓柱《はらへつもの》は馬一匹、布一常。以外は郡司、各刀《たち》一口、鹿皮一張、钁《くは》一口、刀子《かたな》一口、鎌一口、矢一具、稲一束。且《また》、戸毎に麻一條とせよ。

○天武天皇十年七月丁酉（三十日）天下をして悉く大解除せしむ。此の時に当りて、国造等、各祓柱奴婢一口を出して解除《はらへ》す。

○天武天皇十五年七月辛丑（三日）諸国に詔して大解除す。

天武天皇五年の記事は、臨時の大祓が国家的規模で行なわれた最初の記事になります。「祓柱」（はらへつもの）、これは罪を贖うために出す品物です。特にこの天武天皇五年条には祓柱がかなり具体的にみえておりますが、これは後の『神祇令』の中に諸国大祓の規定が、

凡そ諸国大祓すべくば、郡ごとに刀一口、皮一張、鍬一口及び雑物等を出せ。戸別に麻一條その国造は馬一疋を出せ。

とあるように、天武天皇の詔が『神祇令』大祓条にほぼ受け継がれていることが明らかです。国造や郡司がハラヘツモノを出すだけではなくて、「戸別」に麻一條を出すところに、国を挙げての、国家的規模の大祓を目指したことが知られます。

毎年六月と十二月には、恒例の大祓が、別に行われます。それがはじめて文献に見えるのは、『続日本紀』大宝二年十二月壬戌（三十日）条に「大祓を廃《や》む。但し、東西文部《やまとかはちのふひとべ》の解除《はらへ》することは常《つね》の如し」とあることです。大祓を「廃む」というのですから、大祓はこれ以前から行なわれていたことが明らです。おそらく恒例のあるいは臨時の大祓は、「飛鳥浄御原令」に規定され、そして「大宝令」に受け継がれて整備されたものと考えられます。『神祇令』には、恒例の大祓について、

凡そ六月十二月の晦日の大祓には、中臣、御祓の麻《ぬさ》を上《たてまつ》れ。東西文部、祓刀を上り、祓詞を読め。訖《おは》らば百官の男女、祓所に聚集し、中臣、祓詞を宣《のたま》へ。卜部、解除を為《せ》よ

とあります。

「大祓」というのは、日本が律令を継受するときに、唐の律令を土台にしましたが、日本の「神祇令」にあたる唐の「祠令」には、日本の神祇令の特質の一つである大祓という項目はありません。大祓の祝詞をみますと、「天の下四方《よも》の国には、罪と云ふ罪はあらじ」「天皇が朝庭《みかど》に仕へ奉る官々《つかさづかさ》の人どもを始めて、天の下四方には、今日より始めて罪と云ふ罪はあらじ」（『延喜式』巻八・祝詞、六月晦大祓）と表現されるように、あらゆる国中の罪を祓い清め、清浄な、すがすがしい、清明感に満ちた国家社会を実現する。年中二季、六月と十二月ごとに大祓を繰り返すことによって、これを保持していこうという思想であった。大祓によって半年ごとに蘇る。また事あ

るごとに臨時に大祓をする。全国隅々まであらゆる罪を一掃する。そして清浄、清新な国家社会を持続していこうというわが国特有の思想を読み取ることが出来るのではないかと思います。

天武天皇朝に、国家的な規模での大祓が初めて立制され実施されたことと、式年遷宮制の成立とは思想的根底に相通じるものがあると考えられます。

五、神嘗祭と式年遷宮

神宮において一年中で最も大切なお祭りは神嘗祭です。現在は十月に行なわれておりますが、明治に暦されるまでは九月のお祭りでした。神嘗祭はその年に収穫された新穀、新しいお米をもって調えた大御饌、お供え物、それを天皇が天照大神に奉らせたまうお祭りであります。新穀で御飯を炊かれ、御餅をついて、御酒を造られる。その他、贄物羹などをあわせて奉ります。その大御饌を特に「由貴大御饌《ゆきのおおみけ》」と申します。「由貴」とは、清い、神聖なという意味です。

わが国は「豊葦原瑞穂国《とよあしはらのみずほのくに》」と讃えられてきました。瑞々しい稲がふさふさと実る、豊かな収穫が得られる国であるという意味です。日本の国を言祝《ことほ》ぎ祝福した表現ですが、『日本書紀』神代巻に記された神話によりますと、豊葦原の中つ国を治めるべく降臨されたのが、天照大神の皇

孫瓊瓊杵尊《ににぎのみこと》です。その際に天照大神は、

皇孫《すめみま》に勅《みことのり》して曰《のたま》はく、「葦原の千五百秋《ちいほあき》の瑞穂の国は、是、吾が子孫《うみのこ》の王《きみ》たるべき地《くに》なり。爾《いまし》皇孫、就《ゆ》きて治《しら》せ、行矣《さきくませ》。宝祚《あまつひつぎ》の隆《さか》えまさんこと、当《まさ》に天壌《あめつち》と窮《きはま》り無けむ」とのたまふ。

『日本書紀』神代下　第九段（一書第一）

『古事記』にも同様の神話がみえています。この国は私の子孫が天皇として君臨すべきところである。そなた、瓊瓊杵尊よ。そこへ行って治めなさい。さあ行きなさい。「宝祚」というのは天皇の御位のこと。天皇の御位は天地とともに窮ることがない。天地が続く限り栄えていくであろう。そういう意味であります。また『日本書紀』第二の一書によりますと、初めに降臨される予定でありました天忍穂耳尊に、

又勅して曰はく、「吾が高天原に所御《きこしめ》す斎庭《ゆには》の穂《いなほ》を以ちて、亦吾が児《みこ》に御《まか》せまつるべし」とのたまふ。

（『日本書紀』神代下 第九段（一書第二））

天照大神が高天原でお作りになった神聖な田の稲穂、稲種を、またわが御子に授けよう、そのよ

うに仰せられて稲作りを御委任になったと伝えています。

前の勅は、天照大神の子孫である天皇がこの国を治められる、天皇統治の根源を示されたものであり、後の方はこの国の稲作り、日本人の命の根源を保たせたまうことに天皇の御使命があるとことを示されたものと理解されます。

この瑞穂国が栄えていくために、天照大神が高天原でお作りになった田の稲穂を託された、その天祖の「事寄さし」に応えて、毎年毎年この国土の豊かな稔り、豊葦原の瑞穂の国振りを皇祖天照大神にご報告申し上げ、感謝の誠を捧げる。真っ先に天照大神に供進しましてお召し上がりいただく。新嘗いただく。恐れながら、これが神嘗祭に込められた意味であると拝察されます。神話が神宮の祭儀、おまつりの中に今も生きている。悠久のときの流れを越えて、はるかな祖先の心が毎年の祭祀の繰り返しによって継承され、そして今に生きているということが感じられます。

新しく収穫されたお米を神様にお供えするというお祭りは、全国何処へ行っても新嘗祭として行なわれております。その新嘗祭のお祭りを天皇として、皇孫命として行なわれるのが神嘗祭であり、また宮中の新嘗祭であります。神嘗祭は真っ先に新穀を天照大神にお供えする。新嘗祭は天つ神国つ神の神々に対して新穀を奉るとともに、天皇も親しく新穀をきこしめされます。

神嘗祭はもと九月に行なわれた季秋における国家の常典でありました。旧儀では、豊受大神宮

（外宮）が九月十五日夜から十六日朝にかけて、皇大神宮（内宮）では十六日夜から十七日朝にかけて、それぞれ午後十時と午前二時に、由貴夕大御饌《ゆきのゆうべのおおみけ》・由貴朝大御饌《ゆきのあしたのおおみけ》が奉られます。瑞垣の内、内院の庭上において大御饌供進が行なわれます。

勅使が参向されて幣帛が奉られるのは、外宮が十六日正午、内宮が十七日正午であります。大御饌供進が終って、時をおいてからさらに幣帛が奉られる。こういう祭祀のあり方は、他にほとんど例がありません。お祭りが庭の上で、庭上祭祀であるということ。お供え物、大御饌供進が行なわれた、そのあとしばらく時をおいて、勅使が幣帛を奉るおまつりが独立して、別々に行なわれるというのは、他の一般神社では見られない、神宮独自の祭式のあり方です。

式年遷宮が行なわれるのは、式年でありますが、さらに式月、式日といいまして、月日まで決まっておりました。外宮が九月十五日、内宮が九月十六日の夜に行なわれるのが旧儀です。したがって神嘗祭と重なっておりまして、後醍醐天皇の元亨三年（一三二三）の第三十四回の式年遷宮までは、その当年の、その年の神嘗祭当日に遷宮祭が行なわれました。二十年に一度、真新しい、清浄を極めた新殿に御神体が御遷りになって、その遷御された新宮で、由貴大御饌を奉る神嘗祭が行なわれる。それが式年遷宮でありました。毎年の神嘗祭には御殿の飾付けをはじめ祭器にいたるまで、全てを新しくして行なわれます。その神嘗祭を最も鄭重にしたのが式年遷宮であります。

六、式年遷宮と文明の継承

私、三年半程前（平成十八年十月）に、イギリスに出張する機会があり、ロンドンに数日滞在しました。ホテルのすぐそばに大英博物館がありましたので、同僚と一緒に、また単独で、時間をみつけて通いました。そこで目を引いたものの一つが、エルギン・マーブルズでした。関連しますので、少しそのことをご紹介したいと思います。

エルギン・マーブルというのは、イギリスの第七代エルギン伯爵（トマス・ブルース）が、パルテノン神殿の彫刻類を本国に持ち帰った古代ギリシアの大理石彫刻群の総称です。それを展示した部屋は一段と広大で、展示の彫刻類は完形品は少なく、無残な姿のものが多かったのですが、それでもギリシャ古典彫刻のすばらしさは伝わってきました。パルテノン神殿は、古代ギリシアの中心アテネのアクロポリスの丘の上にに建つ壮麗優美な神殿で、ギリシア建築・彫刻の精華、西洋の美の根源を示すものと称えられています。

しかし今は遺跡であり、廃墟です。修復作業が重ねられていますが、それは建築物としての修復で、本来の神殿としての再興ではありません。ギリシアの高い芸術、崇高な美を生み出した最大の要因は、神々に対する信仰と祭祀であったはずですが、アテネの守護神アテナの女神を祀るという本来の意味において栄えたのは、約六百年ばかりの間でした。五世紀末から六世紀にはキリスト教の教会として用いられるようになり、それまでは東方を正面として昇る朝日に神体が照り輝いていたのが、それより後は西が入り口となり全然模様替えをしたといいます。それはギリシャがローマ帝国の支配下に属したからです。やがて十五世紀にはイスラム寺院に転化します。モスクと化し、イスラム教寺院特有の尖塔が西南の隅に建てられました。ギリシアがオスマン帝国に占領されたからで、トルコの支配は約四百年続きました。

そのオスマン帝国の支配下にあった十七世紀後半、こともあろうに火薬庫として使われていた神殿に、ベネチア共和国の砲撃が加えられ、爆発炎上し、神殿建築や彫刻が甚大な損傷を受けました。そして十九世紀初頭、トルコ駐在英国大使として赴任しておりましたエルギン伯がその遺物を本国に持ち帰り、後に政府が買い上げて大英博物館に収蔵展示しているのであります。

私共はイギリスにおいて、ロンドンのこの博物館においてパルテノンの遺物を見て、古代ギリシャの高い古典芸術を楽しむことができましたが、同時に複雑な思いを抱かざるを得なかったことも事実です。本来あるべき、古代アテネ市民の熱い崇敬を受けたギリシアの地を離れ、神殿から剥ぎ取れた彫刻類が異国の博物館に陳列されている姿に、過酷な歴史の現実を感じないわけにはいきませんでした。

ギリシャに限らず、高度な古代文明は例外なく神殿を備えていました。世界のさまざまな古代文明国にあった神殿は、みな驚くほど立派な神殿であります。それらは石造りであったり大理石造りであったりしましたが、そのほとんどは、いま廃墟であり遺跡であり、神殿としての本来の意味は失われています。石造りや大理石造りであれば、永久に保たれるものではありません。ここに、文明の興亡、国家民族の栄枯盛衰を繰り返した歴史の厳しい縮図をみることができます。文明を形成する主要な要素に宗教信仰があるならば、神殿やその祭祀信仰の変遷推移にも、文明の興亡をみてとることができるでしょう

日本は、伊勢の神宮や出雲大社をはじめとして古来の神々への祭祀と崇敬が連綿と継承され、神殿としての本来の生命を今日に伝えてきました。それは、国家・皇室の歴史における連綿性と一体のものに他なりません。比類のない連綿性、永続性を保持し得てきた日本文明のあり方の鍵は、式年遷宮のもつ基本的な性格—二十年ごとに原初のすがたに回帰し甦生することを繰り返すことによる継承—に象徴的に秘められていると理解することができるのではないでしょうか。

おわりに

形あるものは滅び、命あるものはやがて命の終わりを迎えなければなりません。人間ひとりの命ははかないかもしれません。しかしその志が継承され、その精神が受け継がれていくところに、永遠は可能となる。そのようなあり方を、観念的にではなく、現実的具体的に、神宮と神宮の式年遷宮によって一切を新しくし、更新していくあり方のなかに、学ぶことが出来るのではないかと思います。

最後に、中世伊勢神道の代表的な書物である『倭姫命世記』の文章を読んで終ることに致します。

黒心《きたなき》無して、丹心《あかき》を以て、清《きよ》潔く斎慎《いみつつし》み、左の物を右に移さず、右の物を左に移さずして、左を左とし右を右とす。左に帰り右に廻る事も、万事違ふ事なくして、大神に仕へ奉る。元《はじめ》を元とし本《もと》を本とする故なり。

これは、倭姫命が、神宮祭祀の根本的な精神はどうあらねばならないかということを説かれたところにみえる文章です。「元を元とし本を本とする」。常に根元にかえり、根本に立脚する、左のものを右に移さない。「左を左とし右を右とす」る。根元を見つめ、根本を失わないようにする心。これが神宮に奉仕する心であると説かれております。根元を見つめ、根本を失わないようにする心は、式年遷宮にこめられた心であり、意義であります。

如何なる動乱の時代におきましても、日一日を謹んで日別朝夕の大御饌を奉る。古儀を厳しく遵守する、古儀古式の繰り返しの上に、さらに二十年に一度、神威の更新を願い、原初に回帰する。根元を見つめ根本に帰る、その反復が、原初的なモノと心を今日まで伝えてきたに違いありません。流転して止まない歴史の実相のなかで、不易なるものの存在とそのあり方が、神宮に伝わる祭祀伝統と式年遷宮にこめられた思想のなかに、学ぶことができるのではないかと思います。

本題から逸れたところもあるかもしれませんが、御参考にしていただける点があれば幸いでございます。ご静聴を感謝し、以上をもって終らせていただきます。

第二講　持統天皇の伊勢行幸と第一回式年遷宮

岡田　登

一、はじめに

本日、お話しさせていただくテーマは、平成二十二年が五つの大きな節目の年に当たっていることより、選ばせていただいたものです。

一つ目は、文政十三年（一八三〇）に「お蔭参り」というのがありました。全国民の六人に一人が、伊勢参宮をしたというものです。「お蔭参り」というのは、大体六十年に一度の周期（還暦を意識したもの）で行なわれていました。この文政十三年を起点にしますと、明治二十三年（一八九〇）、昭和二十五年（一九五〇）、平成二十二年（二〇一〇）となり、六十年ごとの「お蔭参り」の節目の年になります。[1] この節目の年を「お蔭年」と言っています。江戸時代がずっと続き、先の敗戦がなければ、今頃伊勢の町は数え切れないほどの人が参宮していることになります。[2]

二つ目は、和銅三年（七一〇）の平城京遷都から、一三〇〇年の節目の年に当たっていることです。現在、奈良県では、平城宮第一次大極殿を復元し、「平城遷都一三〇〇年祭」が盛大に行なわれています。この平城京遷都を考える上でも、伊勢神宮の式年遷宮が大きく関わっていますので、後ほどお話しさせていただきます。

三つ目は、本日のテーマである第一回式年遷宮があった持統天皇四年（六九〇）から数えて、平成二十二年は、一三二〇年に当っていることです。普通、一三二〇という中途半端な数は、節目の年とは意識しませんが、式年遷宮は二十年ごとに行なわれていますので、平成二十二年は式年遷宮の年（式年）に当っています。応仁元年（一四六七）から十一年間続いた応仁の乱以降、百三十年ほど両宮の式年遷宮は行なわれていませんので、国内がそのまま平和であれば、平成二十二年は第六十七回式年遷宮が行なわれる年に当たります。途中、五回ほど抜けていますので、平成二十五年（二〇一三）に、第六十二回式年遷宮が行なわれることになっています[3]。また、後で述べますように、干支がともに「庚寅」であることも注目すべきことです。

四つ目は、伊勢市民の方ですと、ご存知だと思いますが、平成十七年（二〇〇五）十一月一日に、伊勢市は二見町・小俣町・御薗村と対等合併をして、新しい伊勢市となりました。合併から、平成二十二年は五周年の節目に当たります。

五つ目は、本学にとりましても、節目の年です。本学が、建学の精神を示したものとして仰ぐ令旨を、賀陽宮邦憲王《かやのみやくにのりおう》から頂いた明治三十三年（一九〇〇）から数えて、丁度一一〇年に当たることです。

このような節目の年に、先に掲げたテーマで、お話しできることは、誠に感慨深いものがあります。

二、持統天皇の伊勢行幸

持統天皇が、伊勢に行幸されたのは二回です。第一回目は、持統天皇六年（六九二）で、一四泊一五日をかけて行なわれています。その時の御歳は、四八歳です。第二回目は、大宝二年（七〇二）で、四四泊四五日かかっております。二回目は、三河国を目的地として伊勢国を通過されています[4]（図1）。この行幸は、三河国から帰られたのが十一月二十五日で、十二月十三日には病気になられ、その月の二十二日には崩御されるという最晩年に当たられるものです。この時の御歳は、五八歳です。したがって、二回の行幸は四八歳・五八歳（十年後）という節目の歳に伊勢に来られた、ということになります。壬申の乱が、天武天皇元年（六七二）であることからすると、壬申の乱から第一回行幸は二〇年目、第二回行幸は三〇年目に当たり、乱を節目にしていたことが考えられます。

第一回目の伊勢行幸に関しては、『日本書紀』持統天皇六年二月丁未（十七日）条に、「詔二諸官一曰、當以二三月三日一、将レ幸二伊勢一。宜下知二此意一備中諸衣物上。」とあり、三月三日に伊勢に行幸しようと思うので、その準備をするようにという詔が出されています。しかし、乙卯（十九日）には、中納言の大三輪朝臣高市麻呂が「敢直言、諫㆘争天皇欲㆑幸㆓伊勢㆒妨㆗於農時㆖。」と上表して、天皇が伊勢に行幸されるのは農時の妨げになるとして、諫言しています。これから田植えをする多忙な時期になるので、天皇が行幸されると多くの人が煩いを蒙るので、行かれないほうがよいと言っています。ところが、出発予定の

図１　持統天皇行幸推定ルート図

※『万葉集』44 番歌に去来見乃山（いざみの山）があり、奈良県と三重県の県境にある高見山とする説があるが 43 番歌に隠乃山（名張の山）があり、名張を通過しない高見山説（地図上の最下段〈南部〉のルート）は成立しない。あるいは、往路ではなく復路として利用されたか。

三月三日には、留守官（天皇が行幸などで都を離れる時に置く）を任じ、その準備をされます。その時、高市麻呂は、「脱二其冠位一擎二上於朝一。重諫曰。農作之節。車駕未レ可二以動一。」として、冠位を朝廷に返上して、行かれないほうがよいと言われています。(5) しかし、天皇は度重なる諫言に従わず、三月十日（辛未）伊勢に出発されています。先に見たように、その理由を、『日本書紀』は農時の妨げになると書いていますが、私は単に農時の妨げだけではないと思います。

何故こういうことを考えるかと言いますと、皆さんも既にご存知だと思いますが、皇祖神、皇室の祖先神である天照大神を祀る皇大神宮（内宮）に参拝された初めての天皇は、明治天皇です。それ以前の天皇は、どなたも来られていません。このことを考えますと、天皇が親ら神宮に参拝されるということは、ある意味禁じられていたと考えられます。

どうして、そのようなことを考えるかというと、『日本書紀』崇神天皇五年條を見てみますと、「五年、国内、多二疾疫一、民有二死亡者一。且大半矣。」とあり、このころ国内に疫病が蔓延し、国民の半ばが亡くなるという大変なことが起こっています。さらに六年條を見ますと、

六年、百姓流離。或有二背叛一。其勢難二以レ徳治一之。是以、晨興夕惕、請二罪神祇一。先レ是、天照大神・倭大國魂二神、並二祭於天皇大殿之内一。然畏二其神勢一、共住不レ安。故以二天照大神一、託二豊鍬入姫命一、祭二於倭笠縫邑一。

とあり、国民が流浪し、あるいは叛く者があると記し、このことの罪を神祇に問うと、天皇の住まわれる大殿内に、天照大神と大倭国の神である倭大國魂神とを並び祭り、共に住むことは良くないということになりました。もともと皇祖神、天照大神の形代であります八咫鏡は、崇神天皇の住んでおられる大殿（宮）の内で、天皇親らがお祭りされていました。[6] これが良くないとして、天照大神をご自身の娘である豊鍬入姫命に託して、倭の笠縫邑で祭ることとなりました。この後、垂仁天皇の御代になると、豊鍬入姫命からさらに倭姫命に託し、同天皇二十六年に伊勢国の五十鈴川の川上（辺）で祀ることになりました。[7]

このことは、どういうことを意味しているかといいますと、皆さんのお宅のことで考えていただくと分かりやすいと思います。皆さんのお宅には、神棚とか仏壇とかがお祭りされ、毎日、朝夕の御饌や仏飯を捧げ、あるいは榊や灯火を捧げておられると思います。これは、正に家の中に神や祖先の御霊が居られ、お祭りするときは神妙に、心清くしてお祭されますが、その後の一日をみますと、人のことを悪く言ったり、愚痴をこぼしたり、部屋を乱雑にしていたりと、およそ神や御霊に見せてはいけないようなことをされています。恐らく、神と人とが共にいるということは、神は毎日毎時その人の姿、行動を見ているわけですから、見るに耐えないこともあるわけです。皆さんの中で、今まで一度も嘘をつかなかったという人はいないと思います。人の悪口を言ったことは絶対にないという人もいないと思います。今の生活に不平不満を言ったり、愚痴をこぼしたり、そういう状態で神とともに生活するのは大変心苦しい。恐らく、こういうことで、天皇の住まわれる宮から、天照大神を遷し祭られたと思います。そして、神祭りをする「斎王」を任じ、天皇は遠くから天照大神に祈るという形が、これ以降できたと思います。

天皇が、天照大神をお祭りするために、伊勢神宮へ行かれ、直接祭祀に関わったら、その時は良かったとしても、その後天変地異が起きたりします。日本は、度々天変地異が起こります。地震が起こり、大風洪水が起こり、日照りなど、様々なことが起こります。それは、天皇の神祭りに問題があったということになり、皇位を退くべきだという意見が強くなります。しかし、この時代の天皇は、即位されたら崩御されるまで、天皇の位にあります。譲位や出家をして、途中で交替というのはありません。そういった意味で、天皇の位をめぐって、人臣の乱れや争乱が起こらないようにしていたと思います。

伊勢神宮がこの地に祭られた時、斎王である倭姫命は五十鈴川の辺に建てられた斎宮に居られたと思います。これが、今の明和町のところへ遷されたのは、斎王である栲幡《たくはた》皇女が神鏡（八咫鏡）を持って自害するという事件が起こった雄略天皇三年（四五九）以降と考えています。(8)やはり、斎王自らも天照大神（八咫鏡）と同じ場所に住むのはよくなく、遠く離れてお祭りする方が良いとなっています。毎日、神と共にいるということはなかなか難しいわけです。内宮の神主だってそうです。内宮の神主は、荒木田氏が世襲で任じられますが、この荒木田氏も日常的には、宮川を西へ渡った現在の玉城町の田辺《たぬい》や蚊野や小社《おごそ》のあたりに住んでいました。そして、神宮祭祀の当番（担当）になると、五十鈴川のほとりの内宮々域へ来て宿直しています。月のうちの上・下旬の二番か、さらに後には上・中・下旬の三番に分けて祭祀に関わっています。神宮祭祀は、日常的には遠く離れた所に住み、天照大神をお祭りする時のみ宮地に来るという形が、基本であったと思います。

持統天皇の第一回目の伊勢行幸は、『日本書紀』同天皇六年三月壬午（十七日）條に、「賜二所過神郡及伊賀・伊勢・志摩国造等冠位一。并免二今年調役一。」とあり、多気・度会の神郡を通過されて、志摩国まで行かれています。しかし、『日本書紀』を見ても、あるいは『太神宮諸雑事記』などの神宮の古記録をみても、持統天皇が内・外両宮に参拝されたということは一切出てきません。恐らく参拝されていても、先に述べたような理由で、書かないことが大前提になっていたと思います。

持統天皇六年という年は、同天皇四年に皇大神宮の第一回式年遷宮が行なわれ、そしてこの年には外宮の式年遷宮が準備されている最中です。神宮にとって、大変重要な時期に来られているということになります。

三、行幸理由についての代表的な説

それでは、持統天皇は何のために伊勢国へ行幸され、さらに志摩国まで行かれたのか。また、十年後に再度、何故伊勢国から三河国へ行幸されたのか。これには、色々な学説がありますが、代表的な説を紹介しますと、次のようなものがあります。

A説　第一回…造都事業の開始にあたり、政治上・軍事上重要な東国地方の実情を自分の目で視察し、かつその地の有力者に恩恵を授けて不満を封じる。天武天皇への思慕。

第二回…壬申の昔を記念する意味と文武天皇のために東国地方を巡視し、安定を計ろうとしたこと。

（直木孝次郎『壬申の乱』増補版　平成四年、塙書房）

B説　第一回…壬申の乱に勝利をもたらした伊勢の新しい神への報賽と壬申の乱のルートをトレイスし、自身と草壁の辛苦と優越性を官人層や諸皇子の脳裏に甦らせる。

第二回…壬申の乱のルートを三度たどる。

（倉本一宏『歴史の旅　壬申の乱を歩く』平成十九年、吉川弘文館）

A説は、古代史研究家として有名な直木孝次郎という人の説で、伊勢神宮の研究でも多くの論があり、古代史学界では影響力があります。ここでは、第一回行幸を、政治性を持ったもので、軍事的な意味を考えておられますが、神宮の鎮座する南伊勢や志摩国が政治上・軍事上重要な地域かというと、そうではないと思います。壬申の乱の経験からすると、尾張だとか三河、あるいは美濃へ行かれた方がずっと良いと思います。また、その地の有力者に恩恵を授けて不満を封じるとありますが、行幸で通過された伊賀・伊勢・志摩の有力者が、その他の国に比較して不満を持っていたという事実も明らかではありません。二回目については、一回目・二回目と節目の年に来られていますから、壬申の昔を記念する意味はあったかと思いますが、文武天皇のために東国地方を巡視されることが、何故政治の安定につながるのか、何故三河国なのか、その説明ができていません。

B説は、最近の研究者であります倉本一宏という人の説で、一回目の行幸を「伊勢の新しい神への報賽」と記しています。天照大神は、垂仁天皇の時から伊勢の地でずっと祀られていますから「伊勢の新しい神」と表現するのは良くないと思います。恐らく、伊勢神宮は、壬申の乱の後、新しく祀られたという意味で言われたのでしょうが、そういうことはありません。また、壬申の乱のルートをトレイスするとされていますが、壬申の乱では伊賀を南から北に抜け、鈴鹿の峠（加太峠《かぶと》）を越えて北伊勢に入っていますので、南伊賀から南伊勢・志摩国に入った持統天皇の行幸は壬申の乱のルートをトレイスしたとは言えません。

そして、このあと私には全く理解し難いのですが、持統天皇自身と草壁皇子の辛苦と優越性を官人層や諸皇子の脳裏に甦らせると言われています。草壁皇子は、前年に亡くなっておられますし、伊勢へ行幸することが、お二人の優越性を官人層や諸皇子の脳裏に甦らせることができるとすることは、倉本氏が勝手に考えたもので、持統天皇はそんなことを考えていなかったと思います。行幸することによって、優越性を示せるとは思えませんし、この当時、優越性を示す必要もなかったと思います。

四、行幸と壬申の乱との関係

それでは、何故持統天皇は二回におよぶ行幸を行なわれたのでしょうか。次に、その理由について考えてみたいと思います。

持統天皇の二回の行幸を考えるにあたって、壬申の乱を意識していたことは、明らかだと思います。それは、先に述べましたように、二回の行幸が、壬申の乱から、二十年（第一回）・三十年（第二回）と節目の年に当たっているからです。そこで、『日本書紀』天武天皇元年（六七二）の壬申の乱の記事を詳しく見ておきたいと思います。

　このことを考えていく上で、大事なことは何かと言いますと、壬申の乱はよく天武天皇だけを強調される場合がありますが、当時行動をともにされた皇后の鸕野讃良《うののさらら》皇女、後の持統天皇についても、よく理解する必要があります。壬申の乱の時、天皇と皇后は、二人の幼い子供を連れて、吉野から伊勢へ脱出しますが、吉野を出発したのが六月二十四日です。その時の記事には、

> 是日。発レ途入二東国一。事急不レ待レ駕而行之。儵遇二縣犬養連大伴鞍馬一。因以御駕。乃皇后載レ輿従之。逮二于津振川一。車駕始至。便乗焉。是時。元従者草壁皇子。忍壁皇子。及舎人朴井連雄君。縣犬養連大伴。（中略）安斗連智徳。調首淡海之類廿有餘人。女孺十有餘人也。

とあります。

　六月二十四日に出発され、この時行動を共にした人の数は、男二十数名、そしてあと「女孺《にょじゅ》」とありますが、これは鸕野讃良皇女に仕えていた女官達で十数人、総勢三十数人から四十数人で

した。吉野を出た時は徒歩ですが、途中で伊勢国から都へ米を運ぶ馬がいましたので、米を全部下ろさせて、男達は馬に乗ったようです。ところが、持統天皇は輿に乗って伊勢の地まで来られていています。六月二十四・二十五・二十六日というように、輿に乗られての移動ですので、その行程では大変な思いをされたと思います。猛烈なスピードで、吉野から伊賀を通って鈴鹿の峠を越えて、現在の四日市まで逃げて来られますので、輿を担いでいた人も大変だったと思いますが、乗っていた持統天皇も大変だったと思います。恐らく、輿に体を縛り付けていなければ、輿から転げ落ちたのではないかと思います。しがみついてないと駄目だと思います。今のように舗装された平坦な道とは違いますので、上がったり下がったり、あるいは右左といったような道を走られますので、大変だったと思います。馬に乗っている人は何とか走れても、輿に乗っている持統天皇は非常に不安な想いで伊勢まで来られたと思います。船酔い以上の状況が、あったのではないかと思います。持統天皇は、九死に一生を得たような大変な経験をされたと思います。

それからもう一つ、この行軍の中で注目されることは、天候が悪かったことです。後でも述べますが、名張を出る時から、黒雲が横川（名張川）の上に掛かっていて、天武天皇は親ら占いの道具を取り出して、勝利を占ったという記事が出てきます。そして、伊賀の南部から北部を通って鈴鹿の峠を越えられます。現在の鈴鹿市北部あたりに来ますと、到二川曲坂下一而日暮也。以二皇后疲一之暫留レ輿而息。然夜曀欲レ雨。不レ得二淹息一而進行。於レ是。寒之雷雨已甚。従レ駕者衣裳濕以不レ堪レ寒。

とあり、川曲の坂下で日が暮れ、持統天皇は吉野からずっと輿に乗り続け、大変疲れられたことが記されています。夜になると雷雨が降りしきり、非常に寒くて凍えそうだというようなことも書いてあります。そして、その次には、「乃到二三重郡家一。焚二屋一間一而令レ熅二寒者一。」とあり、三重郡家に到り、郡家にあった建物一棟を焼いて、それで暖を取ったと出てきます。ここで長く休むわけにはゆきません。さらにまた、東へ逃がれられるわけですが、ここで、伊勢神宮と壬申の乱との関係を考える上で重要な記事、「丙戌。旦於二朝明郡迹太川辺一望二拝天照大神一。」が見えます。「丙戌」は二十六日で、そこには「旦」とあります。「旦」は、「朝に」とか「あしたに」とかいう意味ですが、伊勢神宮の問題を考える上で重要な記事とされています。

これは、天照大神に戦勝祈願をして、勝利する事が出来たことを記したもので、これによって伊勢神宮の式年遷宮制が始まり、あるいは中断状態にあった斎王制度が復活し、神宮の職制（祭主・大宮司・禰宜など）が整備されたと指摘されています[9]。

ただこの記事で、注目しなければいけないのは、「天照大神」を望拝したとあって、「伊勢神宮」を望拝したと書いてないことです。これは「天照大神＝伊勢神宮」だから、伊勢神宮を望拝したというように考える人がいますが、神宮に祭られている神は天照大神ですが、ここでいう「天照大神」は、ここに「旦」という字（一は水平線で、日は太陽を示す象形文字）が出てきますので、これは「日の出の太陽」を意味していると考えた方が良いと思います。

天照大神は、日の神で、太陽です。この神に向って拝む。なぜ拝まれたかというと、雷雨で暗夜の中を、朝明郡まで来た時に、雲間から太陽が昇ってきたことを、感謝の気持ちを込めて拝まれたのだと思います。光と熱の有り難さを、天武・持統両天皇は、しっかり受け止められて拝まれたと思います。三重郡家の建物一棟を焼いただけでは、ほとんど暖を取ることができません。だけど太陽は、明かりと熱を注いでくれます。それに対する感謝の念が、ここに大きく示されたと思います。「旦」という字は、非常に分かりやすい字です。水平線の上に、太陽が昇った姿を示しています。

『日本書紀』のこの記事は、この時つき随った安斗智徳という人の日記（『釈日本紀』巻十五・述義十一・天武天皇段所引）にも「天照大神」と書いてあります。天照大神と書いてありますが、ここには「辰の刻」と時刻が書いてあります。辰刻は、おおよそ午前七時から九時くらいです。天武天皇元年六月二十六日は、今の暦に直すとおよそ一ヶ月後の七月になります。七月の日の出は五時頃で、八時といえば、既に太陽は昇っています。ここに出てくる太陽は、「旦」と書いてありますが、夜雨を降らした厚い雲間から出てきた太陽を示したもので、これを非常に有り難く思われたと思います。

持統天皇が、天武天皇以上に天照大神に対する強い感謝の気持ちを持たれたのは、これらの経験があったからだと思います。よく天武天皇のことだけが強調されますが、持統天皇も、この壬中の乱の時に大変な思いをされ、朝明郡の迹太川《とほ》のほとりで、太陽を望むことが出来たことは、望外の喜びで、感謝の気持ちを込めて拝されたものと思われます。

そして、もう一つ大事なことは、迹太川のある場所です。迹太川のある場所は、朝明郡で、「朝が明ける」という意味を持つところです。この迹太川は、従来から色々な説がありましたが、これは四日市市内を流れる海蔵川《かいぞう》の下流で良いと考えています。(10) 近鉄の駅に阿倉川という駅がありますが、あの阿倉川はこの海蔵川を訓読みしたものです。海をア、蔵をクラと読んだものです。万古焼で有名な陶器工場群があるところが、阿倉川です。迹太川は、丁度、三重郡と朝明郡の郡堺にあたり、朝明郡の入り口で、日の出（朝明）の太陽を拝むことができたことに、奇縁を感じ、さらに一層の天照大神に対する感謝の気持ちを持たれたものと思います。なお、この望拝を戦勝祈願のためのものと理解する向きもありますが、既に名張川で戦勝の卦を得ており、ここでは更に戦勝の気を強くし、天が示した徴《きざし》に、感謝の気持ちをもって望拝されたものと思います。

天武天皇は当然ですが、乱後、持統天皇も太陽神である天照大神を祭る伊勢神宮に対して、感謝の誠を表すために、天武天皇がやり残した式年遷宮や神宮諸制度の改革整備を行なわれたと思います。

五、行幸の目的

そして、持統天皇が伊勢に来られた目的は、先に指摘しましたように、壬申の乱から丁度二十年、三十年という節目の年に来られていることが、大きな意味を持っていると思います。壬申の乱に勝利し、九月に帰京され、翌年四月には娘の大来皇女が斎王に任じられています。翌三年に、大来皇女は伊勢神宮に赴かれています。このことからすると、元年九月から三年にかけて、皇大神宮の修造整備も念入りに行なわれたものと思います。この整備から数えて行幸は、十九ないし二十年目に当たります。式年遷宮を考える上で、節目の年に当たるものです。

さらに、大事なことは、持統天皇の二回の行幸に関わる国々(伊賀・伊勢・志摩・尾張・三河・美濃)を見ていきますと、そのほとんどが伊勢神宮に深く関わる国であることです。どういう国かといいますと、神宮の神戸が置かれた国です。(11) 神戸は、神宮に付属する戸で、神宮の祭料や修造のために租庸調の税を出し、式年遷宮の折には、当国の国・郡司に引率され、神宮の造営に労役を提供していました。神宮の祭主あるいは大宮司職に任じられた大中臣氏が編纂した『神宮雑例集』に、神戸四百十三戸。（七ヶ国在二廿一ヶ處一。）

三百五十三戸。（本神戸。）御鎮座之昔国造貢進。

とあり、神宮の神戸が四百十三戸、そのうちの三百五十三戸が「本神戸」と言われ、御鎮座の昔に国造が貢進したとあります。本神戸の所在する国は、『雑例集』の後の記事を見ると、大和・伊賀・伊勢・志摩・尾張・三河・遠江の七国に置かれていたことが分かります。『太神宮諸雑事記』では、垂仁天皇二十五年条に、

倭姫内親王奉レ載天。先伊賀国伊賀郡一宿御坐。即国造奉二其神戸一。次伊勢国安濃郡藤方宮御二坐三年之間一。国造奉レ寄二神戸六箇處一也。所謂安濃一志鈴鹿河曲桑名飯高神戸等也。次尾張国中嶋郡一宿御坐。国造進二中嶋神戸一。次三河国渥美郡一宿御坐。国造進二渥美神戸一。次遠江国濱名郡一宿御坐。国造進二濱名神戸一。従二此等国一更還天。伊勢国飯高郡ニ御坐。

と記されています。尾張・三河・遠江の神戸設定を、安濃郡と飯高郡の間に無理やり入れて、あたかも倭姫命の事跡であったかのように記しています。

ところが、『皇太神宮儀式帳』の記す倭姫命の遷幸の折には、大倭・伊賀・伊勢の三国に置かれた神戸が見えるのみで、志摩・尾張・三河・遠江については出てきません。また、遷幸路に、大倭・伊賀・近江・美濃・伊勢とあって、尾張は出てきません。美濃から木曽川右（西）岸を通って桑名郡に入っています。

「大神宮の神戸」を、神宮関係史料で整理すると、表1のようになります。『続日本紀』の宝亀十一年（七八〇）五月二十九日條を見ますと、神戸の総計が千二十三戸と見え、奈良時代に、かなり多くの神戸が設置され、大同元年（八〇六）・弘仁十二年（八二一）の記録や延長五年（九二七）の『延喜式』を見ますと、ほぼ同数の戸数となっていますから、宝亀十一年（七八〇）に、大和・伊賀・伊勢以外に志摩・尾張・三河・遠江に神戸が設定されていたことは認めてよいと思います。しかし、垂仁天皇朝に置かれたか否かは明らかでありません。『諸雑事記』（延久二年～承暦二年〈一〇七〇～七八〉頃成立）・『雑例集』（建仁二年～承元四年〈一二〇二～一〇〉頃成立）では、御鎮座の当時と見えるものの、他の史料で明らかにすることはできません。

神戸が置かれた大和・伊賀・伊勢・志摩・尾張・三河は、いずれも持統天皇が巡幸された国に一致しています。これは、偶然ではないと思います。大和・伊賀・伊勢以外は、持統天皇の巡幸にかかわる可能性があるのではないかと思います。

『皇太神宮儀式帳』を見ますと、倭姫命がされた事績が色々と書かれ、そのなかに、「忌詞《いみことば》」

表1　大神宮の神戸

国	郡	①垂仁朝（3C末）	②宝亀11（780）	③大同元（806）	④弘仁12（821）	⑤延長5（927）	⑥鎌倉初（13C初）
伊勢	桑名	○		944	875	5	5
	河曲	○				38	38
	鈴鹿	○				10	10
	安濃	○				35	35
	一志	○				28	28
	飯高	○				36	36
	飯野	○				○	210
	多気					○	315
	度会					○	447
志摩	国崎・鵜倉・慥柄			65	131	66	66
大和	宇陀	○		1（磯部神14）		15	15
伊賀	伊賀	○		20		20	20
尾張	中島		（10）	40		40	（60）
三河	渥美		（10）	20		20	（40）
遠江	浜名		（10）	40		40	（60）
総計			1023	1130	1006		（1385）

※①皇太神宮儀式帳（延暦二十三年〈八〇四〉）、②続日本紀同年五月二十九日条・（　）内戸数は新抄格勅符抄同年十二月十日騰勅符、③新抄格勅符抄、④類聚三代格同年八月二十二日太政官符、⑤延喜伊勢太神宮式、⑥神宮雑例集

※⑥の史料では、飯高・安濃・員弁・三重・朝明の各郡が天慶三年（九四〇）以降、神郡になっているが除外した。

を定めたことが記されています。神宮では、仏教用語（内の七言）や肉体に関わる用語（外の七言）で、言ってはいけない言葉を、別の言葉で表すという「忌詞」が定められています。たとえば、寺を「瓦葺」、僧は頭を丸めていますから、逆に「髪長」、尼を「女髪長」と言っています。寺や僧・尼といったら、それだけで祭祀に参加できなくなります。頭を丸めている人の逆をいって「髪長」と言うわけです。今の世の中「髪長」のお坊さんが多くなっていますが、昔はお坊さんを神宮では髪長と言っていました。斎宮でも同じです。『儀式帳』は、この忌詞をあたかも倭姫命が決めたように記していますが、倭姫命は垂仁天皇朝の方ですので、この頃に、仏教が日本に伝わっていたことはありません。ですから、後に決められたことも、神宮では、倭姫命が決められたとすると重みを増し、良く理解し、守られることになります。これは、仏教の場合、行基や空海がされたとか、あるいは修験のほうで役小角《えんのおづぬ》がされたと記したものが、多くあることと共通します。創祀者や著名な人物に仮託することによって、権威を増すことを考えたものと思います。そういったことが、神宮の伝承の中にもあるということです。

倭姫命の事績を考える中で、大事なことがあります。それは何かといいますと、表2の「斎王一覧」を見てください。三重県立斎宮歴史博物館の図録に記されているものです。県立斎宮歴史博物館の立場としては、実在の斎王は天武天皇が即位された時に任じられた大来皇女で、それ以前は伝説の時代の斎王として、その実在に疑問を持っています。私は、それ以前の斎王も実在の

表2　斎王一覧

時代	斎王	在任期間（年）	天皇
伝説の時代の斎王	豊鍬入姫（とよすきいりひめ）		崇神・垂仁
	倭姫（やまとひめ）		垂仁・景行
	五百野（いおの）		景行
	[伊和志真]（いわしま）		仲哀
	稚足姫（わかたらしひめ）		雄略
	荳角（ささげ）		継体
	磐隈（いわくま）		欽明
	菟道（うじ）		敏達
	酢香手姫（すかてひめ）		用明～推古
飛鳥	大来（おおく）	六七三～六八六	天武
	当耆（たき）	六九八～七〇一	文武
	泉（いずみ）	七〇一～七〇六	文武
	田形（たかた）	七〇六～？	文武～元明
	[多紀]（たき）	？	元明
奈良	[円方]（まとかた）	？	元明
	[智努]（ちぬ）	？	元明
	久勢（くせ）	？	元正
	井上（いのうえ）	七二一～？	元正～聖武

（『斎宮歴史博物館総合案内』による）

人と認めてよいと思います。天武天皇の時に任じられた大来皇女は、天皇が崩御されてから、弟の大津皇子が伊勢神宮にお参りし、国家を傾けるようなことを考えていたとして謀反の罪に問われ、皇子は自害され、姉の大来皇女は都へ帰られました。大来皇女の斎王解任は、実父の天武天皇が崩御されたことによるものですが、弟の大津皇子が、国家を傾けるような問題を起こしたことも関わったと思います。また、大津皇子の神宮参拝は、私幣禁断（天皇以外の人が天皇に無断で幣帛を奉り祈ること）を厳則としていた神宮の禁を破ったことによるものと考えられます。

天武天皇朝の斎王、大来皇女が帰京した後、持統天皇朝には斎王は任じられていません。それでよく、女性天皇の時は、斎王は任じられないという説[12]がありますが、決してそうではありません。例えばその後の、元明天皇の時には、田形・多紀・円方・智努といった女性が、斎王に任じられて伊勢に来られています。それから元正天皇、この方も女性の天皇ですが、久勢皇女が任じられています。また、元正天皇の時には、聖武天皇の娘の井上内親王が任じられていますが、元正天皇の時には派遣されず、聖武天皇の時に派遣されています。また、最初の女性天皇であった推古天皇の時にも前々代の用明天皇の時に任じられた酢香手姫命がおられます。したがって、女性天皇の時に、斎王は任じられないということはなく、持統天皇はあえて任じなかったのだと思います。何故、任じなかったかというと、持統天皇の神宮への強い想いがあったと思います。恐らく、壬申の乱の時の想いから、自分自身を、伊勢神宮に仕える斎王であるように意識されたのではないかと思います。

斎王という言葉は、職名を示した言葉で、斎王の居られる場所を斎宮と言いますが、斎王も斎宮も、中国の秦の時代からある用語です[13]。皇帝が祖先を祭る際に、禊・潔斎をするところが斎宮です。日本は、中国の制度を取り入れるなかで、その用語を借用して、伊勢神宮に仕える人や居所を、そのように表現したものです。恐らく、斎王という用語を使う以前は、「ヤマトヒメ」と言っていたのではないかと思います。都のある大倭から、天照大神を祭るために、伊勢神宮に来られる方は、すべて「ヤマトのヒメ」「ヤマトヒメ」と呼んでいたと思います。斎王とか斎宮という用語が定着する以前は、みな「ヤマトヒメ」と言い、定着すると、初代の方だけが、「倭姫命」と個別化されたのだと思います。(14)『倭姫命世記』に、雄略天皇朝に倭姫命が天照大神のお告げを受け、丹波国から豊受大神をこの伊勢の地に遷されたということが、それを示していると思います。江戸時代の学者は、第十一代垂仁天皇（三世紀後半頃）から第二十一代雄略天皇（五世紀後半頃）まで、大変長く生きられたと考えましたが、そのようなことはありません。

持統天皇が、伊勢に行幸された背景には、斎王が任じられていないことがあります。そして、壬申の乱の折の天照大神に対する感謝の気持ちを具体的に示す式年遷宮が始まる中で、神宮の経済的整備、制度的整備をする必要があり、親らが伊勢に来られ行動されることが大事であると考えてのことと思います。行幸の詔のなかで、「伊勢へ行かんとす」と言われながら、志摩国まで行かれています。最初から志摩国へ行くと宣言されたらいいのに、なぜ伊勢なのか。やはり神宮の鎮座する伊勢に強い想い入れがあり、伊勢だけではすまない問題が出てきたのだと思います。恐らく、遷宮後に天照大神に捧げる御贄のことが関わっていたのだと思います。それは、同天皇六年五月條に、

乙丑朔庚午（六月）。御二阿胡行宮一時。進レ贄者紀伊国牟婁郡人阿古志海部河瀬麻呂等兄弟三戸服二十年調役雑傜一。復免二楱抄八人今年調役一。

とあることから、考えられます。贄を進めた紀伊国牟婁郡の人に、向こう十年間税を免除するという記事です。天皇が阿胡行宮、これは鳥羽市にある場所だという人と、現在の志摩市阿児町の志摩国府（英虞《あご》郡に所在）が想定される国府の地だという人と、二つの説があります。私は、国府の方で良いと思っています。そこに天皇が来られた時に、紀伊国牟婁郡から天皇に御贄を進め、さらには伊勢神宮に御贄を進めたいという気持ちがあって来たのだと思います。しかし、紀伊国牟婁郡は、神戸御贄の地に採用されていません。そこから、神宮まで運ぶとかなりの時間がかかりますし、距離が伸びますので、これはかなり大変な状況です。恐らく採用されなかったと思います。御贄を進めた阿胡行宮で、調役雑傜の服（＝復、免除）を賜わず、都へ帰られて、二ヵ月後にそれを賜っていることからすると、阿古志の海部河瀬麻呂の労を多とするも、神宮へ御贄を捧げるには問題があるとして、その判断が遅れたのではないかと考えられます。

持統天皇が伊勢の地に行幸された目的には、式年遷宮の状況を視察することと、神宮祭祀の経済基盤（御贄地と遷宮時の役夫）を設定するために来られた可能性があると思います。これは、民間伝承でどこまで信じられるか分かりませんが、例えば志摩国では、倭姫命が腰掛けられた石だとか、あるいはお渡りになった場所だとか、そういった伝承が残っています[15]。そういったところは、ある意味持統天皇が動かれたことを、「ヤマトヒメ」という言葉に変えて伝承された可能性があるのではないかと思います。恐らく、持統天皇がされたとすると問題が起こるので、このとき任じられていなかった斎王、すなわちご自身を倭姫命に仮託されて行なわれた可能性があると思います。このことが、御鎮座の時、国造貢進の神戸として記されたのではないかと考えています。

一回目の行幸は、内宮の式年遷宮が二年前に行なわれ、今正に外宮の式年遷宮が行なわれている両宮の視察が基本にあったと思います。新しくなった皇大神宮と、今建て替えられつつある外宮も視られる。そして、両大神に奉る御贄の地、あるいは二十年ごとに行なわれる式年遷宮を支える神戸の設定をされたのではないかと考えています。

そして、第一回目の行幸では、充分なことができなかったのではないかと思います。本来ならば、海を渡って三河・遠江国まで行かれる気持ちがあったのではないかと思います。

それは、三月甲午（二十九日）条に、「詔。免下近江。美濃。尾張。参河。遠江等国供奉騎士戸。及諸国荷丁。造二行宮一丁今年調役上。」とあり、三河・遠江からも騎士を集めていることから想像されます。ここに記された騎士戸は、近江を除いて第二回行幸のとき通過した国々に当っています。恐らく、先に述べたように、大三輪高市麻呂から今は動いてはいけないと諫言されていますので、それ以上大きく動けなかったのではないかと思います。本来は、第二回行幸と同様のコースを行幸されるつもりであったのではないかと思います。そして、やり残した三河行幸を、悶々とした気持ちで待ち、十年後に、最後の命を懸けて、伊勢から海を渡り行なわれたのではないかと思います。これは、第一回行幸から丁度十年の節目に当たっています。政治上とか軍事上とかいった気持ちは無かったと思います。伊勢神宮の経済的基盤を確立し、祭祀や式年遷宮の継続性を、ご自身の生きておられる間に確立し、国家安泰を祈ることを目的に、行幸されたのではないかと思います。これは、先ほどから述べていますように、壬申の乱の時に、御自身が大変な思いをされ、その心に刻まれた天照大神に対する感謝の気持ちを、何とかして自分が生きている間に、明確なものにしておきたいという気持ちがあられ、行なわれたものと考えています。

三河が選ばれた理由は、伊勢と三河は海を挟んで古くから交流があることと[16]、三河から出される糸に「三河赤引絲」というものがあったことが関わると思います。「三河赤引絲」は、他の国の糸に比べて真っ白な最上質の糸です。「赤」というのは、汚れのない、穢れのないという意味です。それを、三河国から伊勢神宮へ納めたいということもあり、持統天皇は三河国へ行かれたのではないかと思います。六年閏五月丁未（十三日）條に、伊勢大神（天照大神）が天皇に奏して「伊勢国の今年の調役を免ずるも、二神郡（多気・度会）の出す赤引絲は免ぜず、翌年その代価を折くべし」とあり、赤引絲は天照大神の言葉を借りて天皇に述べるほど、欠かすことのできない重要なものであったことがわかります。

そして、『万葉集』の歌（五七番）に出てきますが、これは従来国語学者のなかでは色々と問題にされているところですが、行幸に随った長忌寸奥麻呂という人の歌に、

二年壬寅、太上天皇の参河国に幸《いでま》しし時の歌

引馬野ににほふ榛原入り乱り衣にほはせ旅のしるしに

とあり、「引馬野」という地名が出てきます。この「引馬野」には、三河説と遠江説がありま す。三河説は、江戸時代に、宝飯《ほい》郡御津町というところに引馬神社という神社があったことから、ここに当てる説です。それから、静岡県浜松市に曳馬町があり、鎌倉時代の『十六夜《いざよい》日記』に「引馬の宿」というのがあって、遠江だという説があります[17]。

少なくとも、『続日本紀』に書かれている第二回目の持統天皇の行幸は、「三河へ行く」とあって、その先の遠江に行ったということは出てきません。行幸に関わって、世話になった人々に褒美をあげた中にも、遠江は出てきません。ですから引馬野は、三河国で考えるべきだという説が有力になっています。しかし、第一回行幸のときに伊勢といって、志摩に行かれていることや第一回の時に遠江の騎士を供奉させていることからすると、私は三河に居ながら日帰りで遠江に行

かれ、三河へ帰ってこられた可能性があると考えています。[18]遠江説の引馬野は、三河国との国境から二〇キロほどの浜松市にあり、三河国の行宮が何処にあったか分かりませんが、十分に日帰りすることができたと思います。そして、遠江には伊勢神宮の本神戸、国造貢進の「浜名神戸三十戸」があります。浜名神戸は、浜名湖北岸の三ケ日町に比定され、同町には、浜名総社神明宮があります。社伝によれば、垂仁天皇の時に倭姫命が皇大神（天照大神）を伊勢に奉祭する途中に、この地に留まったことから祭られたとされています。『神宮雑例集』や『太神宮諸雑事記』では、御鎮座のとき国造貢進とありますが、志摩国と同様、持統天皇の第二回行幸の折に、遠江国造が神宮に貢進したものを、このように伝えたのではないかと思います。

このように考えますと、持統天皇の行為は、ご自身が二十八歳の時に、壬申の乱で大変な思いをされ、天照大神のご加護を受け、乱に勝利したことから、何とかして天照大神に感謝の気持ちを伝えたい、その想いが二回にわたる行幸に出ているのではないかと思います。命をなくしてもいいから、節目の年に行って、天照大神を祭る神宮のために、最上の赤引絲を出す三河（遠江）へ行き、経済的基盤を確立させておきたいと思われた気が私はしております。三河国から帰京して、僅か二十五日ほどで崩御されていることからすると、三十日近くに及ぶ三河国滞在は、かなりの無理をされてのもので、遠江国への行幸以外あちこち動かれるようなものでなく、藤原宮からの旅の疲れを癒すものとなっていたと思われます。

六、第一回式年遷宮について

そして、この行幸を考えて、第一回式年遷宮を見ますと、もう一つ興味深い事が分かります。第一回式年遷宮について、具体的にどのようなものであったか、この当時の正史である『日本書紀』には出てきません。まして『日本書紀』には、式年遷宮が行なわれたことも出てきません。何処に出てくるかというと、神宮側の記録である『太神宮諸雑事記』に出てきます。第一回式年遷宮については、

　天武天皇

（中略）

朱雀三年九月廿日。依二左大臣宣一奉レ勅。伊勢二所太神宮御神宝物於差二勅使一被レ奉レ送畢。色目不レ記。宣旨状偁。二所太神宮之御遷宮事。廿年一度応レ奉レ令二遷御一。立為二長例一也云々。抑朱雀三年以往之例。二所太神宮殿舎御門御垣等波。宮司相二待破損之時一奉二修補一之例也。而依二件宣旨一定二遷宮之年限一。又外院殿舎倉四面重々御垣等所レ被二造加一也。

持統女帝皇

即位四年庚寅太神宮御遷宮。同六年壬辰豊受太神宮遷宮。

とあり、朱雀三年に式年遷宮制が決められたことが出てきます。ただこの朱雀という年号は、実際にはありません。ただし、天武天皇十五年（六八六）を、朱鳥元年と改元していますので、「朱雀」は「朱鳥」の誤りと考えることができます。雀と鳥ですから、大きな相異ではありません。ところが、天武天皇は朱鳥元年と改元したその年に崩御されます。本来ならばその後、この年号を使うことはありませんが、そのまま使ったことにしています[19]ので、朱雀三年は持統天皇二年（六八八）に当たることになります。

天照大神を祭る神宮の式年遷宮を行なうという想いは、天武天皇と持統天皇がともに考えられたものと思います。『雑事記』に、二十年に一度、式年遷宮を行なうことが書かれていますが、もう一つ大事なことは、これ以前は、宮司が壊れたら修造するということです。そして、もう一つは、遷宮だけでなく、神宮宮域の整備を行なっていることです。外院の殿舎と倉、四面重々の垣を造ることが示されています。特に、後者の問題について考えておく必要があります。

実際、式年遷宮が行なわれるのは、『雑事記』に「即位四年庚寅太神宮御遷宮」とあり、式年遷宮制度の二年後の持統天皇四年（六九〇）、干支が「庚寅」で、平成二十二年の干支と同じです。この「庚寅」の意味ですが、「庚」の漢字の意味は、「物事が新しく変わる」という意味があります。特に、秋になって草木が皆枯れて、春になると一斉に新しい芽吹きをしてくる。そういった意味が、この漢字には込められています。そして、「寅」は「より勝って」とか「より力強く」という意味があります。ですから「庚寅」という干支は、物事を始め、物事を大きく変えるにふさわしい年に当たっています。したがって、持統天皇は、この干支の年にこそ、神宮の第一回式年遷宮をすべきだと考えられたのではないかと思います。

神宮式年遷宮の制を立てたのは、持統天皇二年（六八八）ですが、その翌年には、御自身の一粒種であった皇太子の草壁皇子が亡くなるという大変悲しいことが起こっています。皇子が即位される事を待たれていましたが、亡くなられたので、翌年の四年庚寅の年にご自身が即位されました。まさに、即位の年に、神宮の式年遷宮が開始されることになりました。

この「庚寅」という干支の意味合いは、極めて深いものがあると思います。ご自身も今までの天武天皇の想いを受け継いで、即位され天皇になられる。そして、自分が天皇になることを考えると、壬申の乱に勝利できたからで、乱の時に命を落としていたら、あるいは吉野から鈴鹿、四日市へ来られる時に、輿から転げ落ちて大怪我をし、身体に障害を持ったり、寒さのために病となり、命を落としていたら、天皇の位には即けません。そういったことを考えると、天照大神を祭る神宮へは特に強い想いを持たれたと思います。この年にこそ、神の宮を建て替え、そしてもう一つ、考えられたことは、人の宮を遷すことだと思います。

人の宮の問題を考えますと、四年の正月に即位され、十月二十九日に高市皇子が藤原の宮地を観られています。天武天皇の時から、新しい宮造りをしたいという思いはあられたようですが、なかなか実行されていません。ようやくここに来て、実行しようという流れが出てきたわけです。十二月十九日には、天皇親らが藤原に行幸して宮地を観られています。そして、この年、皇大神宮の第一回式年遷宮が行なわれています。皇大神宮の式年遷宮遷御の儀は、神嘗祭が行なわれる九月に行なわれるのを原則としています。神嘗祭の時に行なわれるということで言いますと、皇大神宮の式年遷宮が終ってから、高市皇子・持統天皇が人の宮地の検分を行ない、造成の準備に入ったと理解してよいと思います。

これは、何を意味しているかと言いますと、皆さんは毎日一生懸命神棚を拝んで神の加護を祈り、日々の感謝をしておられます。自分の住んでいる家は新しくするけれど、神棚が埃だらけでぼろぼろになっていてはいけません。まず神棚を清く新しくしてから、自分の住む家を新しくする。そういう気持ちが、ここには現われていると思います。

そして、皇大神宮の式年遷宮が終った翌五年（六九一）に、使者を遣わして新益京、藤原京の地鎮祭を行ない、工事を始めています。それから、六年に豊受大神宮の式年遷宮が始まり、五月二十三日には、難波王を遣わして藤原の宮地を鎮め祭っています。そして、その年の九月に、豊受大神宮の第一回式年遷宮を行なっています。両宮の式年遷宮を終えた八年十二月六日に藤原宮に宮を遷しています。

表3　式年遷宮並びに臨時仮殿遷宮一覧表

皇大神宮

回数	歴代	西暦	遷宮年月日	遷宮・臨時・仮殿の区別	前式年より遷宮年数
一	持統	六九〇	四年	式年	
二	元明	七〇九	和銅二	式年	二〇年
三	聖武	七二九	天平元	式年	二一年
四	聖武	七四七	天平一九	式年	一九年
五	称徳	七六六	天平神護二	式年	二〇年
六	桓武	七八五	延暦四・九・一八	式年	二〇年
	桓武	七九一	延暦一〇・八・三	仮殿	
	桓武	七九二	延暦一一・三・二四	臨時	
七	嵯峨	八一〇	弘仁元・九	式年	二六年

豊受大神宮

回数	歴代	西暦	遷宮年月日	遷宮・臨時・仮殿の区別	前式年より遷宮年数
一	持統	六九二	六年		
二	元明	七一一	和銅四	式年	二〇年
三	聖武	七三二	天平四	式年	二二年
四	孝謙	七四九	天平勝宝元	式年	一八年
五	称徳	七六八	神護慶雲二	式年	二〇年
	桓武	七八七	延暦六	式年	二〇年
七	嵯峨	八一二	弘仁三・九	式年	二六年

ですから、神宮の式年遷宮が行なわれてない段階で、人の宮を藤原宮へ遷すということは出来ないという思いが、両天皇にはあられたと思います。当時は、神と人は共に存しますが、神を仰ぎ祈る立場に人はいますので、神の宮が壊れ傾いているのに、自分の住む宮を新しくするということはできなかったと思います。これをまず考えて置かないといけないと思います。

それから、このことに関してもう一つ理解すべきことがあります。表3の「式年遷宮並びに臨時仮殿遷宮一覧表」を見ていただくと、皇大神宮の第一回式年遷宮は持統天皇四年（六九〇）

で、第二回目は二十年後（数え年）に行なわれています。元明天皇の和銅二年（七〇九）です。翌年に何があったかと言いますと、平城宮遷都です。まず、神の宮である伊勢で宮遷しが行なわれ、その後、人の宮を遷すという流れが、古代にはあったと思います。神の宮を新しくしてのち、人の宮を新しくするという意識が明確に表れていると思います。まず、このことを理解する必要があります。

七、諸宮社の式年遷宮

次に、諸宮社の式年遷宮について考えてみたいと思います。表4は、『延喜式』に拠って作成しています。『延喜式』を見ますと、御正宮以下、式年遷宮の対象となる別宮・摂社が記されています。

神宮の宮社をそれぞれ見ていきますと、別宮が式年遷宮に預かるのは、天平十九年（七四七）からです。これは、下野国から金が出現したことによります。この金は、もともと東大寺の大仏に塗るために全国で探し求めていたら、たまたま下野国から出てきたというものです。残念ながら、この金だけでは大仏の全身に塗金できないことがわかりました。だけど、天照大神以下日本

表4　造宮使修造宮社一覧（『延喜大神宮式』延長5年〈927〉）

所管	格	宮社名	殿舎	方法	遷宮創始年
内	正宮	皇大神宮	正殿・宝殿・外幣殿	新材	持統天皇4年（690）
外	正宮	豊受大神宮	神殿・（？）	〃	〃　6年（692）
内	別宮	荒祭宮	神殿	〃	天平19年（747）
〃		月讀宮	神殿	〃	〃　（〃）
		（月讀荒御魂宮）	（宝殿）　貞観9年（867）宮号、貞観10年宝殿寸法増		
		（伊佐奈岐宮）	（宝殿）　〃　〃　〃　〃　〃		
		（伊佐奈弥宮）	（宝殿）　〃　〃　〃　〃　寸法不増作		
〃		瀧原宮	神殿	新材	天平19年（747）
〃		（瀧原並宮）	（神殿）	（〃）	（　〃　）
〃		伊雜宮	神殿	〃	〃　（〃）
外		多賀宮	神殿	〃	〃　（〃）
内	摂社	朝熊社	神殿	新材	延暦23年（804）以前
〃	〃	園相社	神殿	〃	〃
〃	〃	鴨社	神殿	〃	〃
〃	〃	田乃家社	神殿	〃	〃
〃	〃	蚊野社	神殿	〃	〃
〃	〃	湯田社	神殿	〃	〃
外	〃	月夜見社	神殿	〃	〃
〃	〃	草名伎社	神殿	〃	〃
〃	〃	大間社	神殿	〃	〃
他	式内	須麻漏賣社	神殿	〃	（？）多気郡鎮座
〃	〃	佐那社	神殿	〃	〃　〃
〃	〃	櫛田社	神殿	〃	〃　〃

※自外の諸院（新旧通用）、自余の諸社（宮司修理）
※造宮使供給・丁匠役封戸人夫粮食……神税（不足時、正税）

の神々に祈りを尽くしてようやく出てきた金で、丁度第四回式年遷宮の時にあたり、正宮の社殿の金物を塗金しました。それと同時に、別宮の式年遷宮制度も始めています[20]。この天平十九年の第四回式年遷宮から別宮の式年遷宮が始まりますので、それ以前は御正宮だけで、四回目以降式年遷宮の対象が増えてくることになります。

摂社については、朝《あさ》熊《ま》・園相《そない》・鴨・田乃家《たのえ》・

蚊野・湯田の六社、これが内宮側の社です。それから月夜見《つきよみ》・草名伎《くさなぎ》・大間《おおま》の三社が外宮のほうで、これらが式年遷宮の対象となります。延暦二十三年（八〇四）の両宮『儀式帳』に、既に出てきますので、それ以前（天平神護二年〈七六六〉の第五回、延暦四年〈七八五〉の第六回のいずれか）に式年遷宮の対象になったと理解できます。

現代は、神宮を構成する百二十五の宮社中、別宮・摂社・末社の八六社が遷宮の対象になっていますが、(21)初期の式年遷宮は、御正宮だけの遷宮だったことを理解していただきたいと思います。

それがどんどん拡張されていった理由は、別宮も、摂社・末社も大事で、摂・末社に祭られている神々の多くは、『日本書紀』や『古事記』に出てこない神ですが、地元では皇大神宮御鎮座以前の昔から当地で祭られていた神々です。こういう神々の社が傾き朽ちているのに、御正宮だけ遷宮を続けていくのは、申し訳ないということです。何故かと言ったら、地元の神々が安んじて祭られてないのに、天照大神のお宮だけを立派にしていたら、天照大神御自身が、どうも鎮まり心地が悪い、居り辛いと思われるのではないか。一二五の宮社は、神宮のファミリーとして一緒に祭られているわけですから、同じように式年遷宮をしてあげたいという気持ちで、どんどん拡大されていったと思います。日本人は、神々を至るところで祭っていますが、片方で朽ちた状態になっているのに、片方だけを立派にしていくのは忍びないという気持ちを持っていたのだと思います。

またこれ以外に、注目すべきことがあります。それは、従来ほとんど指摘されていませんが、多気郡にある須麻漏賣《すまるめ》神社・佐那《さな》神社、それから櫛田神社の三社も、都から来た造宮使が造替することになっています。この『延喜式』の時代、西暦九二七年当時は、多気郡の三社も式年遷宮の対象になっていたことを、注目すべきだと思います。いずれも大事なお社と考えられますが、このことについては、今日は時間がないので省略いたします(22)。

八、正宮だけの式年遷宮

次に、第一回目の正宮だけの式年遷宮について、考えてみたいと思います。あまりこのことについては言われていませんが、どのような式年遷宮であったか、これは記録がありませんから、想像するしかありません。私が考えているところを、少し述べてみたいと思います。

皆さんは、宮川の上流、大内山川の流れる大紀町（旧大宮町）に鎮座する瀧原宮をご存知だと思います。あそこは、瀧原宮と瀧原並宮が東西に二つ並んで建っています（図2）。宮に向かって右手（東）側が瀧原宮、左手（西）が並宮です。瀧原宮が天照大神の和御魂《にぎみたま》で、並宮がその荒御魂を祭っています。昔の人は神には二つの神格、温和で穏やかな気持ちの和御魂と、荒々しい気持ちの荒御魂があると考えています。これは、人間もそうです。穏やかな気持ちと、少し怒って力強くなる時の気持ちがあります。瀧原は、この二つ、和御魂と荒御魂の宮が並列して建っているという宮です。恐らく、これが神宮の本来的な建物のあり方ではなかったかと思います。

　ところが、現在の内宮を見ますと、このような形にはなっていません。『倭姫命世記』を見ますと、もともと瀧原の地でお祭りされていた大神の宮が、いまの五十鈴川のほとりに遷されたという話しになっています。恐らく、この話しは、古いタイプの社殿形態を持つ宮が本来の形で、元だという感覚があって記されたのではないかと思います。

　天照大神にかかわって記されているものは、荒御魂

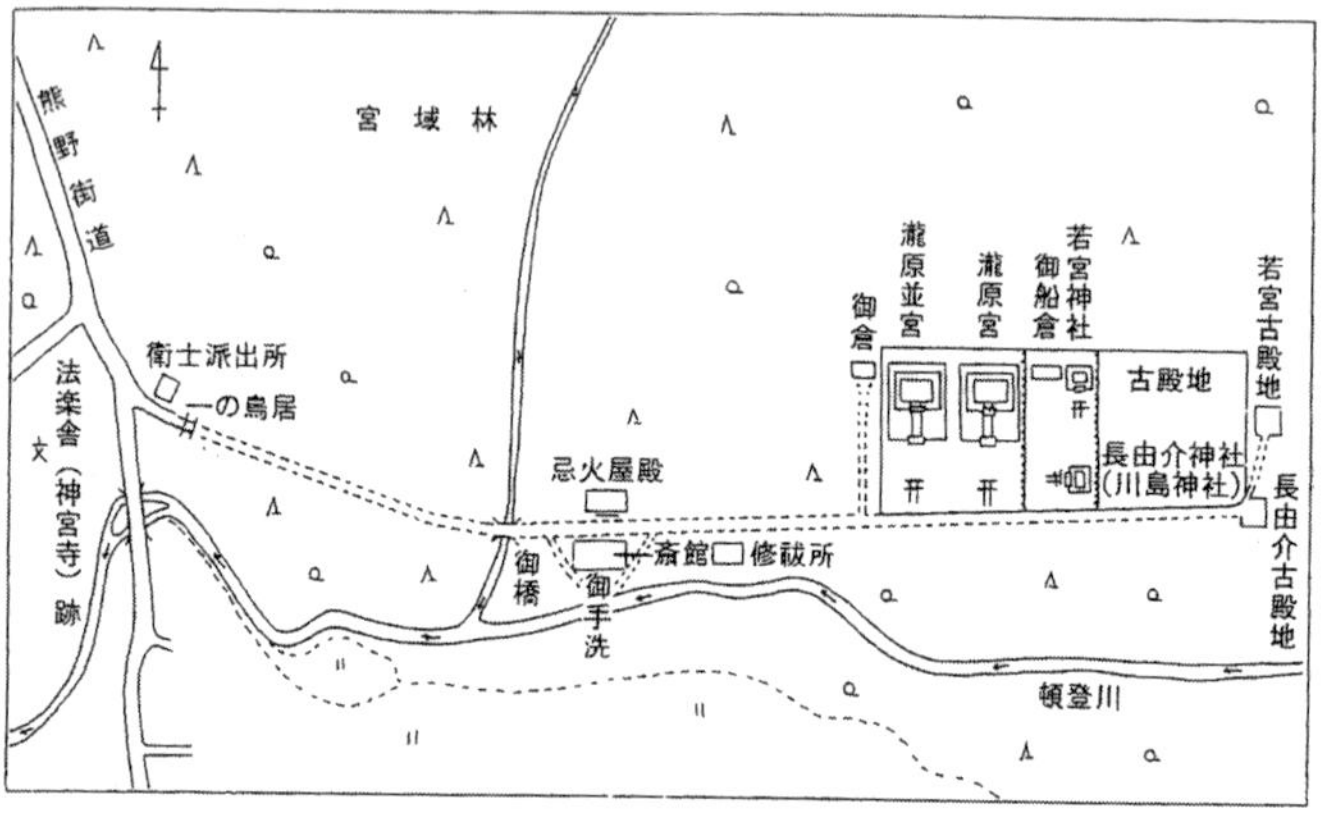

図２　瀧原宮・瀧原並宮宮域図（筆者作図『大宮町史』）

で、和御魂についてはほとんど出てきません。『神宮雑例集』には、

度会郡。

多気郡。

本紀（記）云。皇太神御鎮座之時。大幡主命物乃部八十友諸人等率。荒御魂宮地乃荒草木根苅掃。大石小石取平天。大宮奉レ定支。爾レ時大幡主命白久。己先祖天日別命。賜二伊勢国内礒部河以東一神国定奉。飯野多気度會評也。即大幡主命神国造并大神主定給支。（後略）

とあり、御鎮座の時「荒御魂宮地」を造成したと出て、「和御魂宮」とは出てきません。ここに見える「本紀（記）」は、延暦二十三年（八〇四）に進上された『皇太神宮儀式帳』に漏れた伝承を中心に、大同二年（八〇七）に編纂した『大同本記』の逸文と言われるものです。これは、注目すべき史料です。古い時代の人の意識では、荒御魂宮の方を重視していたことが分かります[23]。現在、私たちがお参りしている御正宮は、和御魂宮です。だけど『雑例集』所引の『大同本記』では、荒御魂宮としています。それを、まず押さえておきたいと思います。

それから、荒御魂については、『日本書紀』神功皇后摂政前紀に、熊襲《くまそ》を討ち新羅《しらぎ》国を服す時に祭るべき神を、神功皇后が親から神主となって神託を請うと、最初に出てきた神が、「神風《かみかぜ》の伊《い》

勢国《せのくに》百伝《ももづたふ》度逢県《わたらいのあがた》之《の》拆鈴《さくすず》五十鈴宮《いすずのみや》所居神《にましますかみ》」で、名は「撞賢木《つきさかき》厳之御魂《いつのみたま》天疎《あまさかる》向津媛命《むかつひめのみこと》」です。大変長い名を持った神ですが、征討が終わって帰国する記事の中で、「天照大神の荒御魂」と出てきます。また荒御魂は、皇后に近づけるべきでなく、広田国（摂津国武庫郡広田神社〈兵庫県西宮市〉）で祭らせたと見えます。

戦いに赴く時には、和御魂ではなく、勇気を与えてくれる荒々しい御魂を勧請していかないと戦いに勝てません。そういう意味で、荒御魂が出てきます。ですから、この働きを考えていくと、現在の御正宮のある場所に、荒御魂宮と和御魂宮が並列して建っており、正宮は荒御魂宮であった可能性が高いと思います。正に、瀧原宮・瀧原並宮と同じ建物配置の状態（ただし、荒御魂と和御魂の位置は逆転していたか）が、現在のあの場所にあったと思います。

また、このことに関連して、発掘調査で確認された注目すべき遺跡があります。[24] 伊賀市（もと上野市）の比土《ひど》というところ、近鉄伊賀神戸の駅から伊賀鉄道に乗って少し行った右手側の谷間にある全国的に有名になった城之越《じょのこし》遺跡です。図3「伊賀市比土城之越遺跡B地区掘立柱建物」をご覧下さい。これは、五世紀代のもので、非常に興味深い建物です。城之越遺跡は、水が湧出てくる湧水を中心に石組みがあり、古代の庭園ではないかと言われた遺跡（A地区）です。現在は、湧水祭祀の場と考えられています。そのA地区の奥の方に城之越遺跡B地区があり、そこには東西に二つの建物が、南面して建っています。周りに小さい柱がついていますので、庇付の建物と考えられています。規模は、皆さんからみて右手（東）側の方が少し大きく、左手（西）側がやや小さいものです。城之越遺跡は、単に人が住む建物でなく、場合によると神祭りの場かもしれません。太陽が昇る東側をより重視して、少し規模を大きくして、祭っていることになります。

　これは、瀧原宮で言えば右手側が瀧原宮（和御魂）、左手側が瀧原並宮（荒御魂）です。宮から南に向かって見ますと、左手側が東に当たります。東側は、太陽が昇る方角で重視され、西側は太陽が沈む方角で軽く考えられています。現在、瀧原宮では和御魂を重視していることが分かります。皇大神宮では、神功皇后以前は、東側の御正宮に荒御魂を祭り、西側に和御魂を祭り、それ以降逆転したのではないかと思います。また、何故、和御魂が重視されたかを考えますと、神功皇后摂政前紀をみると、「和魂服㆓王身㆒而守㆓

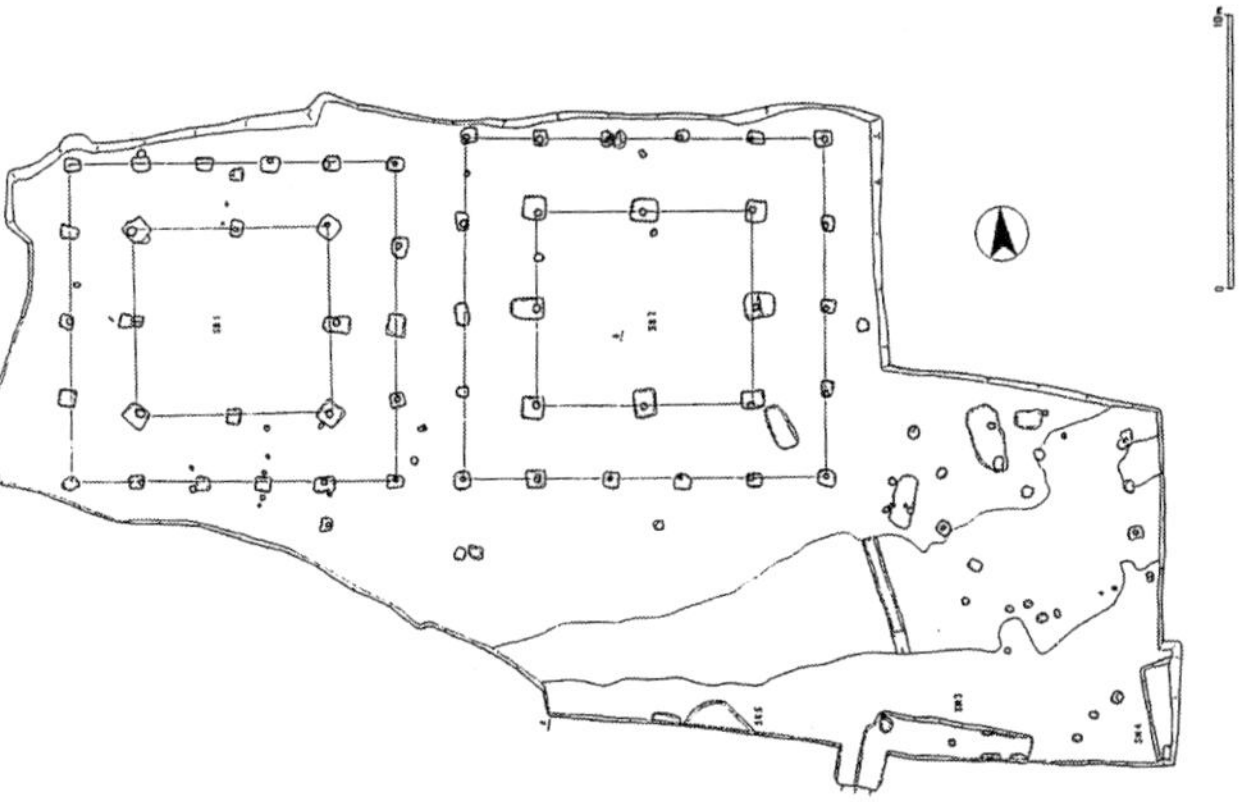

図３　伊賀市比土城之越遺跡Ｂ地区掘立柱建物（報告書より）

寿命一。荒魂為二先鋒一而導二師船一」とあり、和御魂は日常的な王身守護を示すのに対して、荒御魂は非日常的（外征）なものであることが関わると思います。さらに、親征で勧請された荒御魂は、広田神社で祭られていることから、和御魂を重視し規模を大きくして正殿に祭り、荒御魂は荒祭宮として並列して祭ったのではないかと思います。城之越遺跡のほんの僅かの建物規模の違いから、これらのことが考えられます。

そして、『太神宮諸雑事記』には、第一回式年遷宮の時に、「外院殿舎倉四面重々御垣等所レ被二造加一也」とあり、外院の殿舎（外幣殿か）、あるいは倉（御稲御倉《みしねのみくら》か）、あるいは四面（東西南北）重々の垣を新たに造り加えたとあります。そして、非常に大事なところですが、『皇太神宮儀式帳』の殿舎、建物を見ますと、

一 太宮。壹院。

正殿壹区。（長三丈六尺。広一丈八尺。高一丈一尺。）御橋一枚。（長六尺。広五尺。）高蘭四方廻。（高三尺。広二尺五寸。）餝金花形并戸具

於居 坩殿扉金鏁壹具。餝金御鎰壹勾。已上従二朝庭官庫一奉入。上搏風肆枚。（長二丈八尺。弘八寸。厚四寸。）号二称比木一。釘覆大坩。堅魚木十枚。（長各七尺。径一尺七寸。）材木別端以レ金餝。

宝殿二宇。（長各二丈一尺。広各一丈四尺。）（中略）瑞垣一重（長廻卌九丈。高一丈。）（中略）

御門十一間。（中略）

玉垣三重。一ノ玉垣。長十四丈。二ノ玉垣。廻六十丈。三ノ玉垣　廻百二丈。

とあります。「正殿一区」のところに垣は出ませんが、「宝殿二宇」の後に、「瑞垣一重」と出てきます。それから御門が十一間とあり、そのあと「玉垣三重」と出てきます。図4を見て下さい。瑞垣の中に建てられている建物は、正殿とその後ろにある東宝殿と西宝殿です。これらが、瑞垣に囲まれています。その周りにある三重の垣、これが玉垣（内玉垣・外玉垣、板垣）というように理解されます。

普通、内宮も外宮も、御正宮は何重の垣で囲まれているかというと、四重と言っています。ただ、内宮は蕃垣御門がある蕃垣があって、正面から見ると五重だという意見もありますが、それは置いておくとしても、四面（東西南北）は瑞垣を含めて四重の垣で囲まれているとされています。けれど、『儀式帳』で玉垣三重としているところに意味があります。三という字を、頭に入れておいて下さい。これが大切です。先ほども出ました重々の垣とは、瑞垣で囲まれた内院（正殿・東西宝殿）を三重の垣で囲み、あわせて四重の垣で囲んだことになります。恐らく、それぞれ瑞垣で囲まれた和御魂宮と荒御魂宮が東西に二つ並んで建っていたのが、式年遷宮の始まる前の姿で、御正宮（和御魂）に三重の垣が新造されたことから、あの場所に御正宮と荒祭宮の新旧二つの宮地が取れないことになったのだと思います。また、御正宮と荒祭宮の建物を比較する

図4　皇大神宮殿舎配置図（『神宮―第六十回神宮式年遷宮―』小学館、立木表記は削除）

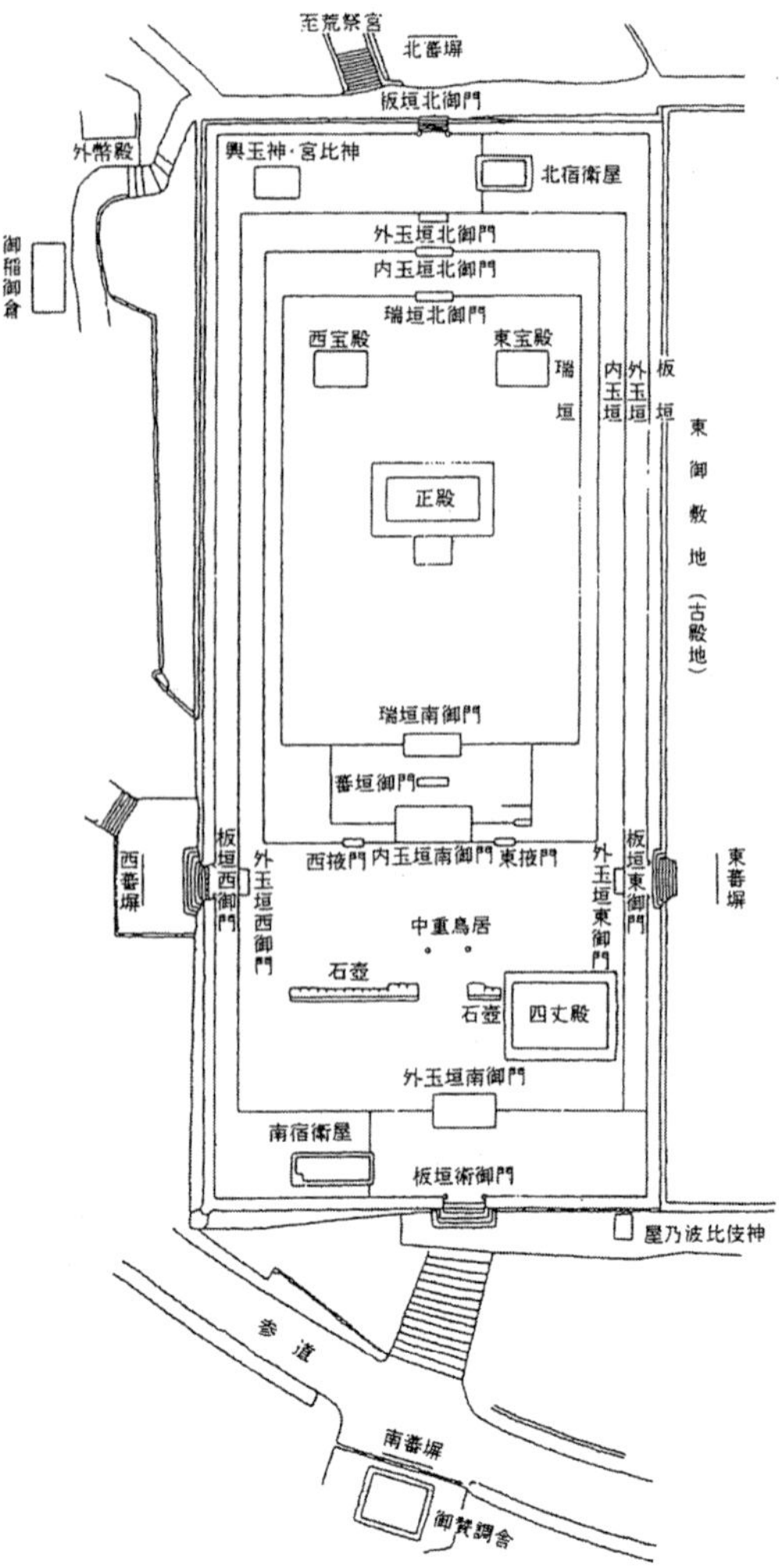

と、御正宮の方には回廊がめぐらされ、建物も格段に大きくなっています。恐らく、第一回式年遷宮が行なわれた当時は、和御魂宮の方が重視され、荒御魂宮（荒祭宮）の方が少し軽くなって、荒御魂宮を、後ろ、北側の方へ遷されたのだと思います。あるいは、現在の荒祭宮の位置か

ら、和御魂宮（御正宮）を現在地に遷し祭ったとも考えられます。現在は、皆さんが、御正宮をお参りされてから、谷間を降りて、さらに高まったところに鎮座する荒祭宮をお参りするという形になっています（図5）。

　これは、幕末から明治の神宮学者である御巫清直も既に第一回式年遷宮の時に、荒祭宮は背後の方に遷されたと指摘しています[25]。このことに関わって注目されるのは、荒祭宮には鳥居がないことです。御正宮、和御魂宮の石段のところに鳥居があって、その鳥居をくぐって皆さんはお参りされていますが、荒祭宮には鳥居がありません。無い理由は、和御魂宮と荒御魂宮とが、一体化した形で理解されていたからだと思います。それは、元々並列して建っていた時には、一つの聖域の入口として、鳥居が一つしかなかったことが、そ

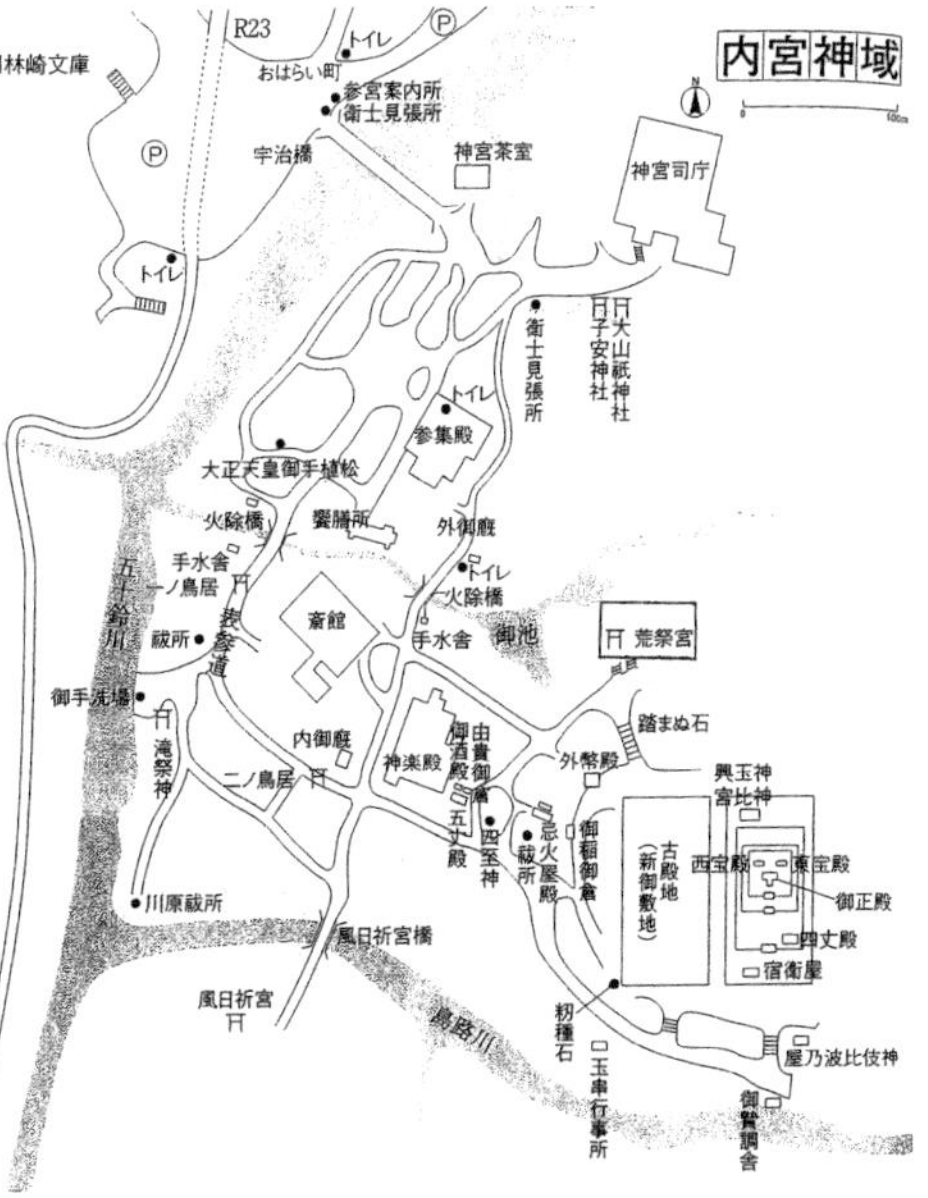

図５　皇大神宮（内宮）宮域図
（伊勢文化舎『検定お伊勢さん』伊勢商工会議所）

の背景にあると思います。遷宮後は、御正宮を拝すれば、その後ろにある荒祭宮をも同時に拝することができたからだと思います。

それに対して、外宮の場合はどうかと申しますと、外宮の場合も同様に垣を増やしたために、かなり広い範囲をとらなければならないので、和御魂宮を正宮として、荒御魂宮は南側の高台の地に遷し、多賀宮（高宮）と呼んでいます。多賀宮には、現在鳥居はありませんが、寛政九年（一七九九）に蔀関月の著した『伊勢参宮名所図会』「外宮宮中之図」には、鳥居が描かれています。同書「内宮宮中図」には、荒祭宮の鳥居は描かれていません。多賀宮は、明治以降撤去したものと思われます。

九、天武・持統両天皇の式年遷宮

ここで、さらに大事な問題が一つあります。これが、天武・持統両天皇の時に、式年遷宮が行なわれたことを示すものだと思います。

それは、先に述べた三重の垣です。また、平成二十五年に行なわれる御白石持ちで、御正宮のある宮域に行かれる時に、是非確認していただきたいのは、御正殿の階段や回廊に高欄というのがあり、高欄の一番上に五色（赤・白・青・黄・黒）のガラス玉が飾ってあります。橋の欄干のようなところに五色の玉、これを「居《すえ》玉」と言っています（図6）。この五色は、先ほど述べました三重と同様、奇数です。二四六八十というのは偶数です。奇数と偶数は、陰陽で考えますと、奇数は陽数で、偶数は陰数です。中国の人、大陸の人は奇数・陽数を好み、日本では陰数・偶数を好みます。

　皆さんがお宮へ行ってお参りする時に、拍手は二回、出雲大社では四回、伊勢神宮の正式なものは八度拝です。三回や五回拍手する人はいません。七回叩く人もまずいません。皆さんが、数を数える時は、二四六八十の世界です。一三五七九と数えても別によいのですが、そのように数える人はいません。二四六八十と数えます。それから八咫鏡・八坂瓊勾玉・八百万神とか八百屋とか、八というのは、日本人にとっては最

図６　皇大神宮御正殿高欄五色居玉写真
（『週刊読売臨時増刊』伊勢と遷宮）

も多い聖なる数です。それに対して、大陸では奇数を好み、寺の塔は、二四六八で建っているものは一つもありません。三重・五重・七重・九重、それから十三重の塔です。寺の塔は、みな奇数で建っています。また、一月一日・三月三日・五月五日・七月七日・九月九日は節日で、大陸から伝わってきたものです。中国では、九月九日、最も多い陽数九が重なっていますので、重陽の節といってお祝いします。(26) それに対して、日本人は偶数を好んでいます。三重・五色、ここには明らかに中国の陽数を好む陰陽思想の影響があります。この影響のある建物を意識して建てたのは誰か。これを付け加えたのは誰かを考える上で、天武天皇と持統天皇が関わってくると思います。

天武天皇と道教（陰陽）思想との関係について、箇条書きにしますと、

諡号：天渟中原瀛真人天皇
八色の姓：真人・朝臣・宿禰・忌寸・道師・臣・連・稲置
年号：朱鳥
朝服の色：朱花・深紫・浅紫・深緑・浅緑・深蒲萄・浅蒲萄
宮殿：大極殿・朱雀門
御陵：桧隈大内陵

があります。

天武天皇の和風諡号《しごう》に見える「真人《まひと》」と、天皇が決められた「八色の姓《やくさのかばね》」の最上の「真人」、それから「忌寸《いみき》」とか「道師《みちのし》」といったものも、道教に関係する語です。また、拝朝する時に位によって着る服の色が決められており、天武天皇の時には、最高位の人は「朱花《はねず》」、朱色のもの、その次は深紫というようになっています。天智天皇以前は、紫が最高位の色とされていましたが、天武天皇の時だけ、紫の上に朱を置いています。また年号を朱鳥と名付けていることも、これに関わります。そして、宮殿建築の建物に、中国の宮殿建築で使われる大極殿とか朱雀門の名称を使用しています。また、陵墓名の「大内」もそうです。いずれも道教という教えの中で理解されるものです。「真人」というのは、仙人でもない人でもない最も高貴な人という意味があります。それから「道師」というのは、道教では先生に当たる言葉です。朱は、最高の色と考えていました。ですから、この天武天皇の時、これは持統天皇も同様ですが、中国の最新の信仰である道教の影響を強く受けていたものと思います。両天皇に影響を与えたのは、遣隋使で隋に渡り、唐の時代になって帰国し、孝徳天皇の大化の治世で、国博士に任じられた僧旻《みん》・高向玄理《たかむこのくろまろ》、あるいは南淵請安《みなみぶちのしょうあん》らの影響を大きく受けたものと考えられます[27]。

そして、天武天皇を考えますと、天皇御自身も占いに凝っておられます。占いに凝っているといってはおかしいのですが、『日本書紀』天武天皇即位前紀を見ますと、天皇の御人柄が書かれています。そこに、「天文遁甲を能くす」と書いてあります。天文とは星を見ること、遁甲というのは、その星を見て占うことです。天皇の行なわれたことで考えていきますと、壬申の乱のおり、

将レ及二横河一。有二黒雲一。広十餘丈経レ天。時天皇異之。則挙レ燭親秉レ式占曰。天下両分之祥也。然朕遂得二天下一歟。

とあり、天下が二つに分かれ、それを占ったら私が勝利し、天下を得るだろうと、記されています。まさに、壬申の乱のときに、今の近鉄名張駅から少し大阪方面に行ったところを流れる川、あれが横河で、現在名張川と呼ばれています。あの名張川の上に黒雲が立ち、親ら式《ちく》を秉《と》って、占われています。そして、親らも天文を非常に好まれたことも、天武天皇四年（六七五）正月五日に「占星台」を築造していることから分かります。朝鮮半島の新羅の王都慶州には、占星台と

図７　新羅慶州占星台（筆者撮影）

いう石組みの建物が残っています（図7）。上部は四角い穴で、最下部に水が張ってあって、上からのぞくと丸い穴の中に星が見えるわけです。星の動きを天文博士が見て、天皇だけに奉告（密奏）されます。不吉なことがあることを示す動きがあったら、絶対口外してはいけません。人にも見せてはいけません。すぐさま天皇に奉告します。天皇はそれを知ると、臣下に対して、これからこういうことが起こるから、こうすべきだと詔を出すわけです。今では、流星があると皆さんは、その間にお願い事をしますが、古代では星が流れたら非常に怖くて、身を慎みます。だから日食なんかも非常に怖かったわけです。日食がいつ起こるかは、暦博士や天文博士が前もって計算し、何年何月何日（通常は朔日〈一日〉）にあると暦に記しています。実際、宮都で見ることのできない中国やアフリカ、ましてや実際何処でも見えないものもありました。そういう日にちが決められますと、官人は出勤しても仕事はせず、日没を待って家へ帰っていました。古代では、星の動きを見て、未来を予測していました。

天武・持統両天皇は、基本的には同じ思想を受けていましたので、宮造りや式年遷宮制度の中でも、中国の道教・陰陽道に従って、御正宮守護のため、三重の垣や五色の居玉を付加するということがあったと思います。第一回式年遷宮以前と以後では、宮域・社殿建築とも大きく変わっていたことを注意すべきだと思います。

十、二十年一度の式年について

そして最後ですが、よく式年遷宮は二十年ごとだということで、なぜ二十年に一度か、ということが問題になっております。これについては、

①「最大数説」…人間の数えられる最大数（手の指の表裏、手と足の指）

②「尊厳保持説」…建物の耐用年数（掘立柱白木造りで萱葺）

③「世代技術伝承説」…一世代は三十年（十代見習い・二十代工人・三十代師匠）

④「時代生命更新説」…社会的・個人的に二十年を一区切り（国家・社会・国民生命の更新と連続）

⑤「原点回帰説」…朔旦冬至（陰暦十一月一日に冬至が来るのは、十九年七ケ月ごと）

⑥「糒保存年限説」…糒は二十年を保存（倉庫令）・式年遷宮は、大神嘗祭。

などの説が出ております。この二十年については、③の一世代の世が三十を意味する漢字で、技術の継承のために、二十年ごとに繰り返していくことが必要であると考えられています。

ただし、『延喜式』を見ますと、御正宮を建てるのにどれくらいの期間で建てているかというと、極めて短期間で建てています。現在は、八年くらいかけて建てています。木曽の山で木を切って、こちらに運び、長いこと水の中へ漬けて、そして乾燥させるという「寝かせ」をやっています。ところが、『延喜式』や鎌倉時代などの古い記録を見ますと、「寝かせ」は全く行なっていません。「寝かせ」は、江戸時代からのようですし、柱のねじれ、ひび割れを防ぐための「背割り」もその頃からだと言われています。

第一回式年遷宮は、内宮は神域背後の神路山、五十鈴川上流域の山中に入って木を切っています。外宮は、神域背後の高倉山に入って木を切ってきます。『延喜式』を見ますと、「孟冬」にその作業を始めると書いてあります。孟冬というのは、十月を指しています。十月から始めると書いてありますが、式年遷宮の遷御は神嘗祭の行なわれる九月ですから、十月は同じ年ではあり得ません。二年前とか三年前とか年を記していませんので、前年の十月と考えられます。平安時代になると少し間延びしてきて、四年くらい前の孟冬になっています。これは、式年遷宮の対象の宮社が両宮の別宮・摂社にまで拡大され、御杣山の木が減少してきたことがあり、より奥地で伐採する必要があったことを意味しています。ですから、技術の継承というのは必要ですが、基本的には何時でも何処でも、すぐに建てられるような技術が普通にあったと考えられます。今は、木材資源が枯渇し始めていますから、また木組みをしたり、萱を葺いたりする技術者があまりいませんので、非常に長い期間を要することになっています。

それから、御神宝や御装束類を考えましても、『延喜式』を見ますと、御神宝・御装束は七月一日から神祇官西院で造り始めることになっています。そして、九月には神宮へ運ぶことになっていますので、僅か三ヶ月くらいで造ることになっています。今は、八年ほどかかっていますが、この技術を持った方が亡くなってしまうと、次回はもうできなくなってしまうという状態です。今、私たちが見ている御神宝類なんかも、昔の技術集団から言えば、すぐさま作ってしまうほどのものだった、ということになります。今は材料も、作る人もいなくなって、こういう状態になっているということです。そう考えると、古代では技術継承は重要ですが、それがための年数はあまり考えられていなかった可能性があります。

私は、この二十をどう考えるかというと、やはり人間の節目、昔は二十を境に、二十一歳以上の男は正丁と呼ばれ、租・庸・調・雑徭の税を全額出すということになっています。十七から二十歳の人は、少丁と呼ばれ、税は正丁の四分の一となっています。逆に、二十一歳になったら大人として認めていました。そういう節目です。二十を一つの節目の単位として、人間の成長を物指にしていた可能性があると思います。また、木を切ることで考えますと、現在のように寝かせや背割りをせずにそのまま建てますので、虫食いやねじれ、ひび割れをして倒れるといったことがあったと思います。恐らく、二十年という節目の中で、建物は屋根が腐り、根太が腐って柱が傾きだす。それ以上待ったら完全に倒れ、分解してしまう危険があったと思います。十九だとか十八だとか十七年を取らなかったのは、十・二十・三十という十の倍数年の中で、偶数年の二十年を取ったと考えられます。これは、壬申の乱の時に、二十八歳で伊勢へ来られた持統天皇が、二十年後の四十八歳に伊勢にまた来られ、さらにそれから十年後に、伊勢から三河へ行幸されたのも、十とか二十とか、十の倍数である偶数年を節目として、取り入れられた可能性があると思います。

十一、文武天皇二年の神宮創祀説について

これから平成二十五年に、第六十二回式年遷宮があります。多分、式年遷宮にあわせて神宮に関する本が、沢山出版されると思います。今まであまり神宮のことを研究されてこなかった人が、急に一、二年で本を書かれます。出版界では、名の通った学者に、神宮のことを書いてもらうと、よく売れるということで、内容より執筆者の名前で売るという形の出版があり、一種のブームとなります。

そういう中で見てきますと、伊勢神宮の創祀、何時お祭りされたかという問題について、最近

かなり言われだしてきたことがあります。詳しいことは、今は時間がありませんので申せませんが、盛んに言われ始めたことは、『続日本紀』の文武天皇二年（六九八）十二月乙卯（二十九日）條に、「遷二多気大神宮于度会郡一。」とある記事から、内宮は文武天皇二年十二月二十九日に、多気郡から度会郡の五十鈴川のほとりに遷されたということを、主張する人が増えてきました(28)。

これは認められるかというと、既に指摘されていますように、その反証として、文武天皇二年の二年前にあたる持統天皇十年（六九六）に詠まれた歌があります。それは、壬申の乱で活躍した天武天皇の長男である高市皇子が亡くなった時に柿本人麻呂が詠んだ『万葉集』の挽歌（一九九番）です。この歌には、「渡会の斎《いわい》の宮ゆ神風にい吹き惑はし」とあり、伊勢神宮のほうから神風が吹いて敵を蹴散らし勝利したという高市皇子の功績を讃えたもので、歌中に「渡会の斎の宮」と出てきます。「斎の宮」は、内宮のことで、度会郡にあるとしています。文武天皇二年の二年前に、既に度会郡にあったことになります。多気郡と度会郡は、もと一郡（大宝令施行以前は「評」と表記）で、二郡に分かれたのは、孝徳天皇の大化五年（六四九）ですから、文武天皇二年に多気郡にあったはずはありません。これが、有力な反証としてあげられています。

ある人は、多気と度会郡が一郡であった時も度会郡と称し、その時の古い呼称で、この歌は詠まれたとされ、問題は無いと言われます(29)。しかし、この説で考えますと、持統天皇四年（六九〇）の第一回式年遷宮は、多気郡で行なわれたことになります。八年後に多気郡から度会郡に遷されたとすれば、宮殿はそれから二十年後に新造されることとなり、少なくとも第二回式年遷宮は、この文武天皇二年を起点として、養老元年（七一七）になるはずです。[30]しかし、神宮側の伝える史料では、持統天皇四年を起点とし和銅二年（七〇九）となっています。従って、第一回目の式年遷宮は持統天皇四年に五十鈴川のほとりに祭られた皇大神宮（内宮）で、行なわれたと認めて全く問題はありません。この文武天皇二年の記事は、別のものとして考えるべきものです。[31]

かなりの学者が、文武天皇二年説を主張し始め、大変なことになってきましたので、高市皇子を讃えた歌のように、早くこの説を蹴散らしてしまわないといけません。この説を認めてしまえば、ここでお話ししてきました持統天皇四年の第一回内宮式年遷宮、同天皇六年の第一回外宮遷宮、および持統天皇の伊勢行幸が互いに意味を持たないものとなってしまいます。これは、非常に大事な問題です。

十二、おわりに

以上、長々とお話ししましたが、伊勢の神宮を考える上で、持統天皇の二度の伊勢行幸は、壬申の乱の時の大変な経験、九死に一生を得た経験が二十年後、三十年後になって、神宮の式年遷宮を、また恒久の神宮祭祀が順調に行なわれることを願って、行なわれたということを御理解いただきたいと思います。

そして、伊勢に来られているにもかかわらず、神宮にお参りになった事実は一切書かれていません。そのことにも、想いを致してほしいと思います。明治天皇は、伊勢に来られ神宮参拝をされた初めての天皇です。千年近く続いた平安京から、江戸（東京）へ遷都し、日本だけの世界から、地球規模の世界へと大きく変化した大変な時代であったということが、天皇の初参宮になったと言えます。今までは、どなたも来られなかったけれども、明治以降は、天皇親らが伊勢に来られないといけないような時代環境が生まれたということです。

ご清聴、ありがとうございました。

補註

（1）お蔭参りは、天変地妖の凶兆で、神明（天照大神）が慎みを社会に示されたものとする考えがあり、足代弘訓も『御蔭参雑載』で、お蔭参り前後に災変のあることを列挙し、反省をうながしているという（松木時彦『新訂増補正續神都百物語』昭和七年、古川書店）。

（2）平成二十二年の参宮者は、過去最大の八八二万人と言われている。従来の参宮者は、式年遷宮の年にピークとなる様相からすると、二十二年は大きく相違する。神宮をパワースポットとするマスコミの力で増大したことが考えられるが、江戸時代以前は御師《おんし》達の働きで、伊勢信仰が広められ、お蔭参りで国民の六人に一人の割合で参宮者が訪れたことを考えると、神宮の持つ意味、本質を考える上で重要。

（3）式年の節目が大きく変わったのは、応仁の乱後で、遷宮制の復活した天正十三年（一五八五）のほか延暦十年（七九一）の皇大神宮の火災、敗戦による昭和二十八年への延期（本来は二十四年）がある。

（4）十月十日に藤原宮を出発され、十一月十二日には三河を出発し、尾張・美濃・伊勢・伊賀を経て、十一月二十五日に帰京されている。藤原京出発から三河までの往路と三十一日間の三河での動向は不明。『万葉集』六一番歌の舎人娘子の従駕の歌に、円方（的形）が見えることより、松阪市東黒部町所在の服部麻刀方神社附近に想定される的潟から、三河国へ出船したことが考えられる。

（5）大神（大三輪）朝臣高市麻呂は、壬申年の功臣で、『日本書紀』と同様の物語が、『日本霊異記』上巻・第二十五に見える。天皇の神宮参拝が禁じられていた中で、参拝をすると天変地異が起り、結果として、農事の妨げになることを考えて、諫められたことが考えられる。

（6）『日本書紀』神代巻下、第九段（天孫降臨章）第二の一書に、「天照大神。手持二宝鏡一。授二天忍穂耳尊一。而祝之曰。吾児視二此宝鏡一。当レ猶レ視レ吾。可三与同レ床共レ殿。以為二斎鏡一」とあり、神代の昔から天照大神の子孫が、同床共殿で、斎き祭っていた。

（7）『日本書紀』本文では、垂仁天皇二十五年（丙辰）に伊勢国に祠を建て、五十鈴の川上に斎宮を奉祭したと見え、一云に丁巳年（天皇二十六年）に伊勢国渡遇宮に祭祀したと見え、神宮では一云と『倭姫命世記』に従い、二十六年説を採っている。

（8）雄略天皇三年の栲幡皇女事件と同天皇十八年の伊勢国朝日郎《あさかのいらつこ》の誅伐事件が外宮の創祀に関わることを論じ（拙論「伊勢朝日郎の誅伐と宝塚古墳群」『神道史研究』五三―一、平成十七年、神道史学会）、斎宮が五十鈴川のほとりから、下樋《したひの》小川（松阪市金剛川）近くに移され、天智天皇三年（六六四）に多気評から飯野評が分立して以降、現在の斎宮跡に移ったことを、平成十九年開催の神道史学会第五三回研究発表大会で発表（「外宮の創祀と斎宮の変遷」）した。近く論文として発表する予定。

（9）田中卓『伊勢神宮の創祀と発展』（田中卓著作集4、昭和六十年、国書刊行会）

（10）拙論「壬申の乱及び聖武天皇伊勢巡幸と北伊勢―朝明郡家跡の発見を契機として―」上・下（『史料』一九一・一九二号、平成十六年、皇學館大学史料編纂所）

（11）倭姫命が遷幸された国で、神戸が置かれてないところは、近江と美濃の両国である。うち持統天皇が行幸された国は、美濃国で近江国は行かれてない。ただし、第一回の行幸のおり、美濃・尾張・三河・遠江とともに近江の騎士戸が見えている。『皇太神宮儀式帳』では、美濃国に神戸の設定は見えないが、「新宮造奉時行事并用物事」には、「発二役夫一。伊勢。美濃。尾張。参河。遠江等五国」と見え、美濃国から役夫を発している。『太神宮諸雑事記』の宝亀十年（七七九）八月五日条では、「伊賀。伊勢。美濃。尾張。三河五箇国」とあり、遠江に変わり伊賀があるものの、美濃は入っている。元々、美濃国には神戸が設定されていた可能性が高い。恐らく、近江・美濃は、壬申の乱の主戦場となり、美濃には不破関も置かれるなど、両国とも軍事的に要衝の地であり、神宮神戸の設定を行なわず、また廃止したと考えられる。

(12) 倉塚華子「斎宮論」(『巫女の文化』昭和五十九年、平凡社)

(13) 田阪仁「中国の斎宮に関する予備調査」(『斎宮歴史博物館研究紀要』三、平成六年、斎宮歴史博物館)

(14) この点は、日本武尊も同様である。拙著『倭姫命について』(伊勢神宮崇敬会講演録七、平成十四年、伊勢神宮崇敬会)。

(15) 志摩市阿児町立神「天照大神の神跡」、同市浜島町「倭姫命の御巡幸」、鳥羽市国崎町「倭姫命の御巡幸」(鈴木敏雄『志摩の民俗』昭和四十四年、三重県郷土資料刊行会)、志摩市磯部町飯浜(磯部郷土史刊行会『磯部郷土史』昭和三十八年、磯部郷土史刊行会)、南伊勢町(もと南島町)河内などがある(堀田吉雄「倭姫伝説」『生きている民俗探訪』昭和五十六年、第一法規)。

(16) 渥美半島に所在する縄文時代の貝塚である吉胡・伊川津・保美貝塚からは、大阪府と奈良県の県境にある二上山産のサヌカイトが石器の材料として一部利用されている。弥生時代では、南伊勢・志摩の前期・中期に、三河系の条痕文土器(水神平式土器)の影響を受けている。古墳時代では、外宮南西七〇〇メートルほどにある伊勢市高倉山古墳(六世紀後半)の横穴式石室を始め、南伊勢・志摩の横穴式石室に三河の影響が見られる。また、伊勢市朝熊町で発掘された昼河《ひるご》古墳群で確認された火化された横穴式木室墳（七世紀代）が遠江の浜名湖周辺に見られる（伊勢市『伊勢市史』第六巻・考古編、平成二十三年ほか）。

(17)『十六夜日記』の建治三年（一二七七）十月十七日條に「こよひは、ひくまのしゅくといふところにとゞまる。このところおほかたの名は、はま松とぞいひし」とある。また、『吾妻鏡』建長四年（一二五二）三月二十五日條に、「昼引間。夜池田」とあり、宗尊親王が鎌倉下向の途中当地を通過されている。なお、九条家本『延喜式』遠江国に「猪鼻・栗原・引摩」とあるが、他の諸本では「□摩」と上字が欠け、高山寺本『和名類聚抄』駅名では、「門摩」とある。『万葉集』の引馬野との関わりが考えられるが、栗原駅がJR浜松駅構内に確認されている伊場遺跡であるとすると、駅名の問題から引馬野を、『延喜式』駅名に結びつけて考えることは難しい。

(18) 持統天皇の遠江行幸は、浜名湖北岸から浜松（引間）に至り南岸を通って三河へ帰られたか。

(19) 前掲註（5）に紹介した『日本霊異記』では、「記有りて曰く、朱鳥七年壬辰の二月」と記し、第一回行幸のあった持統天皇六年を、朱鳥七年と記している。

(20) 拙論「奈良三彩小壺出土の多気町クツヌイ遺跡をめぐって—東大寺大仏造立と伊勢神宮—」（『史料』一六五号、平成十二年、皇學館大学史料編纂所）。

(21) 神宮の宮社一二五社の中には、社殿を持たないものがある。また、摂社や末社の中（八六社）には二十年修造、四十年遷宮というものがある。

(22) 三社は、『延喜式』神名の伊勢国多気郡冒頭に「須麻漏賣神社　佐那神社二座　櫛田神社」と見え、多気郡でも重視されていた社であろう。また『類聚神祇本源』に外宮造宮使造替六社の中に「月讀・草奈岐・大間・須麻漏賣・佐那・櫛田」と見えており、外宮支配の式年遷宮が行なわれていた。詳細については、延喜式研究会の研究大会で「『延喜伊勢太神宮式』第十九・修造使条をめぐって」と題し発表(平成十九年七月二日)し、今後論文としてまとめる予定である。

(23)『倭姫命世記』垂仁天皇二十六年條には、「大幡主命。物部八十友諸人等。五十鈴原乃荒草木根苅掃比。(中略)斎鉏乎以天斎柱立。一名天御柱。一名心御柱。(中略)天照太神並荒魂宮。和魂宮止奉㆓鎮座㆒。」とあり、『神宮雑例集』供奉始事條所引の大同二年(八〇七)本記には、「是豊受太神也。卽度会乃山田原爾。荒御魂宮。和御魂宮造奉天。令㆓鎮理定理坐㆒。」と見え、内・外宮創祀の時、荒御魂宮・和御魂宮を並立して創建し、荒御魂宮を和御魂宮に先んじて記していることは、荒御魂宮を重視していたことがわかる。

(24) 穂積裕昌ほか『城之越遺跡』(三重県埋蔵文化財調査報告九九―三、平成四年、同センター)

(25) 御巫清直『大神宮本記歸正鈔』巻第四、元治元年〈一八六四〉(神宮司庁『大神宮叢書　神宮神事考證』前篇、昭和十年)

(26) 陽数は、本来好まれる数であるが、重なると悪いもの(災厄)を祓うための日となり、のちには祝いの日となった。

(27) 推古天皇十六年(六〇八)に遣隋使小野妹子とともに隋に留学し、舒明天皇十二年(六四〇)に建国早々の唐から帰国している。僧旻の周易の講義に中臣鎌足が参加し、中大兄皇子や中臣鎌足は南淵請安に周礼の教えを受けたといわれている（『藤氏家伝』）。史料には、見えないが隋・唐で多くのことを学んできた三人に、大海人皇子（天武天皇）も兄の中大兄皇子とともに講席に連らなったと考えられる。

（28）筑紫申眞（『アマテラスの誕生』昭和三十七年、角川書店）・川添登（「伊勢神宮の創祀」『文学』四一―一二、昭和四十八年、岩波書店）・鎌田純一（「伊勢神宮創始についての一試論」『古代文化』二六―一一、昭和四十九年、古代學協會）・前川明久（「古代の宮都と伊勢神宮の門」『古代文化』三三―一〇、昭和五十六年、同上）・櫻井勝之進（『伊勢神宮の祖型と展開』平成三年、国書刊行会）・和田萃（『皇太神宮儀式帳』からみた伊勢の姿」（上山春平編『シンポジウム伊勢神宮』平成五年、人文書院）・田村圓澄（『伊勢神宮の成立』平成八年、吉川弘文館）などの各氏が述べられている。

（29）前掲註（28）、櫻井氏著書。

（30）前掲註（3）に示したように、火災によって新造された延暦十年を起点に、式年が変更されている。このことからすると、もし文武天皇二年に多気郡から度会郡に大神宮が移されたとすれば、その年を起点にして、式年が設定されるはずである。しかし、式年はそのようになっていない。

（31）皇大神宮（内宮）でないとすれば、斎宮（のちの離宮院）の可能性が高いと考えている。別稿を予定。

第三講　鎌倉時代の遷宮

多田實道

一、はじめに

ただいま御紹介に与りました、多田實道でございます。宜しく御願い致します。「實道」という名前と御覧の通り（頭をなでる）、私は僧侶でありながら、皇學館に奉職する身であります。そんな私が、「鎌倉時代の遷宮」と題してお話しさせて頂くのですから、違和感を覚えられる方も少なくないかと存じます。なぜなのかと申しますと、私は伊勢市の歴史書『伊勢市史』中世編の編集委員（鎌倉時代担当）を仰せ付かっております。そこで神宮の歴史について、改めて勉強致しました。本日はその際学んだ一部を、御紹介申し上げたいと存じます。

二、式年遷宮とは

さて、今年度の本学伊勢学舎月例文化講座の主題は、「伊勢の神宮と式年遷宮」であります。「式年遷宮」とは、皆様方御存知の通り、二十年に一度と定められた式年に、新宮をお建てして大神様にお遷りを願う、神宮最大のお祭りでございます。持統天皇四年（六九〇）に皇大神宮（内宮）の、同六年（六九二）に豊受大神宮（外宮）の第一回式年遷宮が行われて以来、永々と継続されて今回で六十二回目となり、来る平成二十五年十月の遷御《せんぎょ》（御存知の通り、御神体を新宮にお遷しする式年遷宮最大の御祭です）に向けて、着々と準備が進められています。

その式年遷宮でありますが、前回の遷御は平成五年、内宮が十月二日・外宮が同月五日に行われました。そして今回の遷御は、平成二十五年十月の予定であります。その間二十年でありますが、内宮第一回が持統天皇四年（六九〇）、続く第二回が和銅二年（七〇九）で、その間十九年であります。しかし、第三回は天平元年（七二九）で、その間二十年となりますが、第四回は天平十九年（七四七）で、その間十八年。平均すれば、その間十九年となります。外宮においても、第一回が持統天皇六年（六九二）、続く第二回が和銅四年（七一一）で、その間十九年であります。そして、第三回は天平四年（七三二）で、その間二十一年となりますが、第四回は天平勝宝元年（七四九）で、その間十七年。平均すれば、やはりその間十九年となります。この様に、かつての各式年遷宮間は、十九年が原則でありました。これは数え年の算出方法と同じでして、遷御の年を一年目とすれば、二十年目の年が次の遷御となります。

そして、現在の如く、内宮遷御の数日後に外宮のそれを行うのとは異なり、かつて内宮は九月十六日、外宮はその翌々年の九月十五日に行うのが原則でありました。これは、遷御は神嘗祭《かんなめさい》に合わせて行われるからであります。神嘗祭とは、大神にその年の新穀を奉る、一年間で最も重要な祭典です。現在は十月に行われておりますが、かって外宮においては九月十五日から翌十六日にかけて、内宮では九月十六日から翌十七日にかけて行われました。遷御の年は、遷御終了後、続いて神嘗祭が行われていた様であります。この様に、遷御の日程は神嘗祭の直前と決まっていましたので、これを式月式日といい、そしてその年を式年と呼びます。

以上の制度は、天武天皇により定められたといわれております。そして第一回の持統天皇四年(六九〇)以来、一部の例外を除き、この制度は鎌倉時代までほぼ厳重に守られてきました。ところが、南北朝時代以降、式年・式月式日の制が乱れ始めます。以下の点は、次回以降の講座にて解説があろうかと存じますので詳しくは述べませんが、やがて外宮では永享六年(一四三四)以降一二九年間、内宮では寛正三年(一四六二)以来一二三年間、式年遷宮が中断致します。そして、両宮の式年遷宮が復興した天正十三年(一五八五)より、内外両宮とも二十一年目(すなわちその間二十年)の同年同月に、内宮—外宮の順で実施するようになり、現在に至っております。

三、「延暦儀式帳」の限界

さて、今まで「式年遷宮」と申してきましたが、この用語が登場するのは、南北朝時代といわれております。故に厳密に言えば、それ以前の鎌倉時代までは、史料上の表記である「正遷宮」と申すべきでありましょう。しかし本講座では、便宜上「式年遷宮」と申すことに致します。その式年遷宮でありますが、先程申しました通り、現在神宮においては、来る平成二十五年十月の遷御に向けて、着々と準備が進められております。式年遷宮は、御用材を伐採する御杣山《みそまやま》の山口に坐す神をお祭りする「山口祭」から始まります。今回は、平成十七年五月に行われました。その後遷御に向けての八年間、実に様々な祭典・行事が催されます。

それにしても、こうした祭典・行事は、昔から行っていたものなのでしょうか。そもそも昔は、どの様にして式年遷宮を行っていたのでしょうか。

現存する最古の神宮関係史料としては、「皇太神宮《こうたいじんぐう》儀式帳」と「止由気《とゆけ》宮儀式帳」が有名です。これは平安時代初期の延暦二十三年（八〇四）に成立し、内外両宮から神祇官へ提出された儀式書で、両書をあわせて「延暦儀式帳」と呼びます。上記には両宮の起源伝承や年中行事、それに財政基盤等が詳述されており、無論、式年遷宮についての記載もあります。そこで、内宮側の史料である「皇太神宮儀式帳」の内容を、簡潔にまとめてみました。それが、次掲の【表一】でございます。これを一見して頂ければお判りの通り、平安時代初期の式年遷宮は、祭典・行事の数が現在に比べて非常に少なく、また順番も現在とは一部異なっております。そして、九月十六日の川原大祓《かわらおおはらい》以前の祭典・行事は「吉日」とあるのみで、何時実施されたかは判りません。

【表一】「皇太神宮儀式帳」と現行祭祀との比較

「皇太神宮儀式帳」		現行祭祀	
吉日	造宮使等拝賀		
吉日	山口祭	平成17年5月	山口祭
吉日	正殿心御柱造奉	平成17年5月	木本祭
吉日	宮地鎮謝行事	平成20年4月	鎮地祭
	忌柱立始	平成25年10月	心御柱奉建
	柱竪奉	平成24年3月	立柱祭
吉日	正殿地築平行事	平成25年9月	杵築祭
吉日	木本祭（御船代造奉）	平成17年9月	御船代祭
	正殿東西妻御形穿初	平成24年3月	御形祭
	新宮飾		
九月十六日戌時	川原大祓	平成25年10月	川原大祓
九月十六日亥時	遷御	平成25年10月	遷御

※現行祭祀は、神宮司庁広報室編『第六十二回神宮式年遷宮へ向けて　神宮』を参照した。

式年遷宮は、かつてどの様に行われていたのか。「延暦儀式帳」からは、以上のことまでしか判明致しません。ならば、その詳細が判明するようになるのは、一体何時の時代からなのでしょうか。それが、鎌倉時代なのであります。なぜかと申しますと、遷宮ごとに「遷宮記」という記録集を作成しており、その現存最古の遷宮記が、鎌倉時代初期のものだからです。

四、鎌倉時代における「遷宮記」

この鎌倉時代初期というのは、神宮の歴史を考察する上で、一つの画期ともいえる重要な時期であります。と申しますのは、いにしえより伝わる神宮の伝統が、書物として次々に編纂されたのが、この時期だからです。例えば、「建久三年皇太神宮年中行事」(『続群書類従』巻第十二所収)という書物がございますが、これは建久三年(一一九二)、内宮祠官の荒木田忠仲が当時の年中恒例の儀式・行事を書き上げたものであり、その他「神宮雑例集」とは、建仁二年(一二〇二)から承元四年(一二一〇)の間に著された、神宮の由緒・経営・行事等に関する重要事項の沿革をまとめたもの、「神宮雑書」(皇學館大學編『神宮古典籍影印叢刊6　神宮神領記』所収)は、貞応元年(一二二二)以降余り年代を降らない頃、神宮の文書を集めて故実先例の参考にすべく編纂された書物であります。

そして、この画期に編纂された今一つの重要な書物が、①「建久元年内宮遷宮記」(「文治三年記」とも)であります。①は、建久元年(一一九〇)に行われた内宮の式年遷宮に関する記録であり、しかも現存する最古の遷宮記であります。もっともこうした遷宮記については、①以前のものも、鎌倉時代には幾つか伝存していた様であります。しかし、①編纂以降は専らこれが内宮式年遷宮の際に参照されており、それ以前の遷宮記は散逸してしまいました。つまり①「建久元年内宮遷宮記」は、以後の式年遷宮の基本図書ともいうべき記録なのであります。

この様に、①は鎌倉時代初期段階における内宮式年遷宮の詳細な次第を伝える貴重な書であります。しかし何故か、脱落した祭典・行事が少なくありません。ここで、先程検討致しました【表一】を御覧頂きたいのですが、例えば現行祭祀において、平成十七年九月に行われました、御船代祭《みふなしろさい》というお祭りがございます。そもそも御神体は、御樋代《みひしろ》というもののなかに奉納するのですが、この御樋代を安置するのが、御船代です。その御船代の用材の伐採と造作を行うのが、御船代祭であります。このお祭りは、「皇太神宮儀式帳」にも記されている重要な神事です。しかし①「建久元年内宮遷宮記」には、その御船代祭の記事がございません。

こうした①の遺漏・脱落を補うことができる書物が、②「遷宮例文」であります。②が編纂されたのは、南北朝時代の貞治二年（一三六三）でありますが、その際典拠とした史料は、平安時代の長暦二年（一〇三八）から鎌倉時代後期の嘉元二年（一三〇四）までの、十五箇度に及ぶ遷宮記であるといいます。故にその内容は、鎌倉時代以前の状況を伝えるものであり、十五箇度の遷宮記を参照しただけあって、内容は詳細です。すなわち、式年遷宮の基本図書ともいうべき①を基に、随時②を参照して検討してゆけば、鎌倉時代における内宮式年遷宮の次第を明らかにすることができるのです。

さらには、遷御の直前九月十五日起筆の③「安貞二年内宮遷宮記」や、九月七日起筆の④「宝治元年内宮遷宮記」、八月二十四日起筆の⑤「文永三年遷宮沙汰文」、それに九月十一日起筆の⑥「元亨三年内宮遷宮記」といった、鎌倉時代の遷宮記が遺されています。以上を参考にしつつ、まずは当時の式年遷宮が如何にして行われていたのか、解き明かしてゆくことに致します。

なお、内宮にはこの様に多くの遷宮記が遺されております一方、外宮の鎌倉時代に関する遷宮記は、「嘉禄山口祭記」(神宮司庁編『神宮遷宮記』第一巻所収)という、文字通り山口祭の記録のみであります。故に本講座では、内宮式年遷宮に限って検討して参りたいと存じます。

五、式年遷宮の始まり ―造宮使拝賀・山口祭・木本祭―

さて、以上の六点の遷宮記の内容を簡潔にまとめ、「皇太神宮儀式帳」や現行祭祀と比較検討すべく一覧としたものが、次掲の【表二】であります。先程申しました通り、現行祭祀では、山口祭をもって式年遷宮の開始と致します。ところが、「皇太神宮儀式帳」一新宮造奉時行事并用物事には、

④「宝治元年内宮遷宮記」			⑤「文永三年遷宮沙汰文」			⑥「元亨三年内宮遷宮記」			現行祭祀	
									平成17年5月	山口祭
										木本祭
									平成17年6月	御杣始祭
									平成18年4月	木造始祭
									平成20年4月	鎮地祭
									平成25年10月	心御柱奉建
									平成24年3月	立柱祭
										上棟祭
									平成24年7月	甍祭
									平成24年5月	檐付祭
									平成25年9月	杵築祭
	9月7日	御戸祭		9月10日	御戸祭				平成25年9月	御戸祭
	9月8日	御船代祭		9月2日	御船代祭				平成17年9月	御船代祭
	9月9日	御形奉彫祭		9月10日	御形奉彫祭				平成24年3月	御形祭
	9月13日	後鎮祭		9月10日	後鎮祭				平成25年10月	後鎮祭
	9月11日	金物参着		9月11日			9月11日		平成25年10月	御装束神宝読合
	9月12日	神宝装束参着		9月12日			9月12日			
	9月13日	神宝読合		9月13日	神宝以下参着		9月13日	神宝以下参着・神宝読合		
20	9月14日	神宝読合・金物奉飾	20	9月14日	神宝読合		9月14日	神宝読合・金物奉飾		
					天平賀奉居					
	9月15日	神宝読合・金物奉飾		9月15日	金物奉飾	20	9月15日	天平賀奉居・金物奉飾		
		御卜神事								
	9月16日			9月16日	金物奉飾		9月16日			
		【巳刻】河原祓			【未刻】河原御祓			河原御祓行事	平成25年10月	川原大祓
		装束奉飾			装束奉飾			装束奉飾		御飾
		【亥時】遷御			遷御			【亥時】遷御		遷御

※1…8月22日に延引。　※2…8月28日に延引。　※3…8月29日に延引。
＊現行祭祀は、神宮司庁広報室編『第六十一回神宮式年遷宮へ向けて　神宮』（神宮司庁・神宮式年造営庁、平成十八年）による。

【表二】「皇太神宮儀式帳」と鎌倉時代の「遷宮記」との比較

「皇太神宮儀式帳」			①「建久元年内宮遷宮記」			②「遷宮例文」			③「安貞二年内宮遷宮記」		
	吉日	造宮使等拝賀	17	10月18日	造宮使拝賀	17	孟冬	造宮使補任・拝賀			
	吉日	山口祭		10月27日	山口祭			山口祭			
	吉日	正殿心柱造奉			心柱奉採			木本祭（今夜奉採心御柱）			
			18			18	2月	杣入			
				8月29日	手斧始		仲秋	木造始			
	吉日	宮地鎮謝行事	19	7月22日	鎮地祭（※1）	19	仲秋	地鎮祭			
		忌柱立始		7月27日	奉立心御柱（※2）			奉立心御柱祭			
		柱堅奉		8月16日	御上棟（※3）（立柱→上棟）			御上棟（立柱→上棟）			
			20	2月24日	奉上堅魚木			甍祭（同時奉上堅魚木）			
						20	9月	檜付神事			
	吉日	正殿地築平行事		4月2日	杵築			杵築神事			
				4月30日～5月2日	本様沙汰			神宝并神殿金物等本様事			
								御戸祭			
	吉日	木本祭（御船代造奉）						御船代祭			
		正殿東西妻御形穿初						御形奉彫祭			
								後鎮祭			
		新宮飾		9月11日	神宝以下参着				20	9月11日	
				9月12日	神宝読合			御装束神宝金物読合行事		9月12日	
				9月13日	金物奉飾			御金物奉飾行事		9月13日	
				9月14日	金物奉飾					9月14日	
				9月15日	御卜神事			殿上御装束奉飾行事		9月15日	神宝以下参着・神宝読合・金物奉飾
				9月16日	天平賀奉居			天平賀奉居行事		9月16日	神宝読合・金物奉飾
20	9月16日	【戌時】川原大祓			【巳刻】河原御祓		9月16日	河原祓行事			【申刻】河原御祓
					装束奉飾						装束奉飾
		【亥時】遷御			【亥時】遷御			遷御			遷御

常限二廿箇年一一度新宮遷奉、造宮使長官一人、次官一人、判官一人、主典二人、木工長上一人、番上工卌人参入来、即取二吉日一二所太神宮拝奉、

とあり、また①「建久元年内宮遷宮記」文治三年（一一八七）十月十八日条にも、

十八日　造太神宮使神祇少副大中臣公宣補二造宮使一之後、初参宮、

とみえ、両書ともに、起筆は造宮使《ぞうぐうし》の初参宮であります。かつてはこれをもって、式年遷宮の始まりと致しました。造宮使とは、遷宮事務の一切を掌る臨時の官職です。②「遷宮例文」造宮使補任事に、「十七年孟冬、中臣氏人、重代器量ヲ撰被レ補」とある通り、大中臣《おおなかとみ》氏のなかから選ばれる制でありました。貴族である大中臣氏は、神宮の政務を統括する祭主や、その下の宮司（大司・権大司・少司）を世襲した家柄でもあります。

この造宮使拝賀の後、山口《やまぐち》祭が行われます。これが式年遷宮最初の御祭であります。山口祭の山とは、御用材を伐り出す御杣山《みそまやま》のことを指します。この御杣山に入る前、入口にて山の神をお祭りし、伐採と搬出の安全を祈るのが山口祭です。そしてその日のうちに、心御柱《しんのみはしら》の伐採が行われます。心御柱は忌《いみ》柱ともいい、ご神体をお祀りする正殿の床下にお立てする神秘の柱をいいま

す。この伐採にあたって、木の根本に坐します樹の神をお祭りするのが、木本祭《このもと》であります。以上の点に関する史料を、次に掲げておきます。

> ①「建久元年内宮遷宮記」文治三年十月二十七日条
> 廿七日　天晴、山口祭、（中略）今日奉レ採二造替心御柱一、安二置新宮所一、

> ②「遷宮例文」造太神宮所次第行事　祭礼条
> 夫伊勢二所太神宮、廿年ニ一度之造替遷宮ハ、皇家第一重事、神宮無雙大営也、十七年孟冬、祭二山口神一、始二奉造事一、十八年中秋、木作始、十九年同中秋、御上棟、廿年暮秋九月、新宮ニ御遷坐、首尾四年、致二搔日之構一、終二成風之功一、

①において山口祭が行われたのは、造宮使が初参宮した九日後の文治三年（一一八七）十月二十七日でした。ちなみに、遷御は三年後の建久元年（一一九〇）でありますが、この点は②にも、「十七年孟冬祭二山口神一」とあります。孟冬とは旧暦の十月を指しますから、山口祭および木本祭は、前回の式年遷宮より十七年目（すなわち遷御の三年前）の十月に行う制であったことが判明致します。

山口祭は、内宮においては岩井田《いわいだ》山の岩社《いわのやしろ》（現在の神宮司庁〔宇治橋を渡ってそのまま真っ直ぐ進んだ先にあります〕の北側にある巨岩）の地にて、外宮では宮域内土宮《つちのみや》の前で行われます。これは、岩井田山が内宮御杣山である神路《かみじ》山（内宮の南、五十鈴川上中流域一帯）の山口にあたり、土宮近辺が外宮御杣山の高倉《たかくら》山北麓の山口にあたるためであります。しかし、広大・鬱蒼たる御杣山も次第に伐採し尽くされ、そのため場所を他に移さざるを得なくなりました。そこで鎌倉時代になると、外宮では瀧原宮に隣接する阿曽《あそ》（現度会郡大紀町）の木が用いられる様になり、内宮においては嘉元二年（一三〇四）以降、宮川上流の江馬《えま》山（現多気郡大台町）から御用材が伐り出される様になりました。

なお、今回の式年遷宮における山口祭・木本祭は、平成十七年五月に行われました。遷御が平成二十五年十月でありますから、それまで八年余の歳月をかけて準備されます。一方、鎌倉時代においては、山口祭から三年足らずで遷御を実施する制度でありました。当時の準備期間は、現行に比べてかなり短かったことを、御確認頂きたいと存じます。

六、造営工事の開始 ―杣入・木造始―

さて、十七年目（すなわち遷御三年前）の十月に造宮使拝賀・山口祭・木本《このもと》祭が行われた後でございますが、②「遷宮例文」によると、「春二月以㆓吉日㆒、造宮使引㆓率工・役夫等㆒入㆓御杣山㆒」とあります。翌十八年目の春二月、造宮使が「工《たくみ》」（大工）や「役夫《やくふ》」（人夫）を率いて御杣山に入り、御用材の伐採を開始する儀式が行われました。これを杣入《そまいり》と申します。現行祭祀では、木曾の御杣山にて行われる御杣始《みそまはじめ》祭にあたるものと考えられます。

この杣入以降、神路山にて伐採された御用材は、五十鈴川を利用して内宮まで流し下しました。外宮においては、裏山の高倉山から麓へ降ろすだけでありました。ところが、その後御杣山が遷されたことにより、両宮とも宮川を利用して御用材を運搬する様になりました。幕末の神宮祠官であり、かつ学者でもあった薗田（荒木田）守良神主の説によりますと、内宮へは、一旦海へ下してから五十鈴川を遡上させ、外宮へは、最終的に勢田川を経て運搬した様であります（増補大神宮叢書1『神宮典略』前篇、正遷宮・料材を下す事）。

なお現行祭祀には、御存知の「御木曳行事」がございます。御存知どころか、本日御来聴の皆様方のなかには、この御木曳に参加された方も少なくないかと存じますが、これが宇治・山田の人々により行われる様になったのは、史料上「寛正三年《（一四六二）》造内宮記」（『神宮遷宮記』第四巻所収）が初見であります。

こうした御用材の伐り出しに並行して、正殿以下諸殿舎・御門・御垣《みかき》の造営に着手致します。

その起工式が、木造始《こつくりはじめ》であります。①では手斧始と書いて「ちょんのはじめ」とも呼びましたが、これは文治四年（一一八八）八月二十九日に行われました。実際、②にも「十八年中秋木造始」とあり、仲秋とは旧暦八月のことでありますから、これが遷御より二年前の八月に行う制であったことが判明致します。

ちなみに、今回の式年遷宮における木造始は、平成十八年四月に行われました。遷御までの期間は七年六ヶ月であります。一方、鎌倉時代は、その間約二年であります。今に比べて、当時の工期が如何に短かったか、お判り頂けるかと存じます。

七、正殿の造営　―鎮地祭・奉立心御柱・上棟―

木造始から約一年、御用材の製材・加工もほぼ終わり、いよいよ正殿の建築に着手致します。現在でも、新築に際してはまず最初に、その土地の神様をお祭りする地鎮祭が執り行われます。この地鎮祭にあたるのが、「皇太神宮儀式帳」における「宮地鎮謝行事《みやところしずめまつる》」であり、現行祭祀でいう「鎮地祭《ちんち》」であります。

ちなみに②「遷宮例文」では、地鎮祭と表記しております。その時期は、前回式年遷宮より十

九年（すなわち遷御の一年前）の仲秋（八月）であります。一方、①「建久元年内宮遷宮記」文治五年七月十一日条には、

十一日、卅日穢気及二二宮一、来廿七日可レ満二卅日一也、御作事被レ止畢、来廿二日庚辰鎮地祭、同廿七日乙酉可レ立二心御柱一、八月二日庚寅上二土棟一、同十六日癸卯正殿御棟上等可レ被二勤仕一之処、依二件穢気一、鎮地祭并心御柱日□延引、即注二此旨一上奏了、

とみえ、鎮地祭は遷御前年の文治五年七月二十二日の予定でありましたが、穢れにより延期されました。

この鎮地祭終了後、心御柱《しんのみはしら》（忌柱《いみはしら》）が建てられます。「皇太神宮儀式帳」一新宮造奉時行事并用物事に

次取二吉日一宮地鎮謝之用物并行事、注レ左、（中略）右祭、告刀申、地祭物忌父仕奉、所レ侍造宮使、中臣・忌部、然祭奉仕畢時、地祭物忌以二忌鎌一弖宮地草苅始、次以二忌鋤一弖宮地穿始奉、祢宜・大物忌波、忌柱立始、然後諸役夫等、柱竪奉、

とある記事を読む限り、鎮地祭終了後、直ちに忌柱を建てたことになります。一方、前掲①七月十一日条によりますと、来る二十二日に鎮地祭、そしてその五日後の二十七日に心御柱をお立てする予定でありました。ところが、穢れにより延期され、八月二十二日鎮地祭・六日後の二十八日に心御柱奉立となりました（①文治五年八月二十二日・二十八日条）。ともあれ、鎮地祭の数日後に、心御柱が立てられたのであります。

ちなみに現行祭祀では、正殿を建て終えてから心御柱を立てています。かつては、まず心御柱を立ててから、正殿建設に着手していたのであり、現行とは真逆でありました。

心御柱奉立が終われば、いよいよ正殿の建築に入ります。皆様方御存知の通り、正殿以下神宮の主な建物は掘立柱という、柱を地中に埋める弥生文化以来の古い工法が用いられますので、まずは柱の穴を掘らなければなりません。①文治五年八月二十八日条によりますと、こうした柱の穴は、心御柱をお立てした後、あらかじめ掘っておくのが先例でありました。実際、文治五年七月二十七日の奉立後、八月十六日上棟《じょうとう》（棟上げ）の予定でしたので、その間に掘るつもりであった様です。ところが、心御柱奉立が八月二十八日に延期されてしまいました。そこで造宮使と神主達が協議した結果、遅れた工期を挽回すべく、翌二十九日に上棟を実施することとなりました。そして、①八月二十九日条には、

廿九日丙辰、始レ自二平旦一風掃レ地雨如レ沃、自二辰終許一雨脚頗弱、工・役夫等著二蓑笠一堀二御柱穴一、巳時以前奉レ堀了、兼日之役一時勤仕、尤神妙事哉、即立二御柱一（中略）次渡レ桁、次立二御棟持一、次上二棟木一、然後祭レ棟也、（中略）未時許事訖、

とあります。当日未明は、折悪く暴風雨でありました。しかし、辰刻の終わり頃（午前九時前）には雨脚が弱まったので、巳時（午前九時〜十一時）にかけて一挙に正殿掘立柱の穴掘りが行われました。次に柱を立てて桁を渡し、そして御棟持すなわち棟持柱《むなもちばしら》を立てて棟木を上げた後に、棟を祭ったとあります。棟持柱とは、文字通り棟木を支える柱であります。この工法は、掘立柱と同じく弥生文化の古い工法であり、現代はおろか奈良時代の建築工法でも、棟持柱など用いずとも建てられるのでありますが、こうした太古の工法を今に伝えているのが、神宮式年遷宮であります。ちなみに、内宮宇治橋の両端に鳥居が建てられておりますが、あの鳥居の柱は、渡る手前のものが外宮正殿、渡り終えた先のものが、内宮正殿に用いられていた棟持柱を転用したものと聞いております。しかも、もう一周り太いものを削って鳥居に転用しているとのことであります。

　話が横道に逸れました。ともあれ、掘立柱の穴を掘り終えたのが巳時すなわち午前十一時頃で、その後、柱や棟持柱を建てて棟木を上げ、神事を執り行ったのであります。その所要時間に

ついて、史料には「未時許事訖《ばかり》」とあります。未刻は、午後一時から三時であります。掘立柱の穴を掘り終えたのが午前十一時頃ですから、そこから僅か四時間ばかりで上棟まで行ったことになります。まさしく突貫工事でありました。

八、正殿の竣功 ―杵築―

この様に、鎌倉時代の遷宮記の記事を、現行祭祀と比較しつつ細かく分析してゆくと、実に様々なことが判ってまいります。しかし時間の都合上、ある程度は省略させて頂きまして、次に杵築《こつき》についてご説明致したいと存じます。杵築とは、正殿の建築を終え、その掘立柱の根元や宮地《みやどころ》をつき固める神事をいいます。①では、遷御より約五ヶ月前の文治六年四月二日（この九日後、建久に改元）に行われております。いずれにせよ、杵築は正殿が竣功しなければ実施できませんので、工事の進捗如何により日時が定まる神事であったと考えらます。

なお、ここで次掲の【図Ⅰ】を御覧下さい。これは福山敏男氏が、平安時代中期から室町時代初期までの皇大神宮大宮院すなわち内宮の正宮（ご神体を奉安する正殿を中心とする一帯）を、諸史料を分析して復元された図であります。これを、124頁の【図Ⅱ】と比較して頂ければ、正宮の様子も現在とは幾分異なることに気付いて頂けるかと存じます。ちなみに【図Ⅰ】の南御門から入ると、最初に玉垣御門がございます。ここが現在、参拝者がお賽銭を上げる場所であります。ここで参拝された時のことを思い出して頂きたいのですが、この奥が所謂御垣内《みかきうち》で、中には御白石《おしらいし》や玉砂利が敷き詰めてあります。ところが、現在の姿となるのは室町時代以降のことであると、かつて承ったことがあります。したがってそれ以前は、そのままの地面でありました。故に杵築《こつき》においては、掘立柱の根元のみならず、宮地《みやどころ》全体を突き固める必要があったのです。そして当然のことながら、現行祭祀の「御白石持行事」は、鎌倉時代には存在致しませんでした。

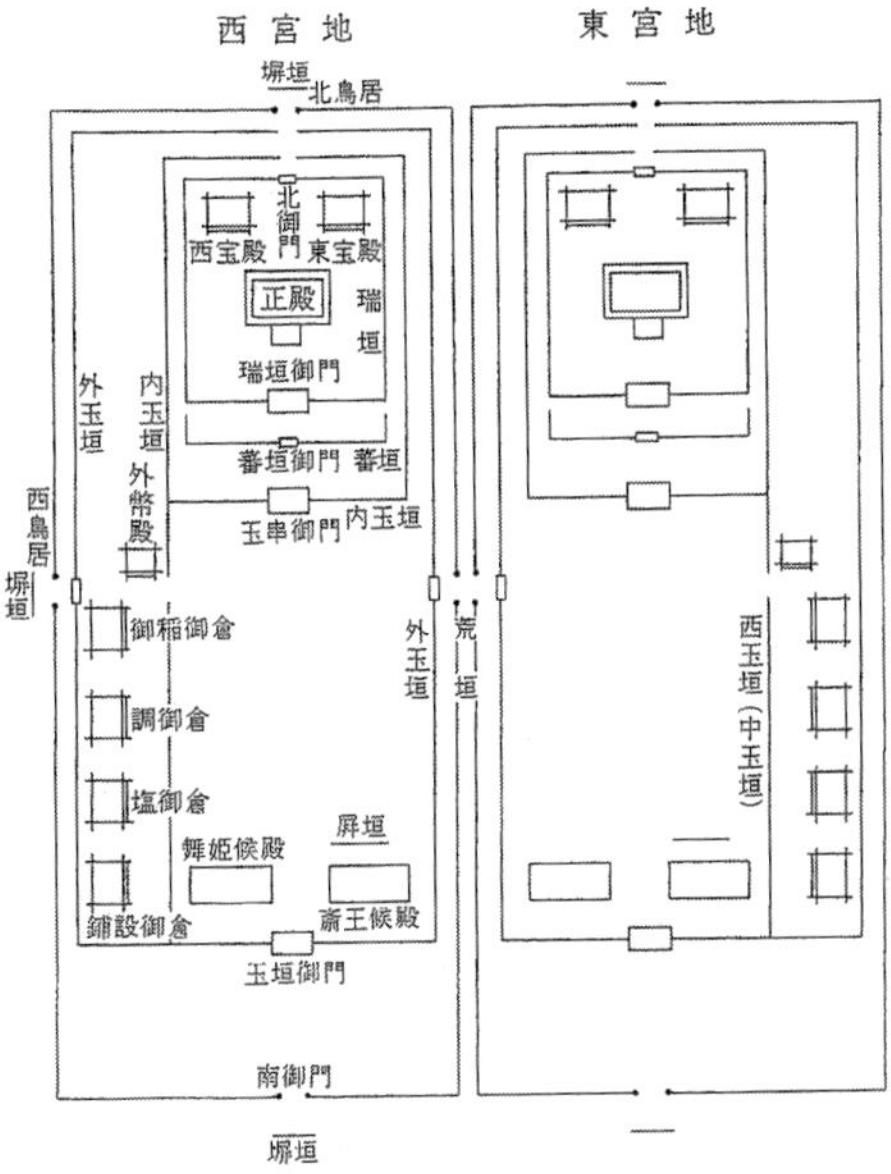

【図Ⅰ】　皇大神宮大宮院推定図
（平安中期より室町初期まで）
福山敏男「神宮の建築とその歴史」（相賀徹夫編『神宮－第六十回神宮式年遷宮－』所収、小学館、昭和五十年）より転載

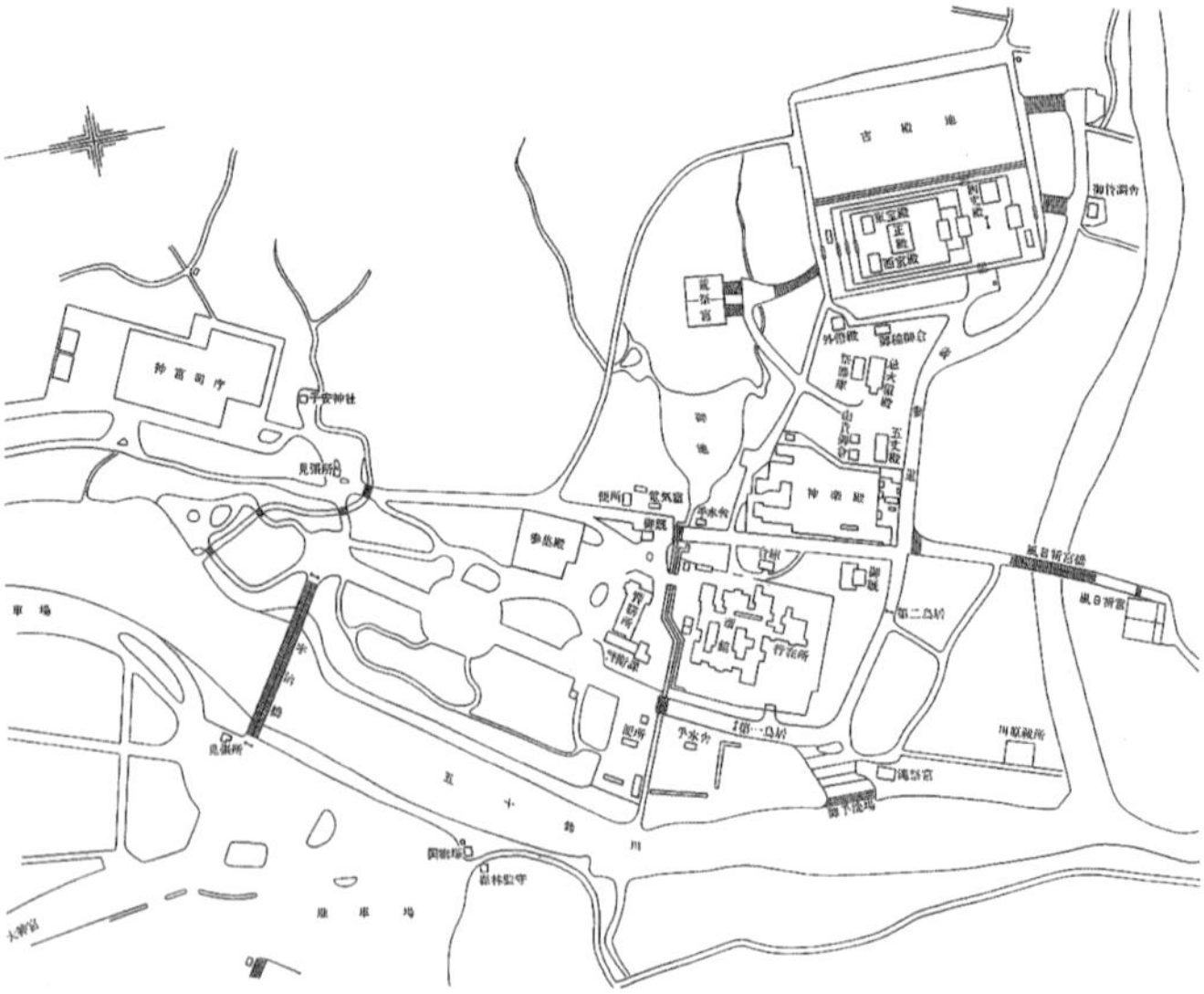

【図Ⅱ】 皇大神宮宮域図（現在）

福山敏男「神宮の建築とその歴史」（相賀徹夫編『神宮－第六十回神宮式年遷宮－』所収、小学館、昭和五十年）より転載

九、神宝・装束・金物等の調製と輸送

―本様沙汰・神宝読合・宮飾―

次に、①建久元年四月三十日条に「今日被レ写二本様一」、同五月一日条に「於二内院一有二本様沙汰一」、翌二日条に「本様検注文加署畢」とあります。遷宮に際しましては、その都度神宝《しんぽう》と装束《しょうぞく》が新調されます。神宝とは神々がお使いになる道具や調度品で、装束とは大御神の御召し物や、社殿内をお飾りする布類等を指します。また、正殿以下諸殿舎を装飾する金物《かなもの》も必要であります。これらは、かつては都にて調えられ、そして伊勢へと送られました。その調進にあたっては、あらかじめ使を神宮へ派遣して、前回奉納の実物を見てその様を記録致しました。これが本様《ほんよう》沙汰であり、その使を本様使といいます。

②本様使供給事によりますと、大宮司と祢宜の立ち会いのもと、本様使が内院（瑞垣内。【図I】参照）で本様を写し、これにより作成された「本様検注文」に大宮司と祢宜が署名致します。

この本様使の帰洛後、神宝・装束・金物等が都で調製され、そして神宮へと送られます。この輸送を担当したのが神宝使であり、神宝使は現物とともに、その目録である「送官符」とよばれる太政官符を携えて、伊勢へと向かいました。これら神宝以下が参着すれば、現物を送官符と照合し、点検致します。これが、神宝読合《とくごう》であります。

①によりますと、遷御直前の九月十一日に神宝使（①には「宮飾使」とあります）が参着し、翌十二日に神宝読合が行われております。その開始時刻は不明でありますが、終了したのは、亥刻（午後九時～十一時）であったといいます。読合後、神宝以下は新宮外玉垣内の御倉（【図Ⅰ】参照）等に納められ、宿直人を置いて厳重に保管されました。

神宝読合が済めば、金物の社殿への取り付けが開始されます。この金物奉飾と、装束をもって社殿内を御飾りする装束奉飾とを、宮飾《みやかざり》といいます。先述の神宝読合とこの宮飾は、現物の参着如何によって大きく左右されました。112～113頁の【表二】を御覧下さい。ここからは、①と②に加えて、③～⑥の遷宮記も参照して参りたいと存じます。まずは、装束奉飾が遷御当日の九月十六日、後述する河原大祓《かわらおおはらい》の後に行われている点は、②を除き諸本一致しております。また、金物を取り付ける金物奉飾が、二日間かけて行われているのも同じあります。差異がみられるのは、その日取りです。これは明らかに、神宝以下参着の遅速によるものであります。最も余裕のある日取りが組まれたのは①で、九月十一日に神宝以下が参着した後、翌十二日に読合を行い、十四日には金物奉飾を完了しております。これに対し、最も厳しい日程を執らざるを得なかったのが、

③であります。これによりますと、神宝使は九月七日に京都を出発し、翌八日の朝には近江国の勢多宿に到着したのでありますが、そこでの「駅家雑事」（「えきかぞうじ」とか「やけ《(か)》ぞうじ」とも読み、宿場における人夫や馬の継ぎ立てとか、宿舎や食料の手配等を指します）が行われず、数日間足止めされた上に、途中の「雨水之難」もあって、参着が十五日の夕と大幅に遅れてしまいました。遷御は僅か一日後です。そのため神宝読合と金物奉飾を同時並行で、夜を徹して行われました。それでもなお、「今夜鶏鳴既度々也、殆《ほとんど》雖レ及二天明一、云二御子殿読合一、云二殿内金物一、不レ終二其勤一」とあります。こうして同時並行で行ってもなお、翌十六日の夜け方になってさえ終わらなかったのであり、関係者の焦りと苦労を察するに余りあります。この様に、神宝読合と、宮飾のうちの金物奉飾は、神宝以下参着により日取りが決まる行事でありました。

十、式年遷宮の最終局面 ―河原大祓と遷御―

さて、いよいよ遷御当日の九月十六日でございます。この遷御に先立ちまして、神宝・装束をはじめ遷御に奉仕する人々を、五十鈴川の畔にて祓い清める祭典を執り行います。これが、河原《(川)》大祓であります。①九月十六日条によりますと、開始は巳刻（午前九時〜十一時）で、御倉等から神宝等を取り出した後、「出二鳥居一過二下大庭一到二河原一(河合淵端)」とあります。124頁の【図Ⅱ】を合わせて御覧下さい。二鳥居すなわち第二鳥居を御確認頂けましたでしょうか。そこを出て向かった大祓の行われる河合淵端とは、五十鈴川と島路川が合流する地点で、現在の川原祓所とまさしく一致致します。

ここで、再び112〜113頁の【表二】を御覧下さい。諸本を比較致しますに、②と⑥には開始時刻が記されていませんが、④では①と同じく巳刻開始、⑤では未刻（午後一時〜三時）、神宝以下参着の遅延により以後の行事が大幅にずれ込んだ③には「申刻河原御祓始レ之」とあり、午後三時から五時の間に始まっています。ちなみに、「皇太神宮儀式帳」には「以二戌時一悉皆大宮以西川原大祓清」とあり、川原大祓はかつて遷御直前の午後七時から九時の間に行われていました。しかし、その後鎌倉時代にあっては、諸事情により開始時刻は様々でありました。

この川原大祓の後、御祓いの済みました装束を社殿内に御飾りして、遷御となります。遷御は御神体を旧殿より新殿に遷し奉る、遷宮中最も厳重なる儀式であります。【表二】を御覧頂きますと、その開始は、①④⑥ともに、九月十六日の亥刻（午後九時〜十一時）であります。なお、②③⑤は時刻が記載されておりませんが、これは「皇太神宮儀式帳」に亥刻開始と明記され、以来厳重に守られてきたが故に、敢えて記すまでもなかったためでありましょう。

この様に、遷御は前回より数えて二十年目の九月十六日亥刻と定められておりました。そしてそれに向けて、十七年目十月の造宮使拝賀をもって式年遷宮の開始と致しました。その間、三年足らずであります。現行祭祀においては、八年余の歳月をかけて実施する内容を、この短期間で遂行していました。しかもその間、穢れやら神宝使の遅延やらで、その都度祭典・行事を延期せざるを得ませんでした。現行の式年遷宮は、綿密な計画が立てられ、しかも十分に時間をかけて実施されております。現代の我々の感覚からすれば、これは当然でありましょう。しかし、鎌倉時代においては決してそうではなく、十七年目十月の開始から、十八年目八月の木造始、十九年目八月の上棟、そして二十年目の九月十六日亥刻の遷御（これだけは厳密に定められていました）と、こういった大まかな流れは定められていたものの、あとは諸事情に合わせて柔軟に対応するという、古き時代のいわば素朴な制度であったといえましょう。

十一、仮殿遷宮の増加と減少

以上、鎌倉時代の遷宮記に基づき、当時の内宮式年遷宮が如何にして行われていたのか、検討してまいりました。現在、遷宮といえば式年遷宮を連想致しますが、この式年遷宮の他に、臨時遷宮と仮殿《かりどの》遷宮があります。

式年遷宮が、式年に実施される定期的な遷宮であるのに対して、臨時遷宮は、火災等不慮の事故により急遽正殿を造営する、まさしく臨時に行われた遷宮をいいます。一方、御神体を祀る正殿や心御柱、または正殿内に奉安する装束等の修理を要する場合には、御神体を一時別の場所にお遷し致さねばなりません。その場合、仮の殿舎を急造するか、他の殿舎を便宜的に充てるか、もしくは古殿（式年遷宮後の旧正殿）が遺っている場合にはそれを用いるかして一旦遷御し、正殿修理終了後、直ちに還御を行いました。これを仮殿遷宮といいます。

この仮殿遷宮について、各式年遷宮間ごとの回数をまとめたものが、132〜133頁の【表三】であります。ここでは、算用数字の回数のみ御注目頂きたいと存じます。この表を概観致しますと、或る傾向に気付きます。まずは、それまでほとんど検出されていない仮殿遷宮が、十一世紀中頃を境に、徐々に現れはじめるという点です。しかしこれは、史料の残存状況と深く関わってることが、既に指摘されています。つまり、史料は時代を遡るほど減ってゆくものなので、その分古い時代のことはよくわからなくなるということです。ところが、問題はその後であります。と申しますのは、この仮殿遷宮の回数が或る時点を境に増加するも、また或る時点を境に減少し、そして近世以降はほとんど検出されなくなるからです。

この【表三】から、第二十七—二十八回間より増加しているのは明らかであります。第二十七回式年遷宮は、内宮が建久元年（一一九〇）・外宮が建久三年（一一九二）ですから、鎌倉時代に入ると、仮殿遷宮は増加しはじめたことになります。そして、最多は内宮四回、外宮は何と七回で、いずれも鎌倉時代のことです。つまりこの時代が、仮殿遷宮の最盛期といえるのでありま す。ところが、それが両宮ともに、第三十三回式年遷宮以降は回数が減少しております。これは、内宮嘉元二年（一三〇四）・外宮徳治元年（一三〇六）であります。鎌倉幕府の滅亡は元弘三年（一三三三）ですから、仮殿遷宮は、鎌倉時代末期を境に減少したことになります。この様に、仮殿遷宮につきましては、鎌倉時代に入ると増加し、そして同時代の末期には減少する傾向がみられるのであります。

それにしても、この仮殿遷宮という用語は、今の我々にとりまして全く耳慣れないものでありま す。ちなみに、戦国時代に中断した式年遷宮が両宮ともに復興したのは、天正十三年（一五八五）でございました。それから現在までの間、仮殿遷宮が実施されたのは、内宮九回・外宮四回であります。しかも内宮の九回のうち、五回は正殿炎上によるもので、後に臨時遷宮が行われております。つまり、修理のための仮殿遷宮は、四二五年間で両宮各四回だけなのです。実際、内宮では昭和十七年、外宮におきましては同十五年に実施されて以降、仮殿遷宮は行われておりません（『神宮史年表』）。

【表三】仮殿遷宮回数一覧（戦国時代の式年遷宮中断まで。算用数字…総数。漢数字…うち「老朽化」が原因と考えられる回数）

式年遷宮回数	皇大神宮（内宮）	回数	豊受大神宮（外宮）	回数
第1回—第2回	持統天皇四年（六九〇）—和銅二年（七〇九）		持統天皇六年（六九二）—和銅四年（七一一）	
2—3	和銅二年（七〇九）—天平元年（七二九）		和銅四年（七一一）—天平四年（七三二）	
3—4	天平元年（七二九）—天平一九年（七四七）		天平四年（七三二）—天平勝宝元年（七四九）	
4—5	天平一九年（七四七）—天平神護二年（七六六）		天平勝宝元年（七四九）—神護景雲二年（七六八）	
5—6	天平神護二年（七六六）—延暦四年（七八五）		神護景雲二年（七六八）—延暦六年（七八七）	
6—7	延暦四年（七八五）—弘仁元年（八一〇）	1	延暦六年（七八七）—弘仁三年（八一二）	
7—8	弘仁元年（八一〇）—天長六年（八二九）		弘仁三年（八一二）—天長八年（八三一）	
8—9	天長六年（八二九）—嘉祥二年（八四九）		天長八年（八三一）—仁寿元年（八五一）	
9—10	嘉祥二年（八四九）—貞観一〇年（八六八）		仁寿元年（八五一）—貞観一二年（八七〇）	
10—11	貞観一〇年（八六八）—仁和二年（八八六）		貞観一二年（八七〇）—寛平元年（八八九）	
11—12	仁和二年（八八六）—延喜五年（九〇五）		寛平元年（八八九）—延喜七年（九〇七）	
12—13	延喜五年（九〇五）—延長二年（九二四）		延喜七年（九〇七）—延長四年（九二六）	
13—14	延長二年（九二四）—天慶六年（九四三）		延長四年（九二六）—天慶八年（九四五）	
14—15	天慶六年（九四三）—応和二年（九六二）		天慶八年（九四五）—康保元年（九六四）	
15—16	応和二年（九六二）—天元四年（九八一）		康保元年（九六四）—永観元年（九八三）	
16—17	天元四年（九八一）—長保二年（一〇〇〇）		永観元年（九八三）—長保四年（一〇〇二）	
17—18	長保二年（一〇〇〇）—寛仁三年（一〇一九）		長保四年（一〇〇二）—治安元年（一〇二一）	
18—19	寛仁三年（一〇一九）—長暦二年（一〇三八）		治安元年（一〇二一）—長久元年（一〇四〇）	2 一
19—20	長暦二年（一〇三八）—天喜五年（一〇五七）	1 一	長久元年（一〇四〇）—康平二年（一〇五九）	1 一

20—21	天喜五年(一〇五七)—承保三年(一〇七六)	1	一	康平二年(一〇五九)—承暦二年(一〇七八)		
21—22	承保三年(一〇七六)—嘉保二年(一〇九五)	2	一	承暦二年(一〇七八)—承徳元年(一〇九七)	3	一
22—23	嘉保二年(一〇九五)—永久二年(一一一四)	3	二	承徳元年(一〇九七)—永久四年(一一一六)	1	
23—24	永久二年(一一一四)—長承二年(一一三三)	1	一	永久四年(一一一六)—保延元年(一一三五)	1	一
24—25	長承二年(一一三三)—仁平二年(一一五二)	1	一	保延元年(一一三五)—久寿元年(一一五四)		
25—26	仁平二年(一一五二)—承安元年(一一七一)	3	一	久寿元年(一一五四)—承安三年(一一七三)	3	三
26—27	承安元年(一一七一)—建久元年(一一九〇)	3	二	承安三年(一一七三)—建久三年(一一九二)	2	一
27—28	建久元年(一一九〇)—承元三年(一二〇九)	4	四	建久三年(一一九二)—建暦元年(一二一一)	4	四
28—29	承元三年(一二〇九)—安貞二年(一二二八)	4	四	建暦元年(一二一一)—寛喜二年(一二三〇)	6	六
29—30	安貞二年(一二二八)—宝治元年(一二四七)	2	一	寛喜二年(一二三〇)—建長元年(一二四九)	5	四
30—31	宝治元年(一二四七)—文永三年(一二六六)	3	二	建長元年(一二四九)—文永五年(一二六八)	7	七
31—32	文永三年(一二六六)—弘安八年(一二八五)	2	二	文永五年(一二六八)—弘安一〇年(一二八七)	5	三
32—33	弘安八年(一二八五)—嘉元二年(一三〇四)	4	四	弘安一〇年(一二八七)—徳治元年(一三〇六)	4	三
33—34	嘉元二年(一三〇四)—元亨三年(一三二三)	2	一	徳治元年(一三〇六)—正中二年(一三二五)	1	
34—35	元亨三年(一三二三)—興国四(康永二)年(一三四三)	1	一	正中二年(一三二五)—興国六(貞和元)年(一三四五)	1	
35—36	興国四(康永二)年(一三四三)—正平一九(貞治三)年(一三六四)	1	一	興国六(貞和元)年(一三四五)—天授六(康暦二)年(一三八〇)		
36—37	正平一九(貞治三)年(一三六四)—元中八(明徳二)年(一三九一)	1	一	天授六(康暦二)年(一三八〇)—応永七年(一四〇〇)	2	二
37—38	元中八(明徳二)年(一三九一)—応永一八年(一四一一)	1		応永七年(一四〇〇)—応永二六年(一四一九)		
38—39	応永一八年(一四一一)—永享三年(一四三一)	2	二	応永二六年(一四一九)—永享六年(一四三四)	2	一
39—40	永享三年(一四三一)—寛正三年(一四六二)	1	一			

(「式年並臨時仮殿遷宮一覧表」(『神宮要綱』所収)を基に作成)

十二、仮殿遷宮の事由

そもそも臨時遷宮は、火災等不測の非常事態が勃発した際、式年を待たずに正殿を新造して遷御を行うものでありました。一方の仮殿遷宮は、正殿等の修理を要する場合に行われるものでありますが、一体、如何なる問題が発生して修理されるに至ったのでしょうか。戦国時代の式年遷宮中断までの間、内宮四十四回・外宮五十回の仮殿遷宮が行われており、うち内宮二十五回・外宮二十二回はその実施事由が明らかにされています。これを現存する仮殿遷宮記を適宜参照してまとめますと、次掲【表四】の通りとなります。上記では、次の四種に分類致しました。まずは、神宮において神秘中の神秘とされた、心御柱が顛倒・損傷したり、その装飾が何らかの原因で錯乱していたりすると、修復のため仮殿遷宮が実施されます。これを、「神秘」と分類致しました。以下、大風・炎上といった不測の緊急事態を「災害」、正殿以下殿舎の破損や、漏湿により正殿内が朽損した事例を「老朽化」とし、以上の分類に該当しないものは、「その他」と致しました。

このうち最も多い事由が、「老朽化」であります。そして、ここで事由不明の内宮一九・外宮

【表四】仮殿遷宮の事由

事由			内宮	外宮
神秘	心御柱	朽損顛倒	天永元年・建久元年	天永元年
		損傷等	建長六年●	文永十一年・正応元年△・永仁四年□・応永二九年
		装飾異常	延応元年・元亨元年・元徳二年▲・文安二年▼	正和二年・嘉暦二年
	立替			正安元年
災害	炎上		延暦一〇年・仁安三年（いずれも翌年に臨時遷宮）	
	大風		嘉保元年	長久元年・寛治六年・嘉保二年・寛元元年○・弘安八年
老朽化	朽損顛倒		永久二年	
	修理	殿舎本体	治承三年・建久七年・建久九年・元徳二年▲・文安二年▼	大治元年・嘉応元年・承安二年・寛元四年 正応元年△
		屋根(萱朽損)	建長六年●・弘安二年・永仁五年◆・応長元年・元徳二年▲・文安二年▼	
		千木・鰹木		寛喜元年・文永元年・文永八年・永享元年◇
	漏湿		長久四年・元久元年・建永元年・仁治三年■・嘉元二年	永仁四年□
その他	御被奉替		宝治二年	
	御装束等鼠損		仁治三年■・永仁五年◆	
	狂人・盗人昇殿		応永七年	承安四年・寛元元年○
	枯木顛倒にて破損		応永二五年	
	宮中触穢			永享元年◇
不明			19	28

◎一度の仮殿遷宮で事由が複数に亘る事例には、同一記号を付した。
（『神宮要綱』を基に、鎌倉～室町時代の各種遷宮記〔『神宮遷宮記』第一巻～第四巻所収〕を適宜参照して作成）

二八例を考えてみますに、これが仮に「神秘」や「災害」、それに「その他」の如き異常事態でありますならば、その事由が何らかの形で伝えられるのではないでしょうか。そもそも記録というものは、珍しいことが起きた故に人々の記憶に残り、そして記録されるものであります。とするならば、仮殿遷宮の事由が伝わらなかった事例は、三分類中最も多い「老朽化」ではなかったでしょうか。もしこの蓋然性が認められますならば、古代・中世における仮殿遷宮は、大半が殿舎等老朽化による修理のためであったことになります。

なお、心御柱の異常に関する仮殿遷宮も、実は少なくありません。この神秘に属する事例は、両宮とも天仁三年（一一一〇・この七月に天永元年に改元）が初見で、内宮では文安二年（一四四五）、外宮においては応永二十九年（一四二二）を終見と致します。前掲「神宮雑例集」所引の天仁三年五月二十六日宣命によりますと、昨年すなわち天仁二年十二月頃に確認された「豊受太神宮乃正殿乃心御柱朽損顛倒」は、「先々顛倒乃例全無二所見一」とのことでありました。心御柱の異常は、平安時代末に突如として確認されはじめ、そして室町時代を最後にみられなくなるのであります。その事由を、当時の神宮祠官の心御柱に対する信仰に求める指摘があります。しかし、心御柱はそもそも「神秘」な存在であります故、これ以上は追求せず、以下では「老朽化」の問題に絞り、検討することに致したいと存じます。

十三、「老朽化」の理由

ところで、天正十三年の式年遷宮復興以後は、仮殿遷宮の回数が格段に減少しています。とりわけ修理のための仮殿遷宮は、現在に至るまで両宮各四回だけでありました。つまり近世以降においては、殿舎の老朽化という問題の発生は、きわめて稀であったということになります。その一方において、古代・中世では、なぜ殿舎がかくも老朽化し、仮殿遷宮を実施しなければならなかったのでしょうか。

この疑問につきましては、次の二点が既に指摘されております。一つは、当時の社殿建築の方法に問題があったのではないか、という点であります。今まで何度も例として挙げました、第六十二回式年遷宮においては、山口祭が平成十七年五月に行われ、そして平成二十五年十月に遷御を迎えます。式年遷宮には八年の歳月を要するというのが、明治以降の通例となっております。一方、鎌倉時代の式年遷宮は、遷御の三年前に山口祭が執り行われました。近現代に比して、鎌倉時代は明らかに工期が短かったのです。工期が短いということは、その分精密さに欠けるということでありまして、それが社殿の老朽化を早めた原因の一つと考えられています。

もう一つは、御用材の質の低下であります。かつての御杣山であった神路山・高倉山から良材を伐採し尽した結果、質のよくない木材が御用材として用いられる様になったために、社殿の耐久力も低下したのではないかとする指摘です。そもそも木材は、中心の赤みがかった心材（赤身）と、外周部の淡色部分である辺材（白太）とに分類されます。白太は、赤身に比べて含水率が高いために、朽ちやすくて収縮率が高く、強度は低いという性質があります。故に、赤身の割合が高いほど良材ということになりますが、この赤身の割合は、樹齢に正比例するといいます。したがって、良材となる巨木が枯渇すれば、白太の率が高い若木を用いざるを得なくなります。そのために、老朽化も早まると考えられるのです。再び135頁の【表四】を御覧下さい。「老朽化」のなかでも、正殿内の漏湿という問題が少なくないのでありますが、これなどは正殿に用いられた御用材の白太の率が高かったために、用材間に隙間が生じたのが原因なのかもしれません。

十四、仮殿遷宮と御杣山の変遷

ところが、こうした修理のための仮殿遷宮は、両宮とも第三十三回式年遷宮を機に減少致します。132〜133頁の【表三】を御覧下さい。漢数字が「老朽化」と考えられる仮殿遷宮の回数であります。この様に、第三十三回以降は両宮とも明らかに減少している点を、お解り頂けるかと存じます。この減少が南北朝時代以降であれば、動乱による影響を考慮に入れる必要がありましょう。ところが、減少はそれ以前であります。一体なぜなのでしょうか。

この疑問につきまして、少なくとも内宮に関しては、御杣山の変遷から説明することができます。古来より、内宮の御杣山は神路山であったことは先に述べました。その御杣山は、一時志摩国答志郡に遷されたこともありましたが、再び神路山に戻された様です。しかし、その神路山も良木が枯渇したことにより、嘉元二年（一三〇四）の仮殿遷宮および第三十三回式年遷宮を機に、宮川上流の江馬山へ移されました。

ちなみに、内宮御杣山の移動はそれ以前から取り沙汰されており、弘安八年（一二八五）の第三十二回式年遷宮に際しては、美濃山（現岐阜県内）への変遷が議論されております。しかし、この時は勅許が得られなかったといいます。そして、嘉元二年での移動であります。その間、嘉元二年度を除くと三度の仮殿遷宮が実施されております。美濃山への移動が沙汰止みになるも、御用材の質の低下は如何ともし難く、またそれによる仮殿遷宮も続発したために、ついに江馬山へと遷したのではないでしょうか。かくして御杣山を移したことにより御用材の質が回復し、殿舎の耐久力も上がった結果、仮殿遷宮の回数が減少したと考えるのが妥当かと思われます。

それでは、外宮は何時御杣山を移したのか。外宮御杣山は、裏山の高倉山でありましたが、これが他所へ遷されたのは、内宮と同じく鎌倉時代であります。場所は、阿曽山と呼ばれる宮川上流部でありますが、その時期については、史料上確実な形で現れるのは文永五年（一二六八）の第三十一回式年遷宮、実際には建暦元年（一二一一）の第二十八回式年遷宮まで遡ると指摘されています。しかし、ここで132～133頁の【表三】を確認致しますに、外宮においては、それ以降も老朽化による仮殿遷宮は相変わらず実施されております。御杣山を移し、御用材の質も或る程度向上した筈なのに、仮殿遷宮が多いのは何故でしょうか。実は、この謎が今の私には解けず、現段階では不明と言わざるを得ません。ともあれ、内宮と同じく第三十三回式年遷宮を機に減少していますから、この時期に外宮においても何らかの改革が行われたのは確実であります。今後の課題にしたいと存じます。

さて、今まで検討してまいりました仮殿遷宮についてまとめますと、およそ次の様にいえるかと存じます。鎌倉時代は、仮殿遷宮が多く実施された時代でありました。その実施事由の大半が、老朽化による修理のためであったと思われます。そしてかくも老朽化したのは、当時の社殿建築の方法と、御用材の質の低下に原因が求められております。ところが、こうした仮殿遷宮も、鎌倉時代末の第三十三回式年遷宮を機に減少致します。これは、内宮においては御杣山の移動等、何らかの改革が行われた結果と考えられます。

十五、おわりに

以上、本日は「鎌倉時代の遷宮」と題し、当時の式年遷宮および仮殿遷宮について、検討してまいりました。

本日御来聴の皆様方のなかに、神宮へは今まで一度もお参りしたことがない、という方はおみえにならないと存じます。故に、本日取り上げました仮殿遷宮については、相当違和感のある内容ではございませんでしたでしょうか。あの重厚な神宮の建物が、そう簡単に傷むものなのか。現に、前の遷宮から十七年程(平成二十二年七月現在)経った今でも、屋根こそは朽ち始めているとはいえ、柱や板壁などは少々苔むしている程度で、健全そのものではないか—神宮へ参拝して諸殿舎を拝見致しますと、誰もがこう思われることと存じます。かく言う私も、かってはその一人でございました。

しかしながら、今我々が拝見する神宮の諸殿舎は、八年以上の歳月をかけ、木曾桧という最高品質の御用材を用い、そして最高の技術を結集して建築されたものであります。一方、鎌倉時代におきましては、質が良いとは決していえない御用材を用い、しかも僅か三年足らずの間に完成させていました。故に、今我々が拝見するものとは、質の点で明らかに異なる社殿が、当時建てられていたのであります。

それにしても、鎌倉時代といえば、今から約八百年も昔のことです。その当時の遷宮の様子を、復元することができるのであります。そしてその祭典・行事の多くは、今なお連綿として行われております。神宮の素晴らしさを、改めて実感する次第でございます。

なお、神宮では今後も様々な式年遷宮に関する祭典・行事が執り行われます。その報道に接したり、実際に参加・見学された際に、本日御紹介致しました内容が少しでも御役に立てば幸いでございます。

御静聴、誠にありがとうございました。

第四講　式年遷宮の中絶と復興

岡野友彦

一、はじめに

現在、神宮では平成十七年から二十五年まで、八年の歳月と三十以上の行事を重ねて、第六十二回式年遷宮が斎行されようとしている。言うまでもなくこの式年遷宮は、持統天皇の即位四年（六九〇）に内宮、同六年に外宮において初めての遷御が斎行されて以来、千三百年以上にわたって続けられてきた「神宮無双の大営」（『遷宮例文』）である。

しかしこの千三百年の間、式年遷宮がまったく滞ることなく続けられてきたかというと、決してそうではない。よく知られているとおり、戦国時代には約百年にわたって中絶した。この百年にわたる中絶という事象は、決して看過してよい問題ではない。今日、よく式年遷宮が二十年おきであることの理由として、技術の継承ということがとりあげられるが、もし式年遷宮の意義の一つがそこに認められるとすれば、百年にわたって中絶したこの時期、遷宮の技術は明らかに途絶したことになるからである。それでは、式年遷宮はなぜ中絶し、いかにして復興したのか。この問題を、室町時代に頻繁に行われた「室町殿」による伊勢参宮と、中世において極度に進行したとされる神仏習合との関係から読み解いていこうというのが、本稿のねらいである。

二、式年遷宮の「中絶」とは

神宮の式年遷宮が中世、戦乱の中で「中絶」したことを知る人は多いが、具体的に何年から何年まで途絶したのかを、正確に答えられる人は少ない。そこでまず、近年「市民が伊勢についてより深く正しい知識」を持てるようにすることを目的として編集・刊行された『検定　お伊勢さん　公式テキストブック』の中から、その答えに当たる部分を引用してみよう。すなわち同書では、

二十年を式年とすることについて、平安・鎌倉時代は前遷宮から数えて二十年目（実年数十九年）、遷御は式月式日に行われるのが常であった。ところが後村上天皇の第三十五回遷宮は先例より一年遅れて二十一年目（実年数二十年）に行われた。以後年数も一定せず、南北朝時代の戦乱の世では紊乱《ぶんらん》し、正遷宮が途絶え、修理を重ねてその危機を凌《しの》いだこともあった。

（『検定お伊勢さん』六二〜六三頁）

として、まず「南北朝の戦乱の世」に「正遷宮が途絶」えたその後に、

平安中期以降、律令制度が崩れると、神税の収納、役夫の徴集が困難となった。そこで新たに大神宮役夫工米《やくぶくまい》（大神宮役夫米作料）の名のもとに、全国にわたって定率の米穀賦課が命じられることとなり、室町時代に至る約四百年間遷宮の経費を支弁した。ところが戦国争乱の世になると、その徴収が困難となり、両宮の遷宮は一時中断せざるを得なくなった。

（『検定お伊勢さん』六四頁）

として、「戦国争乱の世」において、遷宮が「一時中断」したと述べている。

つまり、正確に言うと式年遷宮の「中絶」は、南北朝時代と戦国時代の二度あったわけである。しかし同書は、前者の「途絶」と後者の「中断」の間に当たる室町時代の式年遷宮について全く触れていないため、あたかも南北朝時代から戦国時代へと、「紊乱《ぶんらん》」が継続していったかのようにも読み取れてしまう。そして実際、そのように勘違いしている人も少なくない。それでは実際のところ、この南北朝時代から戦国時代にかけて、神宮の式年遷宮はどのように行われていったのであろうか。

次に掲げた表Ⅰは、建武の新政が始められた建武元年（一三三四）から、江戸幕府が成立する

	和暦	西暦	月	日	内　宮	外　宮
擁怠期	康永 2	1343	12	28	第 35 回式年遷宮	
	貞和元	1345	12	27	↑	第 35 回式年遷宮
					（この間 21 年）	↑
					↓	（この間 35 年）
	貞治 3	1364	2	16	第 36 回式年遷宮	↓
	康暦 2	1380	2	8	↑	第 36 回式年遷宮
					（この間 27 年）	↑
					↓	（この間 20 年）
安定期	明徳 2	1391	6	22	第 37 回式年遷宮	↓
	応永 7	1400	2	28	↑	第 37 回式年遷宮
					（この間 20 年）	↑
					↓	（この間 19 年）
	応永 18	1411	12		第 38 回式年遷宮	↓
	応永 26	1419	12	21	↑	第 38 回式年遷宮
					（この間 20 年）	↑
					↓	（この間 15 年）
	永享 3	1431	12	18	第 39 回式年遷宮	↓
	永享 6	1434	9	15	↑	第 39 回式年遷宮
中絶期					（この間 31 年）	↑
					↓	↑
	寛正 3	1462	12		第 40 回式年遷宮	↑
		↑			↑	（この間 129 年）
		↑			↑	↓
	（この間、内外両宮 101 年中絶）				↑	↓
		↓			↑	↓
		↓			（この間 123 年）	↓
	永禄 6	1563	9	23	↓	第 40 回式年遷宮
					↓	↑
					↓	（この間 22 年）
					↓	↓
	天正 13	1585	10		第 41 回式年遷宮	第 41 回式年遷宮

表Ⅰ　中世後期の式年遷宮

慶長八年（一六〇三）までの、いわゆる中世後期に行われた式年遷宮を、年表の上に整理してみたものである。この表を見ると、確かに南北朝時代（一三三六〜一三九二）と戦国時代（一四六七〜一五七三）において、遷宮の「式年」が大幅に延引していたことが読み取れよう。

しかし、南北朝時代における「式年」の遅延が、永くても十五年（前の遷宮から三十五年）程度であったのに対し、戦国時代におけるそれは、実に百年以上にも及んでおり、文字通り「中絶」と呼ぶにふさわしい。そこで本稿では、戦国時代におけるそれを式年遷宮の「中絶」と称し、南北朝時代における遅延については、当時の史料上の用語に従い、これを式年遷宮の「擁怠」と称していくことにしたい。

またこの年表から読み取れるもう一つの重要な事項は、明徳三年（一三九二）に南北朝が合一してから、応仁元年（一四六七）に応仁の乱が勃発するまでの七十五年間、いわゆる狭義の室町時代において、式年遷宮がきわめて順調に行われていたという事実である。つまり式年遷宮は、決して中世後期を通じて「紊乱」し続けていたわけではなく、室町の「安定期」をはさんで、南北朝の「擁怠期」と戦国の「中絶期」があったということになる。したがって、式年遷宮がなぜ中絶したのかという、本稿に課せられた課題を解くためには、まず南北朝期の「擁怠」がなぜ起こり、その後の「安定」が何によってもたらされたのかを明らかにしなければならない。

三、式年遷宮の「擁怠」はなぜ起きたのか

それでは、南北朝期における式年遷宮の「擁怠」は、何故起こったのであろうか。そのことを知り得る史料として、南北朝期の公卿、中院通冬の日記『中院一品記』の中から、次のような記事に注目したい。

太神宮の造替は皇家の大営、宗廟の重事なり。しかるに嘉元の営作に、神道山の良材を採り尽くすの間、始めて江馬山の御材を用いらる。これ末代の新儀たりと雖も、重ねて往時の遵行を追うべき処、凶徒城郭を架し、軍士道路を絶す。誠に料木を彼の山に採り難くんば、御杣を他所に遷さるべきか。

（『中院一品記』暦応二年九月二十七日条、原漢文）

この暦応二年は一三三九年。第三十五回内宮式年遷宮を四年後に控え、そろそろ御用材の伐採に取りかからなければならない時期である。しかし通冬は、「凶徒」が「城郭」を構えているため、嘉元二年（一三〇四）に神宮の御杣山と定められた江馬山（多気郡大台町）から、御用材を伐り出すことができないと嘆いている。それではこの時、御用材の調達を妨害していた「凶徒」

の「城郭」とは、具体的にはどのような存在だったのであろうか。

そのことを考えるヒントもまた、『中院一品記』の中に見てとれる。

例幣なり。勢州路次不通のうえ、近年城郭（これ吉野殿の勅命に依るなり）を構ふるの間、幣使を発遣せられず。しかるに去月両三、城郭没落と云々。よって当御代初度なり。

（『中院一品記』康永元年九月十一日条、原漢文）

すなわち康永元年（一三四二）九月の神嘗祭に際し、それまで「吉野殿」（後醍醐天皇）の「勅命」によって築かれた「城郭」に遮られて、神宮に奉幣使を発遣することのできなかったところ、「去月」（同年八月）その「城郭」が「没落」したため、ようやくこれを発遣することができたという。

また「波多野家文書」を見ると、

波多野七郎入道蓮寂申軍忠事

欲早賜御証判備後証亀鏡間事

右、去月十九日御発向伊勢国玉丸城之間、於南面責口所致日夜軍忠也、同廿九日可罷向坂内城之由、被仰下之間、即令発向追落凶徒等畢、云玉丸云坂内、忠節皆以同所合戦間、中村大炊蔵人貞員被申注進哉、然早賜御証判備後証弥為抽軍忠、恐々言上如件、

康永元年九月　日

とあり、まさにこの康永元年八月、伊勢における南朝の拠点玉丸城が落城している。これらの徴証を勘案するならば、この時期、式年遷宮を妨害していた「凶徒」とは、後醍醐天皇の勅命によって築かれた玉丸城を拠点とする南朝勢力、すなわち伊勢国司北畠氏以外に考えられまい。

田丸城

しかし、一般に「勤王」と「敬神」のイメージが強い伊勢国司北畠氏が、実は式年遷宮を妨害する勢力であったと言われても、俄かには信じがたいという人も多かろう。その謎を解くカギは、当該期の神宮が、北朝方の神官たちによって占められていたという事実に隠されている。当該期、神嘗祭をはじめとする諸祭典はもちろん、式年遷宮もまた北朝方の神官たちによって遂行されていた。そのよう

な神嘗祭や式年遷宮が、北朝（およびそれを支える足利幕府）の経済的支援によって遂行されてしまうことは、北朝（そして足利幕府）の正統性が、神宮によって公式に認められてしまうことに繋がりかねない。後醍醐天皇と、その勅命を受けた伊勢国司北畠氏は、そのことを恐れて北朝からの奉幣使の発遣や、式年遷宮に必要な御用材の伐採を妨害していたのである。南北朝期における式年遷宮の「擁怠」は、単に当該期の「戦乱」のみを原因として起こったのではなかった。

四、室町殿の伊勢参宮

明徳三年（一三九二）に南北朝が合一すると、伊勢国司北畠氏も足利幕府も、もとより神宮神官たちも同一の朝廷を仰ぐようになり、かかる状況は大きく改善された。室町期、式年遷宮がきわめて順調に行われるようになった原因もまた、ここに認められよう。しかし、室町期における式年遷宮の「安定」を支えた、より重要な要因としては、「室町殿」（必ずしも室町将軍とは限らない。詳しくは後述する）の神宮崇敬という事実が見逃せない。

次に掲げた表Ⅱは、明徳三年に南北朝合一を成し遂げた足利義満が、その翌明徳四年に初めて伊勢参宮を行って以来、嘉吉元年（一四四一）六月、嘉吉の変で赤松満祐に暗殺されてしまう足

和暦	西暦	月	室町殿	出　　典
明徳 4	1393	9	足利義満	公卿補任
応永 2	1395	2	足利義満	荒暦
応永 6	1399	3	足利義満	東院毎日雑々記
応永 7	1400	10	足利義満	吉田家日次記
応永 9	1402	3	足利義満	吉田家日次記
応永 9	1402	10	足利義満	福照院関白記
応永10	1403	10	足利義満	吉田家日次記
応永12	1405	10	足利義満	教言卿記
応永13	1406	10	足利義満	教言卿記
応永14	1407	4	足利義満	教言卿記
応永15	1408	4	足利義満	教言卿記
応永16	1409	6	足利義持	教言卿記
応永17	1410	3	足利義持	教言卿記
応永19	1412	9	足利義持	山科家礼記
応永21	1414	9	足利義持	満済准后日記
応永24	1417	9	足利義持	満済准后日記
応永25	1418	9	足利義持	耕雲紀行
応永26	1419	9	足利義持	看聞御記
応永28	1421	2	足利義持	看聞御記
応永28	1421	9	足利義持	看聞御記
応永29	1422	9	足利義持	看聞御記
応永30	1423	3	足利義持	義持公参宮記
応永30	1423	11	足利義持	看聞御記
応永31	1424	3	足利義持	看聞御記
応永31	1424	12	足利義持	室町殿伊勢参宮記
応永33	1426	3	足利義持	満済准后日記
応永33	1426	9	足利義持	満済准后日記
応永34	1427	9	足利義持	満済准后日記
永享 3	1431	2	足利義教	満済准后日記
永享 4	1432	2	足利義教	満済准后日記
永享 5	1433	3	足利義教	満済准后日記
永享 7	1435	9	足利義教	看聞御記
永享 8	1436	3	足利義教	看聞御記
嘉吉元	1441	3	足利義教	看聞御記

表Ⅱ　室町殿の伊勢参宮

利義教が、その三か月前の同年三月に伊勢参宮を遂げるまで、ほぼ毎年のように繰り返された「室町殿」による伊勢参宮を一覧表にしたものである。

この表で第一に注目すべきことは、義満や義持の立場であろう。一般にこれらの参宮は、「室町将軍の参宮」として捉えられることが多い（大西源一『参宮の今昔』ほか）。確かに明徳四年、初めて伊勢参宮を遂げた際の足利義満は、室町幕府第三代将軍であった。しかしその翌年、応永元年（一三九四）十二月に義満は将軍職を嫡男の義持に譲っている。にもかかわらず政治の実権は相変わらず義満のもとにあり、伊勢参宮もまた義満のみによって行われ続けた。四代将軍義持が初めて伊勢参宮を実現するのは、応永十五年に父義満が没した、その翌年のこととなる。

同様の構造は義持の参宮にも見て取れる。応永三十年三月、足利義持は将軍職を嫡男の義量に譲った。しかしかつて父義満がそうした通り、義持もまた「室町殿」として政治の実権を握り続け、伊勢参宮もまた自ら行い続けた。そして五代将軍足利義量は、実に一度も伊勢参宮を遂げることなく、応永三十二年、父義持より先に没してしまう。つまり伊勢参宮は、決して「室町将軍」の仕事ではなく、室町将軍家の家長たる「室町殿」にのみ認められた行為だったわけである。

そしてこの明徳四年（一三九三）から嘉吉元年（一四四一）にかけて、「室町殿」は義満が十一回、義持が十七回、義教が六回の計三十四回の伊勢参宮を繰り返した。上述したとおりこの期間、神宮の式年遷宮がきわめて順調に行われていたことを勘案するならば、当該期における式年遷宮の「安定」は、彼ら「室町殿」たちによって支えられていたと推測することが可能であろう。

そしてその推測を裏付ける史料が、神宮文庫に残されている（「徳大寺公維・足利義満両宮願文」）。

立申　皇太神宮所願事

一、四度官幣、不可有懈怠事

一、造役夫工、厳密可加下知事

一、明年中可遂参　宮事

右、為天下太平、武運長久、子孫繁昌、心中所願成就、以代官兼敦啓白如件

明徳元年十二月廿五日　准三后源朝臣義—

豊受太神宮同前ニ候

この古文書は、南北朝の合一を直前に控えた明徳元年（一三九〇）の暮れ、「准三后源朝臣」＝足利義満が、皇太神宮（内宮）と豊受太神宮（外宮）に対し、三つの誓いを立てて「心中所願

成就」を祈ったものであるが、注目すべきはその三つの誓いである。すなわち、第一に三節祭（六月・十二月の月次祭と九月の神嘗祭）と祈年祭という四度の祭に対する官幣を怠らないこと、第二に大神宮役夫工米を厳密に徴収すること、第三に明年（明徳二年）中に義満自身が参宮を遂げるつもりであることを誓っている。

実際のところ、義満の初参宮はその二年後、明徳四年のこととなるわけだが、上述したとおりそれ以降、「室町殿」の参宮は約半世紀にわたって続けられることになる。そして式年遷宮の費用である大神宮役夫工米もまた、この誓願に基づき、室町幕府によって徴収されるようになっていった。室町期における式年遷宮の「安定」は、かかる室町幕府の全面的支援によってもたらされたものだったわけである。

五、式年遷宮はなぜ中絶したか

このように考えてくると応仁の乱以降、式年遷宮が中絶したわけも、おのずから明らかとなろう。すなわちそれは、この時期、全面的に室町幕府に依存していた「大神宮役夫工米」の徴収が、幕府権力の衰退とともに困難となっていったからに相違ない。

但し、式年遷宮が中絶せざるを得なくなった原因は、そうした中央情勢ばかりではなく、伊勢の側にもあった。それこそ、内宮門前町である宇治と、外宮門前町である山田との永年にわたる確執、いわゆる宇治山田合戦である。その中でも、最も大きな武力衝突として有名な文明十八年の合戦の様子を「延徳以来内宮注進状」から見ていくことにしよう。

一、文明十八年丙午十二月廿日、山田没落の事、岡本に番屋を立て、参宮の貴賤、一向内宮に通さざるの間、山田へ再三子細を申すと雖も、承引致さざる也。折節多気殿参宮有るの間、裁許に預かるべきの由訴え申すに依り、その謂れを山田に仰せ付くると雖も、承引致さず。あまつさえ榎倉掃部助武則種々緩怠を致すの間、御退治有り。山田三方悉く放火。榎倉一類御殿に籠り、同廿二日早天切り出でて皆打ち死に也。掃部助引き返し、火を御殿に懸け切腹しおわんぬ。其の外数百人打ち死にの間、其の穢れ両宮に及ぶに依り、共に三十日の触穢也。然る間翌年正月朔日御饌、七日、十五日の神事悉く延引す。(原漢文)

ことの発端は、文明十八年(一四八六)十二月、山田の人々が宇治と山田の境に当たる岡本町に番屋を立て、参宮の人々を内宮に通さないようにしてしまったことにある。これに困った宇治の人々は、山田方に対し再三番屋の撤去を申し入れたが、山田方はこれを承引しなかった。そこで宇治方は、ちょうどその時参宮に来ていた伊勢国司北畠政勝に対し、山田方の非法を訴え出た。訴えを受けた国司は番屋の撤去を山田方に命じたが、山田方はこれを承引せず、のみならず榎倉武則が国司に対して種々の無礼を働いたため、国司として山田を退治することとなり、山田三方全てに火を放った。榎倉一族は外宮の御殿に立て籠もっていたが、同月二十二日の早朝、皆切り出でて討死した。その際、武則は一人外宮

村山砦跡

に引き返し、御殿に火を懸けて切腹してしまった。その外、数百人が討死したので、その穢れは内外両宮に及び、共に三十日の触穢となった。そのため、翌年正月朔日の御饌や、七日・十五日の神事などはすべて延引となったという。

宇治山田合戦というと我々は、どうしてもその名称から宇治と山田の間、つまり岡本町や古市のあたりで合戦が行われたかのように勘違いしがちである。しかし右の史料で確認できるとおり、宇治山田合戦における主な軍事的衝突は、むしろ玉丸城の北畠軍と山田の町との間にこそあった。実際、外宮神域の西、JR山田上口駅から南にまっすぐ坂道を登った上中之郷町（現・常磐町）には、この戦いで壮絶な最期を遂げた榎倉（村山）武則が築いたとされる村山砦跡が残

されている。「砦跡」と言っても小さな石碑一本だけで、土塁も空堀も残されていないが、そのロケーションはまさしく玉丸城から宮川を越えて山田に攻め込んできた北畠軍を迎え撃つ絶妙の位置にある。

このように考えてくると宇治山田合戦とは、宇治と山田の確執を口実とした伊勢国司北畠氏による山田への軍事進攻と見なすこともできよう。そして実際、北畠軍による山田への放火が、その後百年近くに及ぶ式年遷宮中絶の一因ともなったことを考えると、その真意は別として、伊勢国司北畠氏はまたしても式年遷宮を妨害する役回りを演じてしまったということになるのかも知れない。

六、誰が式年遷宮を復興させたか

このようにして中絶した神宮式年遷宮を復興させるため、誰よりも尽力したのは、慶光院上人(初代守悦・三代清順・四代周養)という尼僧らであった。実際、永禄六年(一五六三)には、清順上人の勧進により百二十九年ぶりに外宮式年遷宮が復興し、ついで天正十三年(一五八五)には、周養上人の勧進により内外両宮の式年遷宮が復興している。それにしても、神道の総本山ともいうべき神宮の式年遷宮が、なぜ仏教界の尼僧によって復興されなければならなかったのであろうか。

その謎を解くヒントは、慶光院上人と神宮との関わりが、永正二年（一五〇五）の初代守悦法師による宇治橋の架け替えに始まるという事実に隠されている。そもそも宇治橋は、永享六年（一四三四）、足利義教によって造立された際、「橋供養」として「法華万部供養」が行われ、「僧千百人」が動員されたと伝えられるとおり（「大橋旧記」）、神宮の中でも特に、仏教界との関わりの深い施設であった。守悦上人に先立つこと半世紀前の享徳元年（一四五二）、既に内宮庁は勧進聖の賢正と最祥に宇治橋の造替を命じており（『氏経卿引付』）、寛正五年（一四六四）には勧進聖本願によって、また文明九年（一四七七）には勧進聖乗賢によって実際に造替が遂行されている（『氏経卿神事記』）。

宇治橋の創始については、永享六年（一四三四）に宇治郷中村（伊勢市中村町）の南方から移し替えられたとする説（薗田守良『神宮典略』）と、康永元年（一三四一）に坂十仏が神宮を参詣した際、現在の御手洗場付近から北に「長橋」を眺めていることから（「伊勢太神宮参詣記」）、少なくとも南北朝期には、今と同じ饗土の地に宇治橋が架かっていたはずだとする説（蓬莱尚広『御裳濯河橋大橋部類』）とがあって判然としないが、いずれにせよ中世を遡るものではないらしい。というのも、鎌倉中期の仁治元年（一二四〇）、大雨の中を内宮に向かっていた神

（贄海神事・五十鈴川徒歩図（『皇大神宮旧式祭典図』巻十一（神宮文庫蔵））あえて橋を渡らない神職の列。

宮少宮司大中臣長則は、洪水のため馬に乗ったままでは御裳濯河を渡ることができず、河岸に馬を置いて徒歩で参宮したとある（『太神宮司神事供奉記』）。これは決して、この時たまたま洪水によって宇治橋が流されていたというものではなく、当時の五十鈴川に橋が架かっていなかったことを意味していよう。

その証拠に、明治の改正まで斎行されていた贄海神事（三節祭にお供えする御贄を取るため、二見の先の伊勢志摩国境の海まで出向く神事）において、斎館を出発した神職一行は、現在の火除橋付近から五十鈴川の河原に降り、宇治橋の袂を通って対岸に渡っていたという（『皇太神宮年中行事当時勤行次第私註』）。江戸時代、既に立派な宇治橋があったにも関わらず、先例を遵守する神宮神事において、あえて橋を渡らなかったということは、宇治橋というものが、本来の神宮には存在しなかった施設であることを示唆している。

思えば創始以来、神宮は「私奉幣の禁」で知られるとおり、庶民の参宮を受け入れる神社ではなかった。ごく限られた神官のみが神事に際して参宮するだけであれば、宇治橋のような構造橋はもとより不要であろう。しかるに中世に入ると、僧尼や「室町殿」の参宮をきっかけとして、庶民の参宮が始まった。その結果として、宇治橋が必要となったのである。

しかし、江戸時代に至るまで「神事あえて橋を渡らず」という原則が生き続けていたことからも明白なとおり、宇治橋の存在は神宮の与り知らぬことであった。そこで登場したのが、僧尼の勧進による架橋である。

そもそも不特定多数の庶民から勧進によって浄財を募るというやり方は、貴賤上下全ての人々の救済を目指す仏教にこそふさわしい。例えば、勧進といえば歌舞伎の「勧進帳」とも関わりの深い俊乗房重源による東大寺の復興事業が著名だが、それに先立つこと四百年以上も前、聖武天皇によって発せられた「大仏造立の詔」の中にも、既にその精神は謳われている。

ここに天平十五年歳次癸未十月十五日を以て、菩薩の大願を発して盧舎那仏の金銅像一躯を造り奉る（中略）夫れ天下の富を有つ者は朕なり。天下の勢を有つ者も朕なり。この富勢を以てこの尊像を造る。事や成り易くして、心や至り難し。（中略）もし更に人の一枝の草、一把の土を持ちて像を助け造らんと情願する者有らば、恣に之を聴せ。

右に掲げた史料は、今日採択されている全ての『高校日本史B』教科書に掲載されているので、見覚えのある方も多かろう。しかしこの史料は、多くの場合「天下の富を有つ者は朕なり。天下の勢を有つ者も朕なり。この富勢を以てこの尊像を造る」という部分ばかりが強調され、奈良時代における天皇権力の強大さと、その権勢による大仏造立を印象付ける教材として使われてきてしまったのではなかろうか。

近年、奈良国立博物館の西山厚氏が盛んに述べておられるとおり、この史料は決してそのように読んではいけない。聖武天皇は、そのような国家の富や天皇の権勢で大仏を造るのは簡単だが（事や成り易くして）、それでは大仏造立の精神に反する（心や至り難し）ので、あくまでも「一枝の草、一把の土」を持って協力したいと言って来るような、庶民一人ひとりの力（勧進）によって造立されなければならないと謳っているのである。

それに対して神宮の式年遷宮は、まさに「天下の富・天下の勢」によってなされてきた。それは本来の神宮が、私奉幣を禁じ、皇室と朝廷のみを守護する皇祖神であったからに他なるまい。しかるに中世に入ると神宮は、例えば蒙古襲来に際して神風を吹かせたような、国民一人ひとりを守護する国主神へと変化していく（勝山清次氏『中世伊勢神宮成立史の研究』）。そうした中で、庶民の参宮が盛んになり、僧尼の勧進による架橋が始まった。

戦国時代における「大神宮役夫工米」徴収の途絶は、「天下の富・天下の勢」による式年遷宮の中絶を意味していた。しかし、そのころ神宮は、国民一人ひとりによって支えられる存在へと、その神格を変化させつつあった。室町以来、宇治橋の造替を支えてきた僧尼の勧進によって、式年遷宮が復興された背景には、かかる神宮神格の変化が、大きく関係していたのである。

七、おわりに

式年遷宮を支えたもの。それは朝廷から幕府、そして庶民へと変わっていった。本稿の結論をこのようにまとめるならば、きわめて平凡な説のように思われるかもしれない。しかし、ここで多くの方がイメージされる「幕府」の中には、鎌倉幕府や江戸幕府も含まれよう。しかるに鎌倉時代、式年遷宮を支えていたのはあくまでも京都の朝廷であり、鎌倉幕府は側面からの支援はしても、決して前面に出て支えるということはなかった。また江戸時代、確かに幕府は毎度の遷宮に三万石を寄進したが、それは信長・秀吉以来、慶光院上人の勧進に応じてきた伝統を引き継ぐものであり、その背景には「おかげ参り」に象徴される庶民の熱烈な神宮崇敬があった。

そうした中で室町幕府は、初めて朝廷に代わって大神宮役夫工米の徴収に当たり、将軍家の家長「室町殿」は、ほぼ毎年の如く伊勢参宮を繰り返した。「式年遷宮の擁怠」とは、こうして幕府が朝廷に代わり神宮を支えるようになる過渡期に起きた出来事であり、「式年遷宮の中絶」とは、その室町幕府が、応仁の乱によって衰退した結果として起きた出来事に他ならない。そして「式年遷宮の復興」とは、そうした幕府に代わって、今度は国民一人ひとりが（慶光院上人の勧進を通じて）神宮を奉賛する体制への大転換であった。

その意味で「式年遷宮の中絶と復興」は、もとより神宮史の中で最大の試練であったわけだが、その試練を乗り越えたことの意味は、計り知れないほど大きいと私は思う。明治以降、再び式年遷宮は古制の精神に復古し、国家の公儀として行われるようになった。しかし戦後、いわゆる神道指令によって再度国家の手を離れることになっても、式年遷宮は戦国時代のように中絶することなく、国民総奉賛によって行われ続けた。そして今日も行われ続けている。こうした体制は、決して戦後になって俄かに築かれたものではなく、戦国時代における百年以上もの中絶から復興する中で築かれ、江戸時代・明治時代を通じて伏流水の如く保たれ続けてきたものに相違ない。

とりわけ伊勢の人々にとって、お木曳きやお白石持ちもまた、この室町〜戦国時代に始まることを考え合わせるならば、この時代こそ「私たちがお伊勢さんを奉賛する」という意識とプライドの築かれた時代であることを確認し、以て稿を閉じたい。

第五講　江戸幕府と遷宮

上野秀治

一、はじめに

近世は、戦国時代と呼ばれる戦乱の続いた世の中を、武力によって天下統一がなされて始まった時代である。織田信長によって天下統一のための基礎が築かれ、豊臣秀吉によって完成され、さらに徳川家康に継承されたが、家康が開いた徳川幕府が政権を担当した時期＝江戸時代が近世の大部分を占める。本稿では、この江戸時代の遷宮について述べる。

天下統一事業を推進した織田信長も、朝廷や室町幕府が崇敬し、また武士や庶民までもが広く信仰していた伊勢神宮を、ないがしろにすることができなかったため、戦国時代中絶していた遷宮を再興しようと努力した慶光院に資金協力をした。しかし信長の時代には完全なる遷宮の復興はできず、豊臣秀吉の時代になって内宮と外宮、両宮の式年遷宮が同時に行なわれた。時に天正十三年（一五八五）のことで、約百三十年ぶりに両宮の遷宮が復活した。これには慶光院の働きも無視できないが、秀吉が全面的に資金協力をした点が大きい。まだ完全な天下統一はなされていなかったが、天下人として遷宮を成し遂げることにより、朝廷に対する尊敬の気持を表わすとともに、民心の掌握をも考慮して復興に当たったのであろう。その後徳川幕府も、式年遷宮を着実に実行していったのであるが、江戸幕府がどのように遷宮に関わっていたのか、という実態を明らかにするとともに、現代の遷宮とどのように相違しているか、といった点についても述べていくことにする。

二、江戸時代の遷宮

『神宮要綱』所収の「式年並臨時仮殿遷宮一覧表」から、近世に行なわれた遷宮を抽出したのが次の表である。

皇大神宮（内宮）遷宮					豊受大神宮（外宮）遷宮				
式年遷宮回数	天皇	（西暦）皇紀	年号	式年・仮殿の別	式年遷宮回数	天皇	（西暦）皇紀	年号	式年・仮殿の別
41	正親町	（一五八五）二二四五	天正一三・一〇・一三	式年	41	正親町	（一五八五）二二四五	天正一三・一〇・一五	式年
						後陽成	（一五九八）二二五八	慶長　三・　六・　六（還御　一三）	御屋根朽損仮殿（古殿）
	後陽成	（一五九八）二二五八	慶長　三・　六・二一（還御　二七）	御萱修補仮殿（東宝殿）					
42	後陽成	（一六〇九）二二六九	慶長一四・　九・二一	式年	42	後陽成	（一六〇九）二二六九	慶長一四・　九・二七	式年

43	後水尾	（一六二九）二二八九	寛永 六・九・二一	式年
44	後光明	（一六四九）二三〇九	慶安 二・九・二五	式年
	後西院	（一六五八）二三一八	万治元・閏一二・二	炎上 仮殿（儲殿）
	後西院	（一六五九）二三一九	万治 二・四・一八	仮殿
	後西院	（一六五九）二三一九	万治 二・一一・二五	臨時
45	霊元	（一六六九）二三二九	寛文 九・九・二六	式年
	霊元	（一六八一）二三四一	天和 元・一二・一三	炎上 仮殿（古殿）
	霊元	（一六八三）二三四三	天和 三・三・一〇	臨時
46	東山	（一六八九）二三四九	元禄 二・九・一〇	式年
47	中御門	（一七〇九）二三六九	宝永 六・九・二	式年
48	中御門	（一七二九）二三八九	享保一四・九・三	式年
49	桃園	（一七四九）二四〇九	寛延 二・九・一	式年
50	後桜町	（一七六九）二四二九	明和 六・九・三	式年

43	後水尾	（一六二九）二二八九	寛永 六・九・二三	式年
44	後光明	（一六四九）二三〇九	慶安 二・九・二七	式年
	霊元	（一六六四）二三二四	寛文 四・一二・三（還御 一二・一三）	千木折落 正殿宝殿破損 仮殿
45	霊元	（一六六九）二三二九	寛文 九・九・二八	式年
46	東山	（一六八九）二三四九	元禄 二・九・一三	式年
47	中御門	（一七〇九）二三六九	宝永 六・九・五	式年
48	中御門	（一七二九）二三八九	享保一四・九・六	式年
49	桃園	（一七四九）二四〇九	寛延 二・九・四	式年
50	後桜町	（一七六九）二四二九	明和 六・九・六	式年

51	光格	（一七八九）二四四九	寛政元・九・一	式年	51	光格	（一七八九）二四四九	寛政元・九・四	式年
52	光格	（一八〇九）二四六九	文化六・九・一	式年	52	光格	（一八〇九）二四六九	文化六・九・四	式年
53	仁孝	（一八二九）二四八九	文政一二・九・二	式年	53	仁孝	（一八二九）二四八九	文政一二・九・五	式年
54	孝明	（一八四九）二五〇九	嘉永二・九・二	式年	54	孝明	（一八四九）二五〇九	嘉永二・九・五	式年
55	明治	（一八六九）二五二九	明治二・九・四	式年	55	明治	（一八六九）二五二九	明治二・九・七	式年

『神宮要綱』所収「式年並臨時仮殿遷宮一覧表」より作成

この中で、式年遷宮だけを対象に述べていくことにするが、江戸時代に行なわれた式年遷宮は、慶長十四年（一六〇九）の第四十二回から、嘉永二年（一八四九）第五十四回まで十三回を数える。西暦あるいは皇紀を見ると、式年遷宮が行なわれた年はすべて一番下の桁が「九」であるので、二十年に一度の式年遷宮が確実に行なわれていたことがわかる。また江戸時代は内宮・外宮の両宮そろって同じ年に式年遷宮が行なわれていたこともわかる。

なお、この表の最後の明治二年（一八六九）に行なわれた遷宮については、この準備が江戸時代すでに始まっているので、これも含めれば、江戸時代には十四回の式年遷宮ないしはその準備が行なわれていたのである。

三、幕府の遷宮方針

江戸幕府が、遷宮について神宮側に何らかの指示をしたことが明確な史料は少ない。管見の限りでは、次に掲げる寛文十一年（一六七一）五月一日付の大老・老中連署下知状がその一つである。この史料から、寛文期の遷宮に関する幕府の考え方を見てみる。

（包紙）
「伊勢内宮方下知状」　（神宮文庫所蔵　第一門九一三八）

条々

一、（一）伊勢内宮　御遷宮御造営之諸色、長官神主并作所遂二吟味一、諸役人京都之役人迄守二古法一、不レ企二新義一様堅可二申付一之事

一、（二）御造営之材木山入之時、頭々代壱人充山入之所相詰之、御材木無レ滞可レ入レ念、窾木朽木一切不レ可レ出之事

一、（三）御作事場作所無二懈怠一見巡之、頭々代壱人充毎日相詰、万事入レ念可二申付一之事

一、(四)御装束神宝并飾金物等可レ守二古法一、不レ可二麁相一行事官入レ念申渡之、京都之役人迄堅可二申付一之事

一、(五)御遷宮御造営之諸役人京都之役人等、向後諸色至二子々孫々一迄不レ可二麁相一之旨、作所江捧二証文一并載二譲状一上者、及二末代一而此等之旨趣堅可二相守一之事

右条々於レ令二違犯一者、可レ被レ取二放其職一者也

寛文十一辛亥年五月朔日

内膳正（花押）〔老中 板倉重矩〕
但馬守（花押）〔老中 土屋数直〕
大和守（花押）〔老中 久世広之〕
美濃守（花押）〔老中 稲葉正則〕
雅楽頭（花押）〔大老 酒井忠清〕

五か条の「条々」の内容は以下の通りである。第一条では、内宮の遷宮に際し、社殿を建替えるなど、造営に関する色々な品物についても、長官（内宮・外宮両方に存在する神主の中の一番上の人、「一祢宜」とも言われる）や二神主（二祢宜）から十神主（十祢宜）の神主たち、それから作所（造営に携わる工事担当神主）が良く吟味し、さらに諸役人（神宮側の遷宮担当の役人を指すものと思われる）・京都の役人（神宝類は大体京都で製作しているようなので、京都に置

いた神宮の役人を指すと思われる）までもが古法を守って新しいことを企てないよう堅く申し付けよと命じている。新しいことはせず、古法どおりに遷宮を行なうことを特に指示している。

第二条では、造営の時に必要な材木に関し、それを伐り出す山に入る時に、「頭々代」（伐木の現場監督のごとき者と思われる）が一人ずつ山に入って伐木する場所に詰めて監視をし、滞りなく念を入れて、欵木《かんぼく》（枯れた木または穴のあいた木）・朽木《きゅうぼく》（腐った木）、材木としては使い物にならないものを一切出してはならないと述べている。遷宮の用材は良質のものを確保するよう指示している。

第三条では、伊勢での作事の場所でも作所の人たちが怠り無く見廻りをして、頭々代が一人ずつ毎日詰めて、念を入れて申し付けるよう述べている。

第四条では、神様が着る装束や使用する道具類の「神宝」、社殿などに使用される金具類の「飾金物」、これらも古法を守って作ること、そして粗相がないように、「行事官」（神宝類製作の監督をする役人らしく、京都在住とみられる）が念を入れて、職人に申し渡せといっている。また京都にいる役人にまで堅く申し付けておくよう述べている。

第五条では、遷宮造営に関する伊勢側の役人や京都にいる役人は、今後諸事子々孫々に至るまで粗相しないという証文を作所に捧げ、さらに神宝類を製作する職人が子供などにその職を譲る際、譲状を作り、それに神宝類は昔どおりに製作するということを書いておくよう命じ、このように譲状にも載せた以上は、末代に及ぶまで、これらのことを良く守るようにと述べている。

以上のような内容を、幕府の大老・老中が内宮に対して指示をしており、最後にもし違反をしたら、遷宮に関わる職を取り上げると述べている。要するに、遷宮は古来通りとし、用材や神宝類も良質なものにすることを目標としたのである。寛文十一年に幕府がこのような指示を出したということは、寛文九年の第四十五回式年遷宮のとき、前述の如きことを守らなかった大工や職人たちが存在したということの表われであろう。

四、神宮側の対策

前述のように幕府は寛文十一年に、遷宮に際しては古法を遵守するよう指示しているが、実際寛文九年の式年遷宮のとき用材に朽木が多かったり、神宝類も粗悪になったりしていた。そのため神宮としても改善策を打ち出さねばならなくなった。その関係の史料が「両宮御造営吟味帳」(1)である。この史料は、両宮の作所が寛文九年の遷宮の実情や、不備の対応、今後の対策を書上げたもので、時の山田《ようだ》奉行桑山丹後守貞政も承認して署名し、両作所に返却したものである。この内容を次に紹介する。

遷宮はまず用材を山より伐り出す作業から始まるが、伐り出すにあたってその山の神を鎮める山口祭が遷宮の一番最初に行なわれる。その山口祭は式年遷宮の年より六年前とかあるいは遅いときでも四年前に始めていた。しかし寛文九年当時、山が遠くなった上に木も少くなってきており、殊に大木がなくなっている。慶長十四年（一六〇九）第四十二回式年遷宮と慶安二年（一六四九）第四十四回の二回は、式年遷宮の年から数えて六年前に山口祭を執行しているが、今後は古く決められたように、七年前に山口祭を行なうようにしたい。そのためには遷宮の八年か九年前から山田奉行所まで申し上げるつもりであると述べ、まず山口祭の執行時期と、それに先立って山田奉行所に届ける時期につき、今後は従来より早めることを予定している。当時式年遷宮は、幕府が経済的な面でかなり支援しているため、幕府の承認が必要であった。まず神宮から幕府の出先機関の山田奉行へ届出をし、山田奉行は江戸の幕府へ連絡し、神宮が何時頃山口祭を執行したいと申請していることを上申する。そして幕府が執行の許可を出すと、今度は神宮が京都の朝廷に対し、山口祭の日取りを伺う。神宮側の申請によって朝廷が山口祭の日取りを決めて、神宮へ伝えることになる。このように往復の時間がかかるため、八、九年前から山田奉行へ届ける必要があったのである。

次に用材伐り出しについて実態を述べている。それによると、山田奉行で造宮奉行でもある桑山丹後守貞政から、遷宮は古法通りにして、疎略なことがあってはならないと命ぜられたので、そのことを作所から諸役人に申し渡したところ、山に入って木を伐り出す山入以後、だんだんに材木が宮川に着岸（慶長十四年から寛文九年の式年遷宮の用材は、宮川上流の大杉山から伐り出している）、しかし空洞になったような木とか腐った木が多く伐り出されてきた。こういう状態では、役人たちの不正であり、作所からも山を見に行っているとき十分見届けていなくて手落ち千万であると、造宮奉行（山田奉行）が思い、いずれもその役を取り上げてしまおうと言ったので、関係者はいろいろ言い訳をしたり謝った。そのため造宮奉行は、それならば、両宮の作所から確かな人を派遣して、頭々代も自ら山に入って、木をよく検査した上で伐り出すようにと命ぜられ、結局このときはもう一度伐りなおしをした。さらに関係者から手形を取って、子孫まで遷宮に関しては疎略なことはしないと誓約させた。ここでは遷宮の用材として良質の材木を確保する対策を講じているが、寛文九年の用材は、良材を得るため伐り直しをしなくてはならなくなった。しかしそのことによって大杉山のさらに奥へ入って伐らざるをえなかった。そこで作所としては、江戸時代大杉山から伐木してきたが、今後良材がなければ別の山から伐ることについて、あらかじめ山田奉行所に交渉することを予定している。

次の箇条では、用材には大木も必要であるが、その大木は余計に伐るようにすべきとしている。もし不足しても、改めて大木を伐ることができないし、もし細木や節があったとしても別な使い道があるから余分に伐り出すことを予定している。また中が空洞の木は川に流さないようにさせると述べている。

その次の箇条からは神宝類に関することである。神宝は装束類に至るまで、段々と粗悪になってきたということを山田奉行桑山丹後守が聞き及び、そこで念を入れるよう命ぜられたので、そのことを作所や京都に居る行事官に申達しをした。それにより行事官が神宮へやってきて、神宮と作所へ証文を入れて、今後は諸職人に念を入れて仕事をさせるため、職人たちに罰文入りの証文（もし守らなかったら全国の神々の罰を受けるという文言を最後に書き入れたもの）を入れさせ、さらに職人からは家業の譲状（今後も間違いなく子々孫々まで神宝を製作せよと書いた遺書のようなものと考えられる）を書かせ、さらに写しも作成、その写しに行事官が奥書し、それを作所が受取って、その写しを山田奉行へ提出する。その上織物などは見本を織らせ、それに行事官の判を押させて神宮が受け取っておき、調進された装束と見本を見比べて、もし相違していたら行事官の手落ちである旨を証文に書かせる。しかも遷宮の前月に到着するようにと証文にも書き入れさせる。今後の遷宮の際は、前回の見本の通りにさらに見本を作製、神宮と作所から京都へ検査の使いを出すとき、この見本と引き合わせて請取るようにすべきと記している。このことは、神宝の装束類については古法通りでなく、粗悪になっているので見本を作製し、以後それを手本にしていくことが決められている。

次の箇条は飾り金物についてである。社殿の装飾用の金具は、躰阿弥《たいあみ》越前という家で代々作っているが、これも次第に粗悪に製作しているので、山田奉行桑山丹後守が十分考え、金物の見本を期限を決めて作り、京都から持参するよう命じたところ、殊の外期限より遅れてしまった。そこで山田奉行はけしからぬことだと思って吟味したところ、遅れている理由がないというので、山田奉行は京都所司代の牧野佐渡守に連絡し、厳重に処分を行うつもりであるから躰阿弥を伊勢へ送致するよう依頼した。そこで躰阿弥の身柄は伊勢の両作所へ預けられることになったが、両長官や神主たちから、いろいろお詫びを申し上げた。それなら許すから、たしかな請人（保証人）を立てるようにと山田奉行の指示があったので、京都から躰阿弥清三郎という人を呼びつけて、金物類を立派に調進すると請負わせ、その上末代まで疎略に思わないという証文と、子孫への譲状まで書かせ、金物製作を命じた。そして両宮の好みも取入れた見本を種々製作するよう指示し、さらに完成品の金物全体の三分の一は、寛文九年の遷宮の前年四月までに納入するようにと命じた。その結果、躰阿弥は承知して見本を両宮の要求どおりに調進、そして完成品全体の三分の一を期限通り寛文八年四月までに伊勢へ届けてきたので、見本と比較し、相違がないので受け取った。残りの三分の二は翌年二月から三月に届き、検査して受納した。今後のために金物の紙型を作り、重さなどを書き付けておいた。今後も屋根まわりの金物は遷宮の前年に受け取り、残りは遷宮年の春に受領できるよう躰阿弥と契約した。以上のような経過があり、飾金物は躰阿弥家が製作することになっているが、仕事が遅く粗雑であったので、山田奉行は京都所司代まで動かし、処罰するとまで言ってきちんとした仕事をさせようと圧力をかけていることがわかる。

さて正殿以下の御宮の造営については、近年は小工に任せきりになっているが、時には寸法が増減することがあるので、従来より相違が多く生じている。そこで作所にある古い記録と引き合わせて寸法を違い無く造営すること、また作所にある寸法を記録して、実際工作する人たちにも一通渡して、今後は寸法を少しも違えないよう造営するつもりであると述べている。

また正殿以下の建物は萱葺であるが、それが早く腐ってしまうことについて山田奉行桑山丹後守が、従来からのやり方だと早く腐ってしまうので、別の方法を提案した。これについては現場と検討を重ね、伏見より萱葺きの巧者を呼んで吟味をして、方法を決めた。寛文九年は従来とは違う葺き方をしたので、これが長持ちするようなら、今後は葺き手の上手な者を頼んで、この方法をとるつもりであると記している。

最後に、装束・神宝類について簡単に述べておくと、遷宮の一月前に到着して検査をするとしても、多くの物に相違が出てきた場合にはすぐに作り替えるということは出来ないから、遷宮年の五月下旬には検使を京都へ遣わして検分させて、先例と相違していればやり直させる。また布類は今日の見本を保存して、後世もこれにあわせることを山田奉行から命ぜられ、今後もこのようにすることに決めている。

最後の締めくくりの文言をみると、寛文九年の遷宮につき、諸事滞りがあったので、今後の覚悟のためこのように書き立てて、造宮奉行である桑山丹後守貞政（山田奉行）に提出するという内容になっている。寛文九年九月吉日付で外宮・内宮の作所の神主が署名をしている。これを受け取った桑山丹後守はそれに奥書を加え、神宮側から、今度の遷宮につき滞渋があったから、今後の覚悟として種々の事柄について記録した内容は、一々見てもっともなことである。今後遷宮の度ごとに、両宮の作所はこの内容をよく守って関係の諸役人たちにも、厳重に申し付けておくのがよい。今回の造営は私が奉行だったので加筆する、と記して、今後これを守るよう指示した。これに寛文九年十月十一日付けで署名して作所の神主たちに返却した。

寛文九年の「両宮御造営吟味帳」を見ると、遷宮は古代以来、建物や神宝類も昔どおりに作り伝えられていると言われるが、実は寛文九年以前の江戸時代前期にだんだん神宝類も粗悪になってきているし、材木も昔通りではなくて寸法が違っていたり、枯れ木が伐り出されたりし、質の良い木が用いられなくなったようである。そこで寛文九年の式年遷宮を執行する際是正し、さらにその反省も加え、この書類が作られているのであるから、神宝類も少なくとも寛文九年の段階と同じものがその後作製されているということになろう。今伝わっている神宝類も質その他については寛文九年のあたりまでは遡れるが果たしてそれ以前に遡れるのかどうか、古代と同様のものが出来ているのかというと、やや疑問である。ただ江戸時代もこの頃になると技術のほうはかなり粋を極めてきていると思われるので、品質は良いであろうが、古代そのものとはやや違うのではなかろうか。むしろ古代の品より立派に出来ているようにも思える。

五、幕府の遷宮費用負担

幕府の式年遷宮費用負担の問題については、幕府がどうやって米金を出していたかということがわかる纏まった史料が無かったため、断片的な史料の紹介になる点、まずお断りしておく。

幕府が式年遷宮の費用を米で三万石を毎回支出しており、そのはじめは慶長十四年（一六〇九）の式年遷宮の際三万石に決めたというようにいわれているが、確実な記録が無い。何時三万石に決めたのか、どのように神宮に渡していたのかということについては、管見の限り史料を見出せなかったので、関連の史料をみておきたい。最初は「当代記」(2)慶長十四年正月の最後の部分に次の通り記されている。

伊勢太神宮、来秋従㆓駿府大御所㆒可㆑有㆓遷宮㆒由と云々、

来る秋、伊勢神宮では「駿府大御所」による遷宮があるとのことだ、と記している。「駿府大

御所」とは、駿府（今の静岡）の前将軍という意味で、将軍職を息子の秀忠に譲って江戸から駿府へ引越した徳川家康のことである。

また同じ年の二月の記事の最後に、

九月、伊勢太神可レ有二遷宮一とて、従二御所一兵粮六万俵寄進、但五三箇年以前古米と云々、依レ之地盤の土を引けるに、古き柱之穴へ堀《（掘）》当けると也、是凶事とて、祢宜とも如何可レ有と評定しけるか、又くるしかるましとなり、是は長禄寛正之比、榎蔵掃部と云者、国司北畠方と及二干戈一被レ疵、其故は山田江従二国司一役を可レ被レ当由付て及二此儀一、さて掃部云、思二神慮一及二干戈一処、如レ此儀頼しからすとて、神殿に火を掛焼死、其後七箇年程経て、可レ有二遷宮一とて地盤を引けるに、彼焼柱の穴に堀《（掘）》当、時国主有二凶事一けると也、此祢宜衆思レ之如云歟、

とあり、この九月に伊勢神宮の遷宮があるため、御所（二代将軍秀忠）から兵糧六万俵を寄進すると書いてある。すなわち徳川幕府から米六万俵を寄進する予定だということである。六万俵は、一俵を四斗で計算すれば二万四千石となり、遷宮費用三万石に近い数字である。これには但し書きがついていて、兵糧米は戦争用に蓄えておく米であるため、段々と古くなり、しかも三年

から五年前の古米であるというのである。幕府としては古米を遷宮費用として寄進し、かわりに新しい米で蓄えておこうということであろう。

さらに、正殿予定地の地ならしをしようと土を一部除けたら、古い柱の穴を掘り当てたという。祢宜たちは凶事ではないかといっていろいろ相談し、結局問題ないということになったようである。そもそもこの問題は、長禄・寛正（一四五七〜一四六六）の頃にさかのぼるというが、榎蔵掃部が、国司北畠方と戦争に及んで疵を被ったとあるので、文明十八年（一四八六）の話と思われる。これは外宮門前の山田側が、内宮門前の宇治への通行を止めたりしたため対立、宇治側が北畠国司を頼ったので北畠氏が兵を送り、山田方の榎蔵掃部（村山掃部助武則）を攻めた。さらに宇治側も山田に攻め入ったため榎蔵掃部は外宮の宮域内に逃げ込み、ついに殿舎に火をつけて自殺したという合戦のことを指していると思われる。この戦いで神宮は穢になったが、その後七年程たって遷宮があるので地面を整地した際、焼けた柱穴に掘りあたってしまったということである。その頃北畠国司に凶事があったというので、慶長十四年に古い柱穴を掘りあてたことを凶事と考えた祢宜たちが問題視したが、評定の結果問題なしとなったのである。

そして「当代記」慶長十四年九月二十一日条、すなわち内宮遷宮の日、庶民から貴人まで上下が非常に多く集まったところ社壇が鳴動したとあり、地震なのかわからないが、奇異なことがあったことを記している。前述の凶事に結びつけたものかと思われる。

戦国時代に式年遷宮が中断し、信長が再興しようとしたものの天正十年（一五八二）に本能寺の変で死んでしまうと、その後をうけた秀吉が天正十三年に両宮の遷宮を同時に再興した。そのときに慶光院の勧進活動が大きな影響を与えた。その後徳川家康が関が原の戦後実権を握ると、秀吉が遷宮に力を入れたのだから家康もやらないと天下人として面目が立たないということで、慶長十四年の式年遷宮は徳川幕府が中心となって実施されている。当時豊臣秀吉の遺児秀頼が大坂城におり、もし秀頼が遷宮を推進したら豊臣政権が健在である証拠となる。これでは徳川幕府の存在観が失われるので、幕府が遷宮費用の多くを引き受けたものとみられる。

ところで神宮側の式年遷宮に関する費用負担能力はどの程度であったのであろうか。豊臣秀吉は宮川より東側のほうは神宮の境内だといって検地を免除しており、徳川幕府もそれを引き継いで、現在の伊勢市の大部分は検地をやっていない。しかし実際は宇治会合や山田三方の自治権を認めたもので、ここからは神宮が直接的に収入を得られない土地である。別に現在の明和町に二五〇〇石五ヶ村が神宮に寄進され、二見も御塩殿領として二一三二石（但しこの地は三代将軍家光時代の寛永十年〈一六三三〉の寄進である）が寄進されている。それ以外にも野後（瀧原宮のあたり）などで、五二六石寄進されているので、大体六千石余の石高のついた土地が神宮領となる。また神宮の境内といわれる宇治・山田には神宮に対する役負担が存在した。幕府が神領を寄進するということは、当然のことながら、社殿が破損したなどというときには、その費用を神領から賄うようにというのが原則である。しかし神宮領からの収入の多くは神主の生活費に充てられ、式年遷宮を実施していくための費用は十分賄えないし、宇治・山田からも式年遷宮費用の大部分を賄うことは不可能であった。そこで幕府が大体三万石くらいを毎回手当てをしていたようである。「当代記」には六万俵という数字が出てきているので、このときはおよそ二万四、五千石ということであろう。

さらに遷宮費用として数字が出てくるものをいくつかあげてみる。

「作所要例控」(『神宮御杣山記録』第一巻所収、明和六年式年遷宮関係)

(前略)

一両宮御遷宮御造料米

米高合壱万七百九拾六石壱斗　内宮作所請取

外ニ判金三拾枚

米高合壱万五百五拾弐石九斗　外宮作所請取

外ニ判金三拾枚

但し此内三百三拾石者、御奉行所之御証文を以、春木大夫於㆓大坂㆒受取申候、

米高合五千七百三拾九石　京都行事官請取

米高合弐千百五拾弐石　京都陳儀料神宮御伝　奏家来請取

外ニ判金弐枚

米高合三百石　京都祭主家来請取

右　御奉行御証文を以、大坂御金奉行中より度々ニ請取申候、但し鶴松浜納所金之内をも請取候御事、

一御遷宮諸祭行事之儀者、神宮之沙汰ニ御座候間、不㆓申上㆒候御事、

右一遷宮務方格式、如㆑斯御座候、以上、

宝暦元年十二月　内宮作所

藤波大進

外宮作所

松木越後

これは明和六年（一七六九）第五十回式年遷宮に関連する史料を集めたなかに入っているが、この史料の年号は宝暦元年（一七五一）となっている。明和六年より十八年前に当たるので、本史料は一回前の寛延二年（一七四九）の遷宮が終った後の報告になるものと考えられる。

この史料によると、内宮作所（遷宮の工事担当）で受け取った米が一万〇七九六石一斗と判金

（大判）三十枚、外宮作所で受け取った米が一万〇五五二石九斗と判金三十枚、合計で二万一三四九石、判金六十枚となる。ただし外宮作所が受け取る米のうち三三〇石は山田奉行の証文で、春木大夫（外宮の将軍家御師）が大坂で受け取っている。

右以外で、米五七三九石は神宝類を製作するための費用に京都の行事官が受け取り、さらに米二一五二石は、京都での陣儀《じんのぎ》料として神宮伝奏の家来が受け取っている。「陣儀」は朝廷で山口祭は何時にするかとか、式年遷宮そのものの遷御を何時行なうかなどを決める公家たちの会議のことをいう。陣儀料には、神宮との間に立っていろいろ調整したり、互いに情報を伝えたりする役割を果す神宮伝奏という公家の家来が受領しているので、朝廷側の費用が含まれている。それから京都在住の公家である祭主（藤波家）が三〇〇石受け取っている。これらの米金を山田奉行の証文で幕府の大坂金奉行から必要のたびごとに受け取っていた。ただし鶴松浜新田と呼ばれる神領内の新田から収納される年貢を神宮造営費用の補填に使うようにしているが、これも幕府が管理していたことがわかる。

この史料にあがっている米金を合計すると、米二万九五四〇石、判金六十二枚となり、これが幕府の負担となっている。まさに米三万石に近い数字となるし、判金を米に替えて加算すると、およそ三万石になる。

次に『神宮御杣山記録』第一巻、寛政元年（一七八九）式年遷宮関係の史料として所収されている「両宮御造営御下行并諸入用積書」をみてみる。

両宮御造宮役人・頭々代・小工共江被レ為二成下一候御造営料請取高

一米四千石　　御山口祭料

一米弐千石　　山飯米料

　御鋒始之節頂戴仕候、

一米弐千七百石　御作事料

　御鋒始之節頂戴仕候、

一米弐千七百石　御作事料

　御地鎮祭之節頂戴仕候、

一米三千六百四拾三石六斗五升

　御作事料

　御遷宮之節頂戴仕候、

合米壱万五千四拾三石六斗五升

内米四百五拾壱石三斗九合五夕

右目引三分

古来ゟ両作所へ相渡し申候、是を以両作所相談往反、山田御役所勤山内見、大坂江御造料請取ニ名代差遣候用却（要脚）并遠方往反等之諸雑用取賄被レ申候儀ニ御座候、

残而

壱万四千五百九拾弐石三斗四升五夕

右両宮頭々代拾四人、小工六拾三人之者共奉二請取一候石高

（以下支出内訳省略）

右は寛政元年第五十一回目の遷宮の準備に向けて作った予算書であるが、省略部分の史料中に干支が出てくるところがあり、それから考えるとおそらく天明二年（一七八二）に作成したものではないかと思われる。

これによれば、造営に携わる大工や、材木を伐り出す人々に給与として与える米を書き上げたものである。四千石は山口祭料に充てているが、祭儀だけの費用ではなく、その後の伐木の費用も含んでいると思われる。それから二千石は山で仕事をする人たちの食糧用、さらに二千七百石は作事料として実際に大工仕事が始まってからの費用で、同額が二回出てくる。すなわち二回に分けて渡している。そして三六四三石余も作事料になっているが、大工仕事の費用ということに

なる。これは遷宮の節に頂戴するとあるから、完了してから貰えるものと考えられる。これらの合計が一万五〇四三石六斗五升になっている。ただし、これらの米は山田奉行所の役人が大坂へ出張して受領するため、往復費用などに三%を渡すことにし、それを差し引いた一万四五九二石三斗四升五夕を受け取る計算をしている。このあとには誰にいくら、どういうものに使ったかといった内訳が記されているが、省略する。

このように、費用は米ならほぼ三万石で収めているようである。本当のところどれだけかかっているのか正確なところはわからないし、伊勢神宮の神領民からも実際のところ米金や労働力も提供されていたのではないかと思われる。

六、御杣山

最後に御杣山について述べるが、『神宮御杣山記録』第一巻には「宝永御造営木曽山被仰出節日次抜書」(宝永六年式年遷宮関係に収める)という日記の抜書きの元禄十三年(一七〇〇)九月十八日の記事中に、後掲の願書が載せられている。ところが最近、この原本が発見された。平成二十一年十月刊行の、兵庫県たつの市立龍野歴史文化資料館特別展「忠臣蔵と旗本浅野家―旗本の職分と川海の役割―」の図録に、この願書原本の写真が載っているのである。両者を比較すると、内容的に相違はないが、文字が平仮名になっていたり漢字になっていたり、若干の違いがある。そこで原本の写真の方から翻字したものを次に掲げる。

乍レ恐奉レ願口上

此度木曽湯船沢山内見仕候処、目録を以申上候通、
両　宮御用木者大分有レ之候得共、山川道々共ニ、殊外之節所にて御座候御事、
一勢州大杉山より宮川迄之道のり、凡廿里余御座候、湯船沢山より勢州大湊迄ハ、凡六拾里半余御座候、然者四拾里余之相違御座候御事、
一湯船沢山じやり砂がちにて、土にねばり無二御座一候ニ付、足かたまり無レ之候得ハ、御材木山さけニ何程の造作可レ有二御座一候哉、無二覚束一奉レ存候、其上山くづれ度々仕候ニ付、砂石にて御材木つきうめ申候由ニ御座候得ハ、御材木之紛失別而無二心許一奉レ存候御事、
一湯船沢山より大川筋迄之儀、目録を以申上候通、から出しにて、大石大分御座候得ハ、御材木殊外損シ可レ申と奉レ存、是又無二覚束一奉レ存候御事、
右之通ニ御座候得ハ、御造　宮御下行米にて役人共力にハ中々難レ及奉レ存候、御材木之儀、乍レ恐仮令従二　御公儀様一御出し被レ為レ遊候共、御造作之程難レ計奉レ存候、千万恐入

奉レ存候得共、御材木之儀従二御公儀様一如何様共、被レ為二仰付一被レ為レ下候者、難レ有
可レ忝奉レ存候、以上、

元禄十三庚辰年九月十八日

小工中（印）
外宮　頭代中（印）
頭中（印）
小工中（印）
内宮　頭代中（印）
頭中（印）

進上御奉行所様

右の史料は龍野歴史文化資料館に浅野家より寄贈されたものの一つである。この浅野家は、元禄十四年（一七〇一）江戸城中で吉良上野介義央に切り付けたため切腹を命ぜられ、改易となった赤穂藩主浅野内匠頭長矩の分家で、三千石の旗本であった。元禄期は長恒が当主で、元禄十二年から同十四年まで山田奉行を勤めていた関係で、山田奉行関連史料が含まれる。なお長恒が山田奉行を元禄十四年に免職になったのは、浅野内匠頭の刃傷事件に連座したためである。

さて、前掲元禄十三年の願書は、神宮の造営に当たる人々から山田奉行に宛てたもので、内容

は次の通りである。此度木曽湯船沢山で遷宮用材の検分をしたが、用木は多くあるものの山中険しい場所で、大杉山よりも四十里ほど運搬距離が長く、湯船沢山の地盤は砂利・砂がちで伐木や運搬に手間がかかる。また山崩れも発生しやすく、材木の紛失の心配も多く、山から木曽川まで材木を出すについても、大石が多く材木が傷つく可能性が高い。このため、伐木、山からの搬出を行なう人夫の手当が従来通りでは不足するので、伐木から運搬の費用を幕府で負担してほしい。以上のような内容であるが、これは宝永六年（一七〇九）第四十七回式年遷宮に先立って材木を伐り出す際の問題である。先述のように寛文九年は大杉山から伐り出していたが、元禄二年（一六八九）の第四十六回のときも大杉山から伐り出している。その後大杉山から木曽山へ御杣山が変更されたことについて、元禄以降の情況をみることにする。

大杉山は宮川の上流で、ここは神宮領ではなく、御三家の一つ紀州藩の領地である。この大杉山から今までは伐り出していたが、川に近いところは伐り尽し、次第に奥へ入って伐り出すため段々手間がかかること、それと同時に大きい木が少なくなって、用材として相応しい木が枯渇してしまったことから、大杉山から伐り出すことは不可能になったと紀州藩から断って来ている。また実際検分しに行ったら相応しい木がないことを神宮側も認識している。そこで山田奉行に相談し、神宮側としては、かつて大杉山から伐り出したとき不足した分を木曽から伐り出した例があるので、木曽山に注目した。木曽山は当時御三家の尾張藩の領地である。今までの、大杉山は御三家紀州藩の領地で、紀州藩がある程度面倒を見てくれたので、今度はそこが不足するなら木曽から伐り出せば尾張藩で便宜をはかってもらえるであろうし、将軍家から話もしやすいであろう。そこで木曽から用材を伐り出したいと山田奉行に願い、山田奉行から幕府へ上申し、幕府も種々折衝した結果、尾張藩が引き受けることになり、宝永六年第四十七回の時からは木曽から伐り出すことになる。

ところが、大杉山から木曽山へ御杣山を変更することによって、前掲史料にある通り、用材運搬の距離が長くなることと、木曽山から伐木・運搬の条件が良くなく、費用が嵩むので、木曽川を川下げするところまでの費用を幕府側で負担してくれるよう願った。この結果幕府は尾張藩に費用負担を命じたため、美濃国錦織《にしこうり》（岐阜県八百津町）まで用材を伐り出し川を下す仕事を尾張藩が受け持つこととなった。錦織より上流は急流であるが、錦織からは川幅も広くなり、材木は筏に組んで下流に運ぶ。すなわち難所の部分を尾張藩が担当することになった。このように宝永六年第四十七回遷宮の準備段階から明和六年（一七六九）第五十回式年遷宮までは、木曽山より尾張藩の費用負担の形で援助を受けつつ、用材を確保することができた。

しかしながら、寛政元年（一七八九）第五十一回式年遷宮の準備段階での用材については問題が起きる。それは、尾張藩の財政逼迫から、伐木のため山に入ろうとしたら、尾張藩から立ち木のまま伐らずに渡すといわれてしまう。それではかなり費用がかかるので交渉するが、尾張藩も立ち木のままで渡すということを譲らなかった。その結果木曽から伐り出すことを断念し、急遽大杉山から伐り出すことにした。ところが、かつて大杉山から伐っていたときに紀州藩は立ち木のままで渡していたので、このときも立ち木のままで渡されたようである。これまで尾張藩が特別な扱いをしてくれたということであった。第五十一回式年遷宮のときは、大杉山から調達することになり、しかも立ち木のままで渡すということになったので、結局誰かに請け負わせて伐木・運搬させることになった。

そして大杉山もすぐに用材が枯渇するので、文化六年（一八〇九）第五十二回式年遷宮からはまた木曽から伐り出すということになる。このように木を伐り出す御杣山は、本来神宮領のなかにあればよいし、事実古代ではそうやっていたが、次第に伐り尽くしてしまい、周辺地域から調達しなければならなくなる。

実際のところどのくらい用材として伐っていたかというと、江戸時代の前半くらいまでは外宮・内宮ともに千三百本ほど、合計二千六百本ほどであった。このうち大木が二百本ほど含まれているのである。その後少し増えてきて三千本を越えてくる。そして近世終わりのほうになると四千本弱伐っている。このように段々増加する傾向にある。現在では、神宮司庁が出している『お伊勢まいり』によると、一万三千六百本を必要としている。これは両宮と十四の別宮の本数であるが、江戸時代前期の二千六百本というのは、両宮の正宮とその周辺の建物や垣などだけである。

いずれにしろ江戸時代という時代は、木を神宮近辺で確保することが出来なくなったので、大杉山あるいは木曽山から伐り出すことになり、徳川幕府と密接な関係にある御三家の紀州藩や尾張藩の協力を得て、しかも、この木自体は無料で提供されている。ただし伐り出す費用が必要だった。このような費用をかけて伊勢のほうに木を運び、正殿以下の建物を建て替えるわけであるが、幕府がこれに三万石程の米金を出し、何か困ったことがあれば相談に乗るといったような支援をしている。実質的には山田奉行が遷宮奉行として支援をしてくれている。

ただ江戸時代も前期の頃は、木も粗悪になっていく傾向があり、神宝類も粗末になってきている状態であった。それを寛文九年に大幅な改正を行ない、従来どおりに作っていこうということになる。ただこの従来通りというものも、本当に古代からというのではなく、おそらく江戸時代になって技術的にも発展してきているので、一応姿かたちは古代と同じかもしれないが、技術そのものはかなり江戸時代のものが入っているのではないかと思う。現在は近代になって大改正されたものを踏襲しているとみてよい。

七、おわりに

江戸幕府はかなり神宮に神領を寄進しており、式年遷宮に際しても協力し、金銭的には三万石程の米金を拠出し、また紀州藩ないし尾張藩から材木を提供させるなどしている。このことは「天下人」としての将軍が、天下泰平を願って寺社に寄進するのであるが、寺社はこれを受けて日々庶民の平安や国家安泰の祈祷をすることになる。その神社の中でも神宮は特別な神社であるということで全面的にバックアップしているのである。江戸時代の式年遷宮については、前述のように用材の確保の問題、神宝類調進の問題、費用の問題をはじめ、まだ多くの興味深い問題を含んでいる。今回はその一端を概略示した程度に終ってしまったので、今後の研究の進展が望まれる分野である。

〈追記〉引用史料の「当代記」は活字本に返り点が付してあるのでそのまま引用、他の史料には筆者が返り点（読点も入れた史料あり）を付した。

注

（1）「両宮御造営吟味帳」（『神宮御杣山記録』第一巻　神宮司庁　昭和四十九年刊、所収）は長文であるので、四割程省略して掲げる。

覚

両太神宮造替遷宮ハ、天下泰平の嘉瑞、国家豊饒の善政也、爰に　御当家御吉例として廿一ヶ年を式年と御定め被レ成、山口祭或ハ六年、或ハ四年前になし奉り候、然に当時山遠クなり御木すくなく、殊に大木ハ求めかね申候、慶長慶安御両代ハ、六年前山口祭奉レ致二執行一候へ共、向後ハ如二上古之定例一、七年前山口祭有レ之候様ニ仕度候、然者八九年前より、当所御奉行所迄、言上可レ申御事、

一今度造宮御奉行桑山丹後守殿、御遷宮古法のことく奉レ成、少も疎略之儀有レ之間敷段、被二仰付一候故、其趣作所より諸役人へ申渡候処、山入以後御材木追々着岸仕候に、大方洞木朽木を伐出シ候、右之仕合役人私曲之至ニ御座候、尤作所よりも山内見之時、見届不レ申候事、不念千万ニ御座候、依レ之造宮御奉行所以之外不届ニ被二思召一、何れも所職を可レ被二召上一と被レ仰候処、様々御佗言申上候、然らハ両作所よりも慥成名代を指遣し、頭々代も自身山入仕、御木悉ク伐替、外宮慶安遷宮之御宮立之通に仕立候様ニと

被二仰付一、則任二御意一作所名代頭々代自身山入仕候、最前ハ大杉山之内小ケ谷からすき谷と申所ニ而御材木伐取候へ共、口山ゆへ御木悪ク、それより二里三里奥ちゝか谷うくひ谷と申所ニ而御木伐替申候、其上為二末代一手形可レ仕旨被二仰付一、一遷宮之内心中ニ私曲を存間敷旨、神慮を明鑑ニ作所より一紙之手形を指上、頭々代小工忌鍛冶等よりも当分御遷宮之義ハ不レ及レ申、於二末代一御遷宮之儀疎略を存間敷旨、罰文を書入手形いたさせ并家々へも譲状いたさせ罰文を書入、子々孫々ニ至て疎悪に仕間敷旨申付、右之写シ作所へ請取置、其案を御奉行所へ指上候、向後御遷宮之時、先山内見之時頭頭代自身指遣、其上功者なる役人を指越、随分可レ入レ念候、尤作所よりも人を相添、良材之有無を吟味可レ仕候、大杉山ハ　御当家　御代々御遷宮山ニ候へ共、若御木有レ之間敷候ハヽ、余山ニても伐取候様ニ兼而当所御奉行所迄、可レ及二御訴訟一御事、

一大木御用之分、余慶を伐取可レ申候、時にあたつて伐替成間敷用心可レ有レ之候、又細木節木ハ遣ひ所ニよりて御用木ニ成申候、洞木ハ曽而川入致させ間敷御事、

一御神宝御装束等ニ至迄、次第〳〵ニ麁悪ニ罷成候段、丹後守殿被レ為二聞召及一、随分可レ入レ念之由被二仰付一候故、其趣作所より行事官へ申達候処、行事官罷下神宮并作所へ一札を仕、猶又諸職人へ入レ念罰文を書入手形いたさせ并家々之譲状致させ、其写しニ行事官奥書を相加へ候を作所へ請取、写しを御奉行所へ上置候、其上錦綾帛御織物等、御

本を織せ、行事官に判をすへさせ、神宮に請取置、調進之時御装束に引合相違仕候ハハ、行事官可レ為二越度一旨、手形いたし置候、委義ハ行事官手形ニ書二載之一候、何れも御遷宮前月に到着可レ仕と一札ニ書載申候、後代御遷宮之節も、毎度前方ニ右之御本之通ニ改めて御本を織せ、御遷宮四五ヶ月以前、神宮并作所より京都へ検使指遣候時、引合請取可レ申候御事、

一御餝金物ハ躰阿弥越前家職ニて候を、これも次第〳〵ニ麁悪ニ仕候ゆへ、丹後守殿重々被レ為レ入二御念一候、御金物之御本を仕、持参可レ仕旨時節を相定被二仰付一候処、以之外遅参仕時分遥ニ相延候ニより、曲事ニ被二思召一御吟味候処、遅参之申わけ無レ之候ゆへ、牧野佐渡守殿へ被二仰遣一急度曲事ニ可レ被レ行之由ニて、躰阿弥指に符を御付被レ成、両作所へ御預ケ被レ為レ成候処、両長官両神宮中種々御侘言被二申上一候、然らハ御宥免可レ有候間、慥成請人を立候様ニと被レ仰候故、則京都より躰阿弥清三郎と申者呼下シ、御金物随分結構ニ調進可レ仕旨御請為レ致、其上至二末代一毛頭疎略を存間敷旨之一札、并子々孫々へ之譲状迄相認、色々罰文を書入候ニ付、御金物之義被二仰付一候、両神宮中好ミなと候而、又御本之御金物品々調進可レ仕之旨被二仰付一候、扨惣様之御金物三ケ一分、申ノ年四月限に到着候様ニと被二仰付一候、躰阿弥御請申罷上り、御本之御金物御好ミの通に調進仕、三ケ一之分ハ申ノ四月限に不レ残指下シ申候を、前分御本之御金

物ニ金目金色等引合請取申候、相残ル御金物之分ハ、酉ノ二月三月中ニ到着、右同前ニ念を入請取申候、其上御金物之紙形を致させ、貫目を一々書付置申候、向後も御やねまハり之御金物ハ、遷宮前年請取、其外ハ遷宮之年之春中ニ不レ残請取可レ申段、躰阿弥と堅申合置候御事、

（中略）

一正殿以下御宮作之事、近代小工まかせに仕来候故、時に随ひ事によりて寸法増減有レ之候故、先規相違之儀数多出来候、今度作所之古本と引合寸法相改作所に書留、役人中へも一通相渡し候、向後此寸法に少も無二相違一御造営可レ仕御事、

一正殿以下御萱茨早朽損之事、丹後守殿御吟味被レ為レ成候処、昔より覆之板左右之板を置、仕廻左右之板の下より御萱をさしこミたるはかりニて御座候故、頓而萱落御やね損候かといつれも申上候ニ付、然らハ覆左右之板をハ御萱ふき仕廻候而後ニあけ候様ニと小工ニ被二仰付一候、乍レ去御萱ふき仕廻候而から左右之板ハ難レ置候、覆之板をハつかをかいあけ置、左右之板の下より御萱をあミ入御棟之とをりをよくふきすまし、扨覆の板を置可レ申と申上候、此通に議定仕候、此義ハ伏見より御萱ふき之功者を呼下し、丹後守殿御前ニて色々御吟味之上、如レ此落着申候、至二末代一も如レ此覆の板をハ、御萱ふき立候而後、置可レ申義可レ然候、其上前々より御萱ふき申候者、津松坂辺之者、或ハ当所

之者入交ふき申候、毎度御やね頓而朽損せしめ候間、今度之御ふき久しくこたへ申ニおゐてハ、以来迄も右の所より上手之ふき手を頼可レ申御事、

一御装束御神宝等御遷宮前月可レ為二到着一旨、申合候といへ共、若大分之物なとに失錯有レ之時、急々にハ仕替候儀成間敷候間、其程をかんかへ前方ニ検使を遣し見分候而可レ然由、桑山丹後守殿被二仰付一候故、御装束御神宝大分出来候時分申越候様ニと、兼而行事官と申合置一左右を相待、両宮神宮使二人両宮作所よりも両使を相副、酉ノ五月下旬致二上京一候、於二行事官所一諸職人呼集置候処、神宮使作所使造宮御奉行桑山丹後守殿被二仰含一候趣申渡して云、今度御装束御神宝為二見分一両神宮使両作所使指遣候、自然先規相違之事候ハヽ、早々仕替可レ申候、若承引無レ之輩於レ有レ之者、職分可レ被二召上一之由申渡候、さて錦綾以下織物之地合、最前指下し候御本之切に引合、寸尺等記文ニ令二勘合一、御神宝之御餝御辛櫃之塗等ニ至迄、遂二吟味一見分仕候処、相違之義無レ之候、少々相違有レ之分ハ、仕かへさせ経二数日一事畢而、右御衣御被等之錦綾帛絹之切ニ行事官之判を加へ、神宮へ請取申候、後代此切を御本ニ仕、少も相違於レ有レ之者仕かへさせ調進可レ有者也、此御本之錦綾等ハ、時之長官へ相渡申候、次々之長官預り置、御遷宮之度ことに吟味可レ有旨、造宮御奉行之仰也、然而両神宮使両作所使罷帰候節、桑山丹後守殿へ行事官より書状指上候様ニと所望申候而、両宮へ一通宛請取帰候、其案文者、此度

御装束御神宝等随分入レ念調進仕候、於二末代一記文之通少も無二相違一仕立可レ申之旨也、於二後代一者猶前広に仕立させ、検使致二上京一遂二吟味一可レ申候、行事官より丹後守殿へ指上候書状ハ、以来証文ニ仕候様ニと、両作所へ被二下置一候御事、

一御装束御神宝等、遷宮之前月行事官持参可レ仕と手形を仕置候処、九月ニ入候而罷下り度由、切々神宮へ申越候へ共、承引不レ仕候処、行事官忌服ニかゝり候間、清ク罷成九月ニ下り度由、桑山丹後守殿へ御理り之書状進上候、右一札を以申合候事を何角と申候儀、不届ニ被二思召一、行事官忌服ニかゝり罷下候事成間敷候ハヽ、以名代成共八月廿五六日迄之内、御装束御神宝等到着無レ之候ハヽ可レ為二曲事一之由、御返書被レ遣、又其翌日丹後守殿別紙之御状早々行事官方へ可二相達一之由被二仰付一、両作所より御装束御神宝之義、油断なく到着可レ有旨、以二飛脚一申遣候処、八月廿五日何れも不レ残到着、同廿八日　内宮内読合、廿九日　外宮内読合相済申候、少も相違之義無レ之候、行事官ハ同廿九日ニ到着仕候、後代迄も遷　御前月内読合有レ之様ニ可レ然候、到着之後も相違之事候ハヽ、尤仕替させ可レ申候、読合之節ハ　御上使吉良上野介殿、桑山丹後守殿御出座被レ成候御事、

（中略）

右、今度御遷宮諸事滞渋之儀依レ有レ之、為二後代一覚悟如レ此書立、造宮御奉行桑山丹後守

殿備二高覧一者也、

外宮　作所十神主

寛文九年己酉九月吉日　末彦　花押

内宮　作所七神主

氏重　花押

此一冊、今度御遷宮諸事滞渋之儀有レ之付、後代為二覚悟一其品々記置之趣、即遂二一覧一尤之事候、向後御遷宮之毎度、代々之両作所、右之旨堅相守諸役人中江急度被二申付一可レ然候、此度御造宮之依レ為二奉行一令二加筆一者也、

寛文九年己酉十月十一日　桑山丹後守

貞政　花押

内宮作所

七之神主殿

外宮作所

十之神主殿

（2）国書刊行会編『史籍雑纂』第二所収。「当代記」の編者は不明であるが、この活字本の緒

言には、松平忠明というが詳らかでない、として松平忠明の可能性をあげている。松平忠明は徳川家康の外孫である。家康の娘が奥平信昌に嫁し、二人の間に生まれた四男が忠明で、家康が養子にして松平姓を名乗らせた。慶長十五年（一六一〇）伊勢亀山城主（五万石）になり、元和元年（一六一五）大坂城落城後一時大坂城主になっている。

第六講　幕末の神宮 ―守りと祈り―

松浦光修

一、はじめに

本年度の「月例文化講座」も回を重ね、本日は、いよいよ幕末のお話です。緊迫した国際情勢下、そのころの人々が、伊勢神宮の防衛について、どう考え、どう備えていたのか、今日はその点を中心として、「幕末の神宮─守りと祈り」と題してお話しいたします。

幕末というと、小説やドラマで、おなじみの時代です。ですから、その時代について、およそのイメージは、すでに皆さまは、ある程度お持ちなのではないか、と思います。ただし、すでに、ある程度のイメージをおもちであるということ自体、私からすると、「良し」の面もありますが、「悪し」の面もあります。「良し」の面とは、その時代のことを、すでに皆さんが、ある程度、ご存知ですので「話しやすい」ということです。しかし、そのコインの裏側には「悪し」の面があります。つまり、すでに皆さまの頭のなかに、小説やドラマにもとづいた強固な「先入観」ができあがっていて、なかなか、その「先入観」から脱却していただけない、ということです。

たとえば、しばしばテレビでとりあげられる坂本龍馬ですが、そのドラマのなかの龍馬のイメージは、私が直接、龍馬の手紙などを読んだ上で描いているイメージとは、かなり違います。どう違うか…ということを話していると、それだけで、たいへんな時間がかかります。そのことについて、先ごろ私は、今年（平成二十二年）のＮＨＫの大河ドラマ「龍馬伝」を素材にして、テレビの龍馬と、ほんとうの龍馬は、どう違うか、ということについて、詳しく書いておきましたので、ご興味のある方は、ぜひそれをお読みください（拙稿「ＮＨＫ大河『龍馬伝』への大いなる違和感」・『正論』平成二十二年十一月号）。ここで、一言だけ言っておくとすれば、龍馬という人は、とにかく「あんな〝戦後風の男〟ではない」ということです。

もちろん、ちゃんと歴史の事実をふまえているところもあるのですが、ぜんぜん踏まえていない「つくりごと」の部分も、たくさんあります。やはり、ドラマはドラマです。けれども、そういう「つくりごと」の多いドラマのなかでも、「ああ…ここは、ちゃんと描いているな」と私が思うところもあります。それは、どこか。

ここで一つだけあげておくとすれば、それはドラマのなかの龍馬が、「このままでは日本は、外国の属国されてしまうゼヨ！」と、しばしば訴えている場面です。そのころの心ある人々が、そのような深刻な対外的な危機意識をもっていたことは事実ですし、また当時の国際情勢は、今の時点から見ても、そういう危機感を〝もって当然〟でした。

欧米諸国の十六世紀から二十世紀にかけてのアジア、アフリカ、オセアニアなどへの侵略…、つまり、白人による有色人種が住んでいる地域への侵略が、どれほどすさまじいものであったか、戦後の学校教育では、ぼんやりとしか教えられません。戦後の学校教育では、小学校から大学院まで、なぜか「日本の悪口」を教えることには、やたらと熱心です。マスコミも、それと同じ傾向があります。その結果、今の日本人の頭のなかには、「日本は悪い国だが、日本以外の国は、いい国である」というような、反日的・自虐的な歴史観が、老若男女を問わず、すっかり定着してしまいました。

もちろん、実際の歴史は、そんな単純なものではありません。そのような歴史観では、十六世紀から二十世紀にかけての世界史の真実も、また日本史の真実も、何も見えてこないでしょう。

ですから、幕末の神宮を語るさいにも、当時の人々の対外的な危機感については、どうしても知っておかなければなりません。そういえば、近ごろの日本も、なんだか固有の領土を侵略されそうになったり、固有の領土の不法占拠を常態化されたりしています。ですから、今なら当時の人々の危機感が、日本人にも、少しはわかるようになってきたのではないでしょうか。そこで、本題に入る前に、当時の国際情勢について、少しお話しておこうと思います。

二、欧米諸国の世界侵略 ―戦国時代から明治時代まで

欧米諸国の世界侵略は、いわゆる「大航海時代」にはじまります。そのころ、世界侵略の中心になっていたのは、スペインとポルトガルです。まず中南米の国が、次にアジア・アフリカ諸国が、何も悪いことはしていないのに、どんどん侵略され、支配されていきます。ここではアジア侵略について、時間軸に沿い、①から⑰の項目をあげつつ、順に見ていきましょう。

まず、①と②を見てください。

①大永元（一五二一）年……スペイン人のコルテスがアステカ帝国を滅ぼす。

②天文二（一五三三）年……スペイン人のピサロがインカ帝国を滅ぼす。

中南米では、一六世紀の前半だけで、白人の手によって、約一五〇〇万人の現地人が虐殺された、といわれています（ラス・カサス『インディアスの破壊についての簡潔な報告』参照）。むろん彼らは、中南米の征服のみで満足していたわけではありません。アフリカでは、一五二〇年

ごろから、現地の人をつかまえて「奴隷」としていました。それでは、アジアでは、どうだったでしょうか。

次に、③から⑥を見てください。

③永正二（一五〇五）年……ポルトガルよって、セイロンが占領される。
④永正七（一五一〇）年……ポルトガルよって、インドのゴアが占領される。
⑤永正八（一五一一）年……ポルトガルよって、マラッカが占領される。
⑥永禄八（一五六五）年……スペインによって、フィリピンが占領される。

このようなスペイン、ポルトガルによる世界侵略の波は、戦国時代の終わりごろの日本にもおよんでいたのですが、そのことは、世間では、あまり知られていません。豊臣政権のころの日本には、長崎をはじめとする西日本の各地に、日本の支配力の及ばない「教会領」が存在していました。「教会領」とはいっても、じつは植民地です。神社や寺院などは破壊され、地元の人々は、無理やりキリスト教に改宗させられます。

今年の夏、わが大学の前理事長である上杉千郷先生が逝去されましたが、上杉先生は、わが大学の理事長になる前は、「蛇踊り」で有名な長崎の諏訪神社の宮司をされていました。宮司をされていたころ、私が長崎を訪ねた時に、上杉先生から聞いた話ですが、戦国時代の長崎は、完全に「外国の領土」になっていたようです。

当時は、なんと日本人も「奴隷」として海外に「輸出」されていました。「軍事力で、日本を占領すべし」というような主張も、宣教師の一部には唱える人がいて、あやうく日本も、アステカ帝国やインカ帝国と同じ運命をたどるところだったのです。

しかし、幸いなことに、当時の日本には、秀吉を頂点として編成された強力な軍事力がありました。ですから、さすがに彼らも手が出せなかったわけです。

スペイン・ポルトガルによる世界侵略は、日本でいうと天正八年、西暦では一五八八年に行われた「アルマダの海戦」でストップしますが、それにかわって登場するのが、イギリス、ロシア、フランス、アメリカなどの国々です。いわば白人世界のなかで〝選手交替〟が行われた、と考えたらよいでしょう。

この〝選手交替〟は、アジア・アフリカの有色人種にとっては、さらに不幸な時代の幕開けを意味していました。十八世紀後半に起った産業革命によって、欧米諸国は、より強大な生産力と軍事力をもつようになっていたからです。

こうして、すさまじい世界侵略がはじまります。それはスペイン・ポルトガルの侵略も、しのぐほどのものでした。あらためてはじまった欧米諸国のアジア侵略が、どのように進められたか、次の⑦から⑰の項目を、ざっと読んでいただければ、その時代、どのような出来事が起っていたのか、およそのところはおわかりいただけるか、と思います。

⑦天明八（一七八八）年……イギリスがオーストラリアを植民地にする。
⑧天保一一（一八四〇）年…イギリスが「アヘン戦争」で清国を破る。
⑨弘化三（一八四六）年……アメリカがカリフォルニアを支配する。
⑩安政五（一八五八）年……イギリスがインドを支配する。
⑪安政六（一八五九）年……フランスがサイゴンを占領する。
⑫万延元（一八五八）年……ロシアがウスリー江以東の沿海州を占領する。
⑬文久三（一八六三）年……フランスがカンボジアを植民地にする。
⑭明治一六（一八八三）年…フランスがベトナムを植民地にする。
⑮明治一九（一八八六）年…イギリスがビルマを植民地にする。
⑯明治二六（一八九三）年…フランスがラオスを植民地にする。
⑰明治三一（一八九八）年…アメリカがフイリピンを奪いハワイを支配する。

日本には、嘉永六（一八五三）年、今の神奈川県の浦賀にペリーが来航します。ご存知の通り、日本は長く「鎖国」していたために、いわば「平和ボケ」していたのですが、ふと、世界を見わたすと、アジアもアフリカもオセアニアも、とにかく地球上は、欧米諸国、つまり白人たちが絶対的な支配者として君臨する、そんな時代がきていたわけです。

そのことは十九世紀の世界を描いた地図を見れば、よくわかります。ひどい話で、アジアでは、日本、清、朝鮮、シャム（タイ）くらいしか、独立国はなくなっていました。それらの独立国さえ、もうじきに欧米の植民地になりそうな、そんな国際情勢だったのです。

植民地になるというのは、ただ住民が奴隷状態にさせられるというだけではありません。そのころは〝生かすも殺すも欧米諸国の気分しだい〟という立場におかれることを意味していたのです。

たとえば、島国という点では日本と同じ環境…ということで、キューバとタスマニアという島の歴史を見てみましょう。

まず、キューバですが、ここは、もとは「アラワク語族」の先住民が住んでいた島でした。ところが、十六世紀にスペイン人が来て略奪をはじめます。そして、とうとう三百万人の先住民は、全滅しました。ですから、今、キューバに住んでいるのは、もともとの住人ではありません。

次にタスマニアですが、ここは、もとはタスマニア・アボリジニーという先住民が住む島でした。ところが、日本でいうと江戸幕府の十一代将軍・家斉のころ、イギリス人がやってきまして、その七十三年後の一八七六年には、その島の先住民族であるタスマニア・アボリジニーは全滅しています。日本では、明治九年のことです。ですから今、この島に住んでいるのも、もともとの住民ではありません。

ナチスの「大虐殺」は有名ですが、十六世紀以来、欧米諸国がやってきた「大虐殺」は、それどころの規模ではありません。そのころの欧米諸国は、場合によっては、現地の民族を、ほんとうに全滅させながら、世界支配をすすめていたのです。

そんなことをしながら、最近、白人諸国の人々のなかには、「日本はイルカを殺す残酷な民族だ」などと言う人がいます。「あなたたちだけには言われたくない！」と思うのは、なにも私だけではないでしょう。

しかし、いくら鎖国をしていても、江戸時代の後期になると、こういう厳しい国際情勢についての情報が、心ある先覚者たちのもとには、しだいに届くようになりました。かくして、「このままでは日本が危ない！」という危機意識に目覚めた先覚者たちが、少しずつあらわれようになるのです。

三、神宮防衛論のはじまり ― 佐藤信淵・吉田松陰

さて、ふつう私たちが、「自分の身が危ない！」と思った瞬間、どうするかというと、本能的に手で、頭や心臓を守ろうとするはずです。たとえ手が傷ついても、それですぐに死ぬことはありません。しかし、頭や心臓がやられたら、すぐに死んでしまいます。危機の際には、私たちは、本能的に、そして瞬間的に「まず、どこを守るのか」という優先順位を決めて、守りに入るのです。

それでは、「このままでは日本が危ない！」となった時、日本という国の〝頭〟や〝心臓〟に当たる場所とは、いったい、どこでしょう。むろん当時の人々が考えたのは、まずは、将軍のいる江戸と天皇がいらっしゃる京都であったと思いますが、そのころの人々は、もう一つ〝日本という国の、頭や心臓にあたる場所がある〟と、考えていました。

それが、伊勢です。皇大神宮が御鎮座されている伊勢こそ、ある意味では、日本人の〝心の心臓部〟、〝魂の心臓部〟というべき地ですから、なにはさておいても、外国の侵略から、伊勢を守らなければならない…と、考える人々があらわれます。

文化六（一八二三）年といいますから、浦賀にペリーが来航する三十年も前のことですが、佐藤信淵《のぶひろ》という思想家が、『混同秘策《こんどうひさく》』という著書で、神宮の防衛ついて、こう提案しています。

伊勢両太神宮の御領十二万石と定め（中略）学校を起し、養院・病院を設け、物産を取立《とりた》て、百工《ひゃっこう》を興《おこ》し、交易場《こうえきば》を構《かま》ひ、軍卒《ぐんそつ》を備《そな》る等、諸侯の国を治るに異なることなし。（中略）近江の荒井、三河の五十崎《いとざき》（注・伊良子崎）、前芝（注・豊橋市前芝町）、湊（注・静岡県磐田郡浅羽町湊カ）、尾張の大泊（注・愛知県知多郡南知多町）、宮（注・熱田）、伊勢の桑名、大湊、錦港（注・三重県度会郡紀勢町錦）、志摩の鳥羽、以上の十処の津港には、水塞《すいさい》（注・水辺の砦、軍港のこと）を構て、恒《つね》に水軍を調練すべし。殊に志摩の鳥羽は、南洋の要津にして、名誉の大港なれば、国司も此の処に居し、世録《せろく》の諸士をも置き、水軍大将も数輩住《じゅう》して、南海を鎮護《ちんご》すべし

（佐藤信淵『混同秘策』・文政六（一八二三）年）

スケールの大きな話です。しかし、これは、当時としては、いまだ非現実的な空想に近く、いわば机上の空論にとどまり、現実には、ほとんど影響をあたえていません。

それから、十九年後の天保十三（一八四二）年、これは、浦賀にペリーが来航する十一年前のことですが、この年、幕府は、津藩に伊勢神宮近海の防衛を厳重にするよう、命令を出していま

す。

伊勢の防衛体制を整備しておかなくてはならないという危機意識が、ようやく幕府にも芽生えたようですが、この時、津藩は、その命令を受けてから、五年も経った弘化四（一八四七）年、志摩の海岸を測量したくらいで、あとはとくに何もしていません。そのころの、ほとんどの人々の意識は、「まさか、日本に外国が侵略してくるなんて、ありえない」というところだったでしょう。

「太平の眠りを覚ます上喜撰《じょうきせん》（注・茶の銘柄、「蒸気船」をかける）たった四杯（注・「四隻」をかける）で夜も寝られず」という狂歌があります。その通りで、日本は現実にペリーが来航して、軍事力にものをいわせて、乱暴な要求をしてくるまで、ぐっすりと「太平の眠り」のなかにあったわけです。

津藩が、志摩の海岸を測量した弘化四（一八四七）年の二年後が、嘉永二（一八四九）年で、この年、第五十四回の式年遷宮が行われています。次の第五十五回式年遷宮は、その二十年後の明治二年ですから、近世（江戸時代）の式年遷宮は、この嘉永二年の遷宮が、最後になったわけです。

その嘉永二年の遷宮から四年後の嘉永六年の六月三日が、ペリーの浦賀来航です。それ以前も、すでに寛政のころから、欧米諸国の艦船は、日本近海に出没していましたし、あるいは上陸して乱暴狼藉をはたらくなどということもあったのですが、いずれも、ほどなく退去していました。

ペリーの来航が大騒ぎになったのは、「アメリカ大統領の『国書』を受け取れ言うことをきかないと、軍事力に訴えるぞ」と、はっきりと武力で脅迫してきたからです。しかも、彼らは、こう言います。「戦争になったら、私たちが勝利することは明らかだ。だから、『もう、かんべんしてください』という気になったら、ちゃんと降伏を宣言せよ。そうしたら、攻撃するのをやめてやる」。こういうムチャなことを言ってきたのです。(※)

さて、残念ながら、それは、ただの脅しではありませんでした。そのころ江戸湾には、二十箇所の砲台があり、全部で九十九門の大砲が設置されていましたが、口径十六センチ以上の大砲は、わずか十九門にすぎず、その射程距離も、せいぜい数百メートルにすぎなかったのです。

それに比べて、ペリーの軍艦に積まれていた口径十六センチ以上の大砲は、六十三門です。つまり、数だけでも江戸湾にあるものの三倍以上あります。そして、その射程距離にいたっては、なんと千五百メートル以上もありました。つまり、日本の大砲の三倍です。

要するに、江戸湾のすべての火力をあわせても、ペリーの四隻の軍艦には、とうていかないません。ですから、どんなに相手が理不尽な要求をしてきても、「もし戦えば、江戸を火の海にされて敗北するだけ」という結果が明らかで、それで幕府はやむなく、その軍事力による脅迫に屈するしかなかったのです。

先に「太平の眠りを覚ます」の狂歌をご紹介しましたが、そのころ、こういう狂歌もはやったそうです。

古は　蒙古おそれし　伊勢の神（注・老中の阿部正弘が「伊勢守」であったことをかけている）今はあべ（注・「阿部」をかけている）こべ　伊勢が驚く

（沼田次郎『開国前後』）

蒙古軍を撃退した神風は、伊勢から吹いてきて、日本は外国の侵略を跳ね返すことができた…というのが、当時の人々の常識でしたから、「それが今は、逆になってしまったなぁ…」と皮肉っているわけです。まぁ…、皮肉を言って、笑っている場合ではないわけですが、そのころの人々にとっては、あまりにも圧倒的な軍事力の差と、それを背景にした露骨なアメリカの恫喝、つまり…砲艦外交に、突然のショックもあって、もう皮肉を言って、笑うぐらいしかできなかったのではないか、と思います。

しかし、「神風」を頼りにしているわけにもいきません。なんとかして神宮をお守りする具体策を考えなくてはならない。

ちょうど、そのころ、ペリー来航の一ヶ月ほど前ですが、嘉永六年五月、幕末の〝志士の中の志士〟として知られる吉田松陰が、伊勢を訪れていました。その時の日記には、こうあります。

（嘉永六年五月八日）山田に至る。外宮に詣で、足代権太夫《あじろおとな》を訪ひ、談話之《これ》を久しうす。（中略）山田は五千石。津よりここに至る九里。ここより内宮に至る一里。
九日。晴。朝、村山家を出で、復た足代を訪ふ。松田縫殿も亦至り、議論して午時に至る。足代を出で、来たりし路を取りて帰り、哺後（注・「夕方」）津に達す。
（吉田松陰『癸丑遊歴日録』）

読んでいて、「あれっ？」と、不思議に思うことがあります。松陰は伊勢に一泊し、ちゃんと外宮にはお参りしているのですが、あとは外宮の権禰宜で、皇学者（国学者）として知られる足代弘訓《ひろのり》と語り合ってばかりで、結局のところ、内宮には行かず、そのまま津に引き返しているということです。

せっかく伊勢に来ているのに、もったいない…とも思うのですが、たぶん松陰の旅の主な目的は、各地のすぐれた人物と合うことであって、それ以外のことは、いわば二の次だったから、そういうことになったのかもしれません。

ちなみに、このころの松陰の手紙を読みますと、遠路はるばる訪れた松陰に対して、津の儒学者・斎藤拙堂《さいとうせつどう》は足代弘訓の悪口を言い、足代弘訓は斎藤拙堂の悪口を言っていたようです。松陰は、どちらも偉い人だと思っていたようで、はたして、どちらの言い分が正しいのかわからない…と、ちょっと困惑している記事があります（嘉永六年五月十一日付森田節斎宛書簡）。まぁ、人間関係というのは、なかなかむずかしいものです。とくに学者どうしというのは、昔から、やっかいなところがあったということでしょう。

ともあれ、たぶん、ここで吉田松陰は、実際に伊勢の地を訪れ、また地元の学者・足代弘訓ともじっくり語り合ったことで、それ以後、神宮防衛について具体的に考えるようになったのではないか、と思います。というのも、松陰は、この嘉永六年に「急務則一則」という短いものですが、幕末の神宮史の上で、重要な意見書を書いているからです。

その全文は、次のとおりです。

伊勢の山田は、尾張の熱田と共に、神器《しんき》の在る所にして、京師《きょうじ》に次いで厳に武備を設くべきの地なり。然れども、熱田は大藩・尾州の守護あるべく、且つ海湾の凹《おう》處にあたる。姑《しばら》く論ぜず。山田は然らず。其地南海に張出し、賊衝《ぞくしょう》に当る。奉行あれども、小禄なれば、武備を談ずるに足らず。其の近国、鳥羽藩領あり。然れども小藩なれば、深く頼むに足らず。独り津藩あるのみ。然れども、津より一門の砲、一名の兵を、彼の地に鎮戍《ちんじゅ》する（注・「国境地帯をしずめ守る」）ことを聞かず。津より山田に至るまで行程十里、急を聞きて馳《は》せ赴く、事に及ばざること必せり。全体、客兵《きゃくへい》の損、土兵《どへい》の得は、古今の通論なれば、津も鳥羽も強ひて頼むべきにあらず。

去年十一月二十日、彼の地の奉行・山口丹州、令を下して云ふ。「両宮神職の輩、剣術等の修行苦しからず」と。蓋《けだし》し亦、土兵を用ふるに見あるなり。丹州は、武事に心掛ある人故、かかる出格の令をも出されたり、と聞及べり。但だ、願はくば、此の人に命じ、此の地の神職を帥《ひき》ゐ、此の地を防禦せしめたきことなり。

両宮の神職五百人ばかりこれあるべく、之に炮銃槍刀《ほうじゅうそうとう》の技をしへ、隊伍節制《たいごせっせい》の事をも心得させ置かば、万一、夷賊《いぞく》、彼の地を擾乱《じょうらん》することありとも、神器を守護するだけのことは叶《かな》ふべし。凡そ神職の輩、専ら武家の風俗を好む。然るべからざることとは雖も、神職は浮屠《ふと》（注・「僧」）などと同日の論にもあらず。且つ、神器を守護する為の神職なれば、炮銃槍刀・隊伍節制の教へなくんば、亦、何を以てか守護の任にあたることを得んや。伊勢・尾張の地は、未だ賊の来泊せし例なけれども、海浜の地は、所として賊衝ならざるはなし。且つ、浦賀の守備堅固にして敗るべからざれば、賊等直ちに攻口《せめぐち》を転じ、彼の地に取掛るべきは自然の形勢なり。賊の計、若し此に出づるとも、他は憂ふるに足らず。但だ、山田・熱田の神器、万万一言ふべからざることあらば、神州の神州たる所以を失ひ、天地の晦冥否塞《かいめいひそく》、将た是れを如何すべきや。

嘉永六癸丑年

長門　吉田虎次郎矩方《のりかた》

（吉田松陰「急務則一則」）

要するに、伊勢神宮のある宇治山田の地は、強い軍事力をもった藩が近くになく、そのため外国の侵略にはきわめて弱い。そこで、神宮の神職たちも、兵士としての訓練をして、万一の時は、「神器」をお守りする体制を整えておかなければならない、というわけです。

吉田松陰という人は、本来、山鹿流の軍学者ですから、国防には、きわめて敏感な人です。そうであるからこそ、いち早く「このままでは日本が危ない！」という危機意識を抱き、「それを自分がなんとかしなければ…」と考え、そして「やむにやまれぬ大和魂」をふるって、志士としての活動をはじめたのでしょう。

もっとも、この史料は、その成立年代について、いささか疑問があります。文中に、こういう言葉があります。

去年十一月二十日、彼の地の奉行・山口丹州、令を下して云ふ。「両宮神職の輩、剣術等の修行苦しからず」と。

つまり、「去年の十一月」に山田奉行が、神職の武術訓練を許可したという記事です。この記事にしたがえば、前年の「嘉永五年十一月」に、そういう通達が出ていなくてはなりませんが、今のところは、それを証明する史料が見つかりません。あるのは、「嘉永六年十一月」のお達しです。

ペリー来航以前に、神職の武術訓練が許可されるということは、ちょっと考えられません。ですから、ここで松陰が言っているのは、たぶん、「嘉永六年十一月」のお達しのことでしょう。とすると、この文章の文末の「嘉永六」は「嘉永七」でなくてはなりません。嘉永七年は「十一月二十六日」で終り、翌日からは年号が変って安政元年になります。

その安政元年（嘉永七年）の三月、松陰は下田で、ペリーの船に乗り込んで、アメリカへ行こうとして失敗し、十月には萩の「野山獄」につながれていますから、たぶん、この文章は〝嘉永七年の春ごろ〟に書かれ、松陰は年が改まったことを忘れて、「嘉永六年」と記したのではないか、と、私は考えています。

いささか、ややこしい年代考証の話になりましたが、ここで、松陰が触れている、山田奉行からの通達について、見ておきます。その一節をあげると、次のとおりです。

両宮神職の輩、専《もっぱ》ら武家の風儀を学び候は、却って然るべからず候得共《そうらえども》、帯刀もいたし候事故、剣術等心掛たきものは、身分肝要《みぶんかんよう》の職掌を取り失わざる程に修行致し候義は、苦しからず候。尤も、師範に事寄《ことよ》せ浪人ものの類、抱え置き候義は、相ならず候。

（「守雅長官日次」嘉永六年十一月二十七日条・『三重県史』資料編・近世4下）

つまり、神職が武士の真似をするのは、基本的にはよくないが、刀を帯びる身分でもあるので、訓練したいものは訓練してよい。ただし、浪人者を雇ったりしてはいけない…と、そういう意味です。

ペリー来航によって、「太平の眠り」にまどろんでいた日本にも、さすがに軍事的な緊張感が走っている…ということ、また、その緊張が伊勢の神宮にも及んでいる…ということなどが、よくわかる史料です。

ところで、世間では一般的に、「江戸時代は身分制社会である」といわれていますが、さて、それでは「神職」というのは、どういう「身分」に位置するのか…というと、じつはあまりはっきりしていません。武士のようであって武士ではなく、武士ではないようであって武士のような、そんな、きわめて曖昧な立場だったのです。

しかし、「帯刀」は、神職全部が…というわけではありませんが、許されていました。ということは、その「使い方」を練習しても、そもそも何の問題もなさそうに思われます。ところが、この通達は、「剣術の練習をしたい人は、してもいい」という、きわめて消極的なニュアンスの内容です。積極的に、「ぜひ練習しなさい」と言っているわけではありません。

なぜ消極的なのか、ということについての理由は、いろいろとあると思います。まず考えられるのは、やはり神宮には、軍事に対する、あるいは武器に対する何らかのタブーがあったからではないかということです。

もちろん、天照大神は、神話のなかで、武装されている時もありますし、ご神宝にも、弓や剣があります。考えてみれば、三種の神器の一つは、「剣」ですし、歴史を見ても「壬申の乱」や「蒙古襲来」の時は、伊勢の神宮は、「武の神」としての側面も発揮されています。

そういう側面はありつつ、しかし、戦争や武器には、やはり「血」とか「死」などがつきものです。それらは、もちろん神道においては、「ケガレ」の最たるものにちがいありません。

ですから、よほどの国家的な有事の際は別として、平時の神宮には、軍事や武器に対する強いタブーがあったものと、考えられます。

延暦二十三（八〇四）年、皇太神宮の禰宜から、中央の「神祇官」という役所に提出された

『皇太神宮儀式帳』というものがあります。神宮最古の文献として知られるものですが、そこには、そのタブーをうかがわせる、こういう記事があります。

朝日の来り向かふ国。夕日の来り向ふ国。浪の音、聞えざる国。風の音、聞こえざる国と。弓矢の鞆《とも》の音の聞えざる国と。

（『皇太神宮儀式帳』・延暦二十三〔八〇四〕年）

「鞆」というのは、古代の弓矢の付属具です。弓を射る時、左のヒジに巻きつける皮製のもので、弦があたるのを防ぎ、また、弦があたって高い音を立てるようにした道具ですが、平安時代以後、この道具を使うことは廃れています。

ともあれ、ここには、伊勢という地は、「弓矢の鞆の音の聞えざる国」である、と記されています。つまり、伊勢の地は、戦争のない…武器使用のない…平和なところ、というわけです。

その伊勢の神宮で、ペリー来航の五ヶ月ほどしか経たない時、神職たちが刀を振るう訓練をしてもよい、という通達が、公式に出ている…。そのことの意味は大きいと思います。

しかし、この通達は、先ほど申し上げましたように、まだまだ消極的な内容でした。それを受けた先ほどの吉田松陰の意見書も、内容は、ごく簡略なものにすぎません。

できれば、伊勢の地をよく知る地元の知識人による、本格的な神宮防衛論が欲しいところです。そのような著述があらわれることを、いわば「時代」は待っていたといっていいでしょう。

四、初の本格的な神宮防衛論 ―井坂徳辰《あつとき》の『神境防夷《しんきょうぼうい》』

そのような「時代」の期待に、みごとに応えたものが、嘉永六年の冬、外宮の神楽役人・井坂徳辰《あつとき》(文化八〈一八一一〉―明治十四〈一八八一〉)によって著された『神境防夷』です。この書は、初の本格的な神宮防衛論として、その名を歴史にとどめています。

『神境防夷』では、きわめて詳細に、かつ具体的に神宮の防衛について論じられていますが、ここでは、以下、その書の要点を、私なりに十一か条にまとめてご紹介します。①から⑪まで、それぞれの内容にそって、私が( )内に小見出しをつけておきましたので、それを参考にしてお読みください。

①(伊勢国の地政学的位置)

「吾、神境の地勢、東南は山岳を以て垣とし、西北は河海を以て堀とすといへども、東方は志摩国に接して大洋に近く、就中、鳥羽・的矢の両浦は、海水深きこと千尋にして、大船の着岸する無双の港なれば、異船の渡来、計り難く、防禦において第一の要地なり」

②（日本人の勤め、神職の勤め）

「神力をのみ頼み奉り、人力を尽さざるは、神の御為、皇の御為、将軍の御為に忠ならず…。神は守り、人は勤めて、顕幽一致《けんゆういっち》の力を揮《ふる》はば、夷賊を鏖《みなごろし》にせん事、何の難き事かあらん」

「神職の輩、常に両刀を帯すといへども、長袖と称して、武事に携はらざるは、太平無事の時の事なり。夷賊、若《もし》神境を犯す事あらんには、何ぞ平生の如く、柔弱にのみあるべけんや」

「神職たりといへども、武事を捨つべきにあらず。神宝に武器数多有を思へば、武は神の好み給ふ所なり。神道即武道、武道即神道なる事をも、思ひ合すべきなり」

③（有事には、御神体を、お遷しすること）

「万一、神境に乱入せん時には、本宮、并別宮等の御体を、宮山の中、然るべき地に遷幸《せんこう》なし奉り、夷賊の乱妨・放火等を避けずば有べからず」

④（両宮、別宮などの防衛）

「夷賊防禦《ぼうぎょ》に付ては、外宮は其地理甚便利なれども、内宮は、殊の外不便利にして、不要害なり」

「瀧原の地は安心の所なれども、礒部は一大事の所なり」

「浅熊岳は、志摩国間道の咽喉なり。堅固の備をなさずはあるべからず」

⑤（食料の備蓄）

「前山辺《あたり》に土蔵を造りて収め置き、土地の用意米なるよしを、普く衆人に示し置ば、人皆頼もしく思ひて心を安んずべし」

⑥（医療体制の整備）

「太平の世に生れて、乱世の苦労を夢にも知らざる者、俄に炎日に照され、夜気をうけ、睡りにつかずして、昼夜心志を労することなれば、病人多数出来ん事必定なり」

⑦（武器の準備・国民の覚悟）

「前山・浅熊等其余山寄の里人等の取扱ふ鉄炮の数、幾何挺と云事《いうこと》を内々しらべ置まほしきなり」

「夷賊来襲と聞かば、一刀は身を放すべからず。婦女も、亦、心あるは一刀を帯して、狼藉を防ぎ、恥辱を免《まぬが》るべし」

「無益の玩弄《がんろう》の物を売払ひてなりとも、刀剣・棒・鳶口《とびぐち》の類をあまた調のへ置くべし」。

⑧（非難場所の確保）

「万一夷賊来襲せば、老人・小児・婦人、及盲人・病者の輩、食物を携へて山林に遁るべし。其地、外宮領にては、前山、最宜《もっともよろ》し。又、手近き所にては、梅香寺・蓮台寺の二箇寺、実によき所なり」

⑨（屋敷の供出）

「町在寺々すべて広き家々は、皆諸侯諸士の陣所となるべしと心得べきなり」

⑩（ゲリラ戦の覚悟）

「切所切所に、伏兵を置て、不知案内の夷賊等を、撃取らん事易かるべし」

⑪（敗北主義への戒め）

「近年、清国とイギリスと合戦して、清国の破軍せる事を聞きて、大国さへかくの如し、まして日本は、小国なれば勝利おぼつかなしと思ひ、又、地球万国の図などを見て、アメリカは大国なり、日本は小嶋なりと云ひて、何の弁へもなく、恐怖する人あり。是、皆大なる心得違なり」

（井坂徳辰著『神境防夷』・『三重県史』資料編・近世4下）

まことに微に入り、細を穿った提言です。観念論でも抽象論でもなく、それらの指摘は、一々、具体的で、もしもこれらの提言が本気で実行されたら、その当時としては、最高のレベルの神宮防衛体制が、築かれていたにちがいありません。

ところが、残念なことに、この『神境防夷』の著者である井坂徳辰《あつとき》は、せっかく書いたこの著書を、なぜか書いたあと隠してしまうのです。一介の神楽役人が、このような著書を書いたことが知れると、時の権力から、つまり幕府から弾圧されるのではないか、と恐れて、徳辰はこの著書を隠したのではないか、といわれています。

そういう経緯をふまえてのことでしょうか、『度会人物誌』という本には、徳辰《あつとき》について、こう書かれています。

足代弘訓について学び、神典、並びに古学に通じ、和歌文章の才があった。維新の風雲に際し、筆を以って勤皇の事に当らんと企てて、已《や》めたもののごとくである。初め神楽職を勤めて、笛を能くしたが、維新後、神祇史生となり、後、皇太神官《ママ》権主典となり、又、山田学校句読師、箕曲中松原《みのなかまつばら》神社社掌などに任じた。

（『度会人物誌』〈昭和九年・度会郷友会〉）

「維新の風雲に際し、筆を以って勤皇の事に当らんと企てて、已めたもののごとく」というのは、国家的な危機の時代に際して、言論活動で国に尽くそうとしたものの、なんだか途中でやめたらしい、という意味です。たしかに、数十年前の寛政年間、幕府は、言論統制令のもと、林子平を処罰しています。また、この書の執筆された数年後には「安政の大獄」という政治弾圧事件も起こっていますので、徳辰《あつとき》は、そういう目にあうことを恐れたのかもしれません。しかし、せっかくいい提言を書いても、発表する勇気がないというのでは、残念ながら何の意味もないでしょう。

ところが、射和村の豪商である竹川竹斎《たけかわちくさい》が、この書を借りる機会がありました。竹斎は、借りている間にそれを写します。

『神境防夷』の執筆から、二年後の安政二（一八五五）年、幕府の勘定奉行・石川政平、大目付・大久保忠寛（一翁）らは、二見・鳥羽の海岸の備えが、どうなっているか、調査にやってきますが、その時の随行員のなかに、あの勝海舟がいました。どうもこの時、竹斎は海舟に、自分の著書で、神宮の防衛を論じた『神国攘夷　神乃八重垣《かみのやえがき》』という本を渡し、それとともに徳辰の『神境防夷』の写しも渡したのではないか、と言われています。

それから、この書が、具体的にどう活用されたのかされなかったのか…、それはよくわかりません。少なくとも、徳辰《あつとき》が、その本を書いたということだけで、政治的に弾圧されたということはありません。また、幕府の政治を批判した内容でもないので、そう心配する必要もなかったように思うのですが、悲しいことに、井坂徳辰《あつとき》は、せっかくすぐれた知識・見識を持っていたのに、激動の時代に言論活動を展開するには、少し勇気が足りなかったのではないか、と思われます。

五、神宮防衛の動き

さて、その後、神宮の防衛体制は、どう整備されていったのか、ここで、ざっと見ておきたいと思います。また、時間軸にそって、①から⑧までにまとめましたので、順を追って見ながら、ご説明してまいりたいと思います。

まず、ペリーの二度目の来航のあった安政元（一八五四）年から、見ていきます。

①安政元年（一八五四）六月…山田奉行は、「師職之輩武芸之儀」につき、前年の「剣術」に加え、「鉄砲」は、「殊更相嗜《ことさらあいたしな》み置き然るべく」と通達している。

前年の通達では、神職も、「剣術の訓練をしたい者はしてよい」という程度だったのですが、この年になると、神職も「剣術のみならず、鉄砲の訓練をしておけ」という文になっており、時代が、かなり緊張しはじめていることがわかります。
そして、その危機を裏付けるかのように、とうとう伊勢に外国船が、来航します。

②安政二年（一八五五）正月…伊勢の田曾浦に、清国船一艘が渡来。和歌山藩、田丸、鳥羽藩、津藩が出兵する騒ぎとなった。

この時は、ことなきをえたものの、外国からの脅威は、伊勢でも現実のものとなったわけです。ちなみに、現代人は、すっかり忘れていますが、清国は、当時、東洋一の軍事力をもっていました。その軍事力は、日本が日清戦争に勝利するまで、日本の脅威でありつづけたのです。

さて、ここで、いよいよ津藩が腰を上げます。

③安政二年（一八五五）二月十九日…津藩主・藤堂高猷《たかゆき》は、神宮防衛の意見書を幕府に提出し、新宮の防衛のため、要地を公収して、台場を築き、それを全面的に津藩に任せられたい、と上申する。

これは、津藩・三十二万四千石をあげて、神宮の防衛にあたろうというもので、それ自体は、まことにアッパレな覚悟といわなければなりません。しかし、そのころ海岸防備の当事者であった鳥羽藩（稲垣氏）にとっては、まことに面目ないことでした。

鳥羽藩は、嘉永六年以来、各地に台場を築いて、地道な努力をつづけてきましたが、これ以後も、台場の建設に励み、結果的に、沿岸に六十か所の台場を建設しています。わずか三万石の小藩にしては、できるかぎりの防衛体制を築いたのです。

この点、原剛氏の『幕末海防史の研究—全国的に見た日本の海防体制』（名著出版・昭和六十三年）の巻末の地図は、とても興味深いものです。それを見ると、今の三重県の海岸には、嘉永六年以前には、尾鷲のあたりにポツンとしかなかった台場が、それ以後は、伊勢志摩の海岸を埋め尽くすような勢いで建設されています。

日本人は、基本的にお人よしすぎるところがあり、また、のんびりしすぎているところがあります。けれども、何かの衝撃を受けて本気になったら、そのあと遅れを取り戻すスピードは、もしかしたら世界一かもしれないと…、その地図を見ながら、私は思う時があります。

やがて京都の政界からも、神宮防衛についての意見が提出されます。

④安政五年（一八五八）三月…岩倉具視は、「神州万歳策《しんしゅうばんざいさく》」を内奏。そのなかで、伊勢の防衛についてこう論じている。「伊勢は、神宮の御鎮座まします所にして、至重至貴《しちょうしき》の要地

にして、海岸に接し、一朝事あれば、禍患《かかん》計られず。…全国の大名を三分にし、其一を京都、及び大坂の警備軍隊とし、其二を伊勢の警備軍隊とし、其三を江戸の援軍に充つ可し」。

岩倉具視は、全国の軍事力は、三分割して、京大坂、伊勢、江戸の防備にあてよと、つまり、日本の国防力の三分の一は、伊勢防衛にまわすべきだと、きわめて神宮を重視した提言をしているわけです。こうした空気のなか、やがて幕府も、津藩に正式に神宮の防衛を命じます。

⑤安政五年（一八五八）六月二十一日…幕府は、津藩に「神宮御警衛の儀も是迄《これまで》の通り、相《あい》心得《こころえ》、弥《いよいよ》手厚に申し付けらるべく候」と命じている。

しかし、これは幕府自体は、何もせず、要するに「津藩にまかせた」と言っているにすぎません。まだまだ幕府は、本気ではなかったといえます。

神宮防衛の具体策が、ようやく本気で実施されるようになったのは、世間で、「攘夷」の機運が、つまり「不当に押し寄せてくる外国勢力を打ち払え」という機運が高まった、文久の頃です。

⑥⑦⑧を、つづけて御覧ください。

⑥文久二年（一八六二）四月…幕府は名古屋藩に、両宮と伊雑宮の守衛を命じ、これを受けて名古屋藩は、陣屋を外宮の宮域に設置し、藩兵八八八人を配置し、伊雑宮守衛のために、陣屋を下ノ郷の寺院に置き、藩兵を駐屯させている。

⑦文久二年（一八六二）九月…津藩は、大砲各二門を、両宮に献じるとともに、岡本町に陣屋を設け、八八〇人を置いた。この月の二十六日、イギリス商戦が的矢浦に侵入し、翌日、退去している。

⑧文久三年（一八六三）九月…津藩主の進言にもとづき、大宮司は、神領より農兵をとりて、両宮に、五十人づつ割り当て、津藩から献納した小銃一〇〇挺で装備させている。

こうして伊勢の神宮は、神職と名古屋藩兵と津藩兵と、そして民衆から選ばれた民兵で防衛する体制が築かれます。文久のころになって、ようやく神宮の防衛体制は、整備されたといえるでしょう。

ちなみに、この文久三年以後は、朝廷のお考えにもとづき、神宮の諸制度に対して、さまざま改革も行われています。中絶していた古くからのお祭り、たとえば神宮に「荷前《のざき》の絹」を奉ることなどですが…、そうした古くからの祭祀を復古し、実質的なものにする計画も、具体的に進められています。

そんななか、文久三年の翌年、元治元年（一八六四）には、水戸の浪士の十数人が、内宮に参拝し、三十五日間「攘夷」を祈願する、という出来事も起っています。当時は、まだ「桜田門外の変」の記憶もなまなましく、水戸の浪士といえば、世間で恐れられる存在でしたから、何か不測の事態がおこるのではないかと、神宮側では、戦々恐々と言ったありさまだったようです。

さて、その後、名古屋藩は、慶応元年（一八六五）四月に、両宮と伊雑宮の防衛の仕事を免じられ、翌年から久居藩が神宮防衛を担当します。その後は、桑名藩なども、その任務についていますが、やがて時代は大転換を遂げ、明治という新しい御世へと変わっていきます。

明治二年には、第五十五回式年遷宮が行われ、その二年後には、廃藩置県が断行されます。神宮や伊勢の防衛体制も、明治新政府の課題となっていくのです。

なお、そのころ、神宮の歴史において、画期的な出来事も起っています。天皇おんみずからの神宮参拝です。御歴代の天皇は、むろん神宮を崇敬されていました。幕末の天皇として知られる、孝明天皇もそうでした。ところが、それまで、歴史上一度も、天皇おんみずから参拝されるということはなかったのです。

おそらく宮中では、毎朝の御拝が行なわれていましたので、とりたてて天皇おんみずからが伊勢にまで足を運ぶ必要はなかった、ということなのでしょうが、ともあれ、それまで天皇は使いを遣わして参拝される…というのが、神宮御鎮座以来の歴史だったのです。

ところが、明治天皇は、明治二年三月、天皇として、歴史上、はじめて伊勢の神宮を御参拝になります。そのあとも、明治五年、十三年、三十八年と、何度も御参拝になっています。

このような点においても、明治という時代は、神宮にとっては御鎮座以来、空前絶後の大変革が行われた時代だったことがわかります。ただし、明治時代の神宮については、また次回の講座でもお話しがあるでしょうから、私の話は、これくらいにしておきます。

六、孝明天皇の祈り

さて、ここまで、幕末の神宮防衛の歴史について、おおよそのところを申しあげてきましたが、最後に、もう一つ国家的な存亡の危機が迫る幕末という時代にあって、伊勢の神宮に、祖国の平和と安全の篤い祈りを、捧げつづけられた幕末の天皇のことについて、一言、申し上げておきましょう。その天皇とは、いうまでもなく、先ほど少し申しあげた孝明天皇です。

孝明天皇は、第百二十一代の天皇でいらっしゃいます。明治天皇のお父様、つまり、今上陛下からすれば、〝曽祖父のお父上〟ということで、四代前の天皇です。天保二年（一八三一）に、第百二十代・仁孝《にんこう》天皇の第四皇子として、御誕生になりました。

弘化三年（一八三六）、十六歳の時、お父様の仁孝天皇が、四十七歳という若さで崩御され、践祚されますが、そのころには、すでに欧米列強のアジア侵略の魔の手は、日本にもおよびはじめていました。たとえば、その弘化三年の主な外国船の来航の状況をまとめると、次の①から④のようになります。

①四月……イギリス・フランスの軍艦が、琉球に来航する。
②閏五月…アメリカの東インド艦隊司令長官・ビッドルが、浦賀に来航する。
③六月……フランスのインドシナ艦隊司令長官・セシュが、長崎に来航する。
　デンマークの船が、相模の鶴が丘沖に来航する。
④八月……イギリスの軍艦が、琉球に来航する。

これらは、心ある日本人にとっては、おそろしく不気味なことであったと思います。たとえて言えば、毎月のように、日本の領海内に、「漁業監視船」と称する「軍艦」が、領海侵犯事件を繰り返しはじめたかのような…、あるいは、毎月のように、近くの核兵器の保有国が、「人工衛星」

と称する「弾道ミサイル」の発射実験をはじめたかのような…、そういう感じであったでしょう。

こうした状況を憂いて、孝明天皇は、その年の八月、幕府に「御沙汰書」という、いわば〃命令を書いた文書〃を出されます。「防衛体制を厳重にせよ」という内容で、これは、いわば江戸時代において、はじめて出された朝廷から幕府への「命令」といっていいでしょう。

それと同時に、孝明天皇は、日本の神社仏閣に、「国安かれ、民安かれ」の篤い祈りを捧げられはじめます。そして嘉永六年に、ペリー来航という大事件が起こると、さらに激しい祈りを、神仏に捧げられはじめるのです。

もちろん、伊勢の神宮への祈りは、ことのほか篤いものでした。嘉永六年には、九月と十二月に、伊勢の神宮への祈りをささげられています。

いったい、その祈りの内容とは、どのようなものであったのでしょうか。たとえば、安政元年（嘉永七年）二月の祈りは、こういうものでした。

近日、夷類《いるい》渡来《とらい》、兵端を開くの聞こえ無きといえども、宸襟《しんきん》安からず、速《すみやか》に夷類、退帆《たいはん》降伏、国家安全の御祈り、一七箇日、丹誠《たんせい》を抽《ぬき》んずべきの旨、早、下知せしむべく、神宮に仰せ下され…

（『孝明天皇紀』第二）

「外国人たちが、日本の言うことを聞いて、帆をひるがえして、早く帰り、日本が平和でありますように」ということです。

この月の二十二日には、さらに伊勢神宮以下の二十二の神社と、伊雑宮以下の十一の神社に、日本の安全を祈られています。さらに、この年には、五月と九月にも、同様の祈りをささげられていますが、その祈りの内容は、こういうものです。

神明の冥助《めいじょ》を以って、神州を汚さず、人民を損はず、国体安穏、天下泰平、宝祚悠久《ほうそゆうきゅう》、武運延久の御祈り、一社一同、丹誠を抽《ぬき》んずべく…　（同右）

孝明天皇は、その御生涯を通じて、幕末という激動の時代のなかで、ひたすら神宮をはじめとする日本の神社仏閣に、何度も篤い祈りをささげられながら、きわめて複雑で困難な政治判断を下しつづけられました。日々の自分の判断が一つでも誤れば、日本が滅びるかもしれない、そうなれば神武天皇以来のご歴代の天皇に何と申し開きするのかという、ふつうの者には、たえがたいようなプレッシャーに耐えて、政局の中心で、御心を砕かれつづけたのです。

天皇が願われたことは、ただ「わが国土と人民の安全と平和をお守りください」ということだけでした。これは、いうまでもなく、神武天皇以来のご歴代の天皇、つまり、いうまでもなく明治天皇から今上陛下にいたるまでのご歴代の天皇の御心と同じです。孝明天皇は、日本の神社仏閣に、痛々しいほどの篤い祈りをささげつつ、そのような信仰心を「心の柱」、あるいは「魂の柱」として、格別の御心労に耐えていらっしゃったのです。

こうした御心労のせいかどうか、孝明天皇は、慶応二年(一八六六)十二月に、三十六歳という若さで崩御されます。まさに国家・国民のため、命を削られた御生涯といっていいでしょう。

幕末の歴史は、一面からいえば、たしかに血なまぐさい権力闘争の歴史です。しかし、そのなかにあって、私たちは、孝明天皇の尊く清らかな祈りが、美しい音楽の通奏低音のように流れていることを、知っておくべきでしょう。

その通奏低音が流れているということが、ひたすら血なまぐさいだけの外国の「革命」の歴史と、わが国の「維新」との大きな違いではないか、と思います。明治維新という大改革の特色は、「変革規模の大きさに対して、犠牲者が著しく少ない」(三谷博『明治維新とナショナリズム』参照)という点にあるといわれますが、あるいはそれも、その時代の通奏低音として、孝明天皇の祈りが流れていたゆえではないかと、私には思われてなりません。

七、おわりに

以上、「幕末の神宮─守りと祈り」と題して、いろいろとお話ししてまいりました。幕末という、国家の危機にさいして、しだいに伊勢の神宮の御存在が、日本を真の意味で防衛する上で、きわめて重要な存在であるという認識が高まってきたということ、また、当時の人々が、その防衛について真剣に考え、懸命に努力してきたということ、そのような歴史の一端がおわかりいただけたのであれば、幸いです。

また、神宮の存在は、そのような激動の国家を双肩に担われていた孝明天皇にとっては、いわば「心の柱」「魂の柱」であったということも、おわかりいただけたか、と思います。いずれにしても、伊勢とは神宮とは、幕末という時代においても、そのような尊い場所でありつづけたのです。

今の伊勢市を見れば、たしかに世間一般の地方都市と同じく、少子高齢化がすすみ、少し寂しさが増しつつある十万人規模の都市です。けれども、伊勢という都市は、ふつうの地方都市ではありません。

ここは日本人の「心の柱」、あるいは「魂の柱」とでもいうべき神宮が鎮まる、「世界の聖地」

なのです。そのことは、たとえば、イギリスのアーノルド・トインビーや、フランスのアンドレ・マルローなどの、伊勢参宮にさいしての発言を見ても、よくわかることです。

けれども、私たちのように、そこに住んでいる者は、ついついそのありがたさを、忘れてしまいがちです。もったいないことだ、と思います。

そのありがたさを、忘れないためにも、こうして時折、歴史をかえりみる必要があるのでしょう。他の時代の人々もそうであったように、幕末の人々も、ひたすら神宮を仰ぎ…祈り、そして、その限りなく尊い神宮を、なんとしてもお守りしていこうと、それぞれの人々が、できるかぎりの努力を重ねてまいりました。

ふりかえって、今の日本には、外交・防衛・治安、また経済・医療・教育・福祉などさまざまな側面で、大きな不安材料が横たわっています。戦後ずっと、通用してきた「戦後的なシステム」が、そろそろ耐用年数を過ぎつつあるのではないか、との感も抱かずにはおれません。

しかし今、そんな時代の転換点に立っているからこそ、より一層、私は強く思うのです。伊勢の神宮は、たとえどんな時代がようと永遠につづくもの…、いや、つづいていかなければないものであると…。

本日の私の話が、未来に向けての、私たちのそのような思いを再確認するための一助になったのであれば、これにすぐる幸いはありません。本日は、長時間にわたってのご清聴、どうもありがとうございました。

補注

（※）ペリーの「砲艦外交」の様子を伝える史料としては、次のものが代表的です。

○町奉行書類ニハ、初メニ「亜美利加極内蜜書写」ト題ス、高麗環雑記ニハ、初メニ「北亜墨利加より差越候書翰九通之内、此壱通は、諸大名御旗本ニ至る迄、披見 御 免無之書面和解」ト題シ、末ニ「右は御小性久留氏日記ニ有之候を極秘写取候事」ト附記す、

先年以来各国より通商之願有之候所、国法を以違背ニ及ぶ、元より天理にそむくの至罪莫大なり、然は蘭船より申達候通り、諸方の通商是非ニ希に非す、不承知ニ候ハヽ、干戈を以天理に背くの罪を糺し候ニ付、其方も国法を立て防戦いたすべし、左候ハ、防戦の時ニ臨ミ、必勝は我等に有之、其方敵対成兼可申、若其節に至り和睦を乞度ハ、此度贈り置候所之白旗を押立へし、然は此方の炮を止メ艦を退テ和睦いたすべし、ト云々、○高麗環雑記ニハ、末文「艦を退ケ和議可致旨申越旨之和解ニ有之」トアリ、（町奉行書類所収外国事件書　高麗環雑記）

○嘉永癸丑浦賀一件数條ニ、左ノ一文ヲ載ス、参考ノ為メ、茲ニ収ム、

一、亜墨利加国より贈来ル箱の中に、書翰一通、白旗二流、外ニ左之通短文一通、

皇朝古體文辞　一通　前田夏蔭読之

漢文　　　　　　　　一通　前田肥前守読之

暎咭唎文字　　一通　不分明

右各章句の子細は、先年以来、彼国より通商願有之候処、国法之趣にて違背に及、殊ニ漂流等之族わ、自国之民といへ共、撫卹せざる事天理に背き、至罪莫大に候、依ては通商是非々々希ふにあらす、不承知に候へし、此度ハ時宜に寄、干戈を以て、天理に背きし罪を糺し、其時わ又国法を以て、防戦致されよ、必勝ハ我にあり、敵対兼可申歟、其節に至て、和降願度候ハヽ、予か贈る所の白旗を押立示すへし、即時に炮を止め艦を退く、此方の趣意如此、

「六月九日（？）米国使節ペリー書翰　我政府へ　白旗差出の件」（『大日本古文書　幕末外国関係文書之一』（東京大学史料編纂所編、明治四十三年三月、東京大学出版会）二六九〜二七〇頁、一一九文書）

なお、右のような「ペリーの白旗書簡」をめぐっては、かつて論争がおこったことがあります。複雑な経緯をたどっているのですが、ここでは、ごく簡単にその話をまとめておきます。

松本健一氏は、この「ペリーの白旗書簡」をもとに、平成元年以来、しばしば「ペリーの砲艦外交」に触れた文章を発表し、それらの文書は同氏の複数の著作に納められています（代表的なものは、『白

旗伝説』（平成十年・講談社学術文庫））。ところが、平成十三年六月、その松本氏の説が、扶桑社の中学校用の歴史教科書『新しい歴史教科書』に採用されていることが世間に知られると、突然、東大史料編纂所の宮地正人氏らが記者会見を開き、「ペリーの白旗書簡」を「明々白々の偽文書」（『朝日新聞』、『しんぶん赤旗』）と断定したのです。

そこから両氏をはじめ、さまざまな人々が、いろいろと論争をくりひろげられました。しかし、その後、この論争の経緯を丁寧に取材した「毎日新聞」の記者・岸俊光氏に対して、宮地氏は、「ペリーの白旗書簡」について、「（僕は）砲艦外交という見方を否定する立場ではない」、「根拠なく、空想で作られたものではない。六月四日の対話記録を元に作られたことは九九パーセント間違いありません」と語っています（岸俊光氏『ペリーの白旗一五十年目の真実』（平成十四年・毎日新聞社）五九・六四頁））。

つまり、それらは「ペリーの書簡」そのものではないが、その内容は、ペリーが語ったことをもとにしているのは「間違いない」というわけです。なんだか拍子抜けする結末ですが、もしもそうならば、はたしてそれを、「明々白々の偽文書」と完全否定していいものかどうか、私は歴史学者として、いささか疑問に感じます。また、そのことを指摘するために、なぜわざわざ「記者会見」まで開く必要があったのかも、私にはよくわかりません。しかし、その記者会見のあと、宮地氏らは、『新しい歴史教科書』に反対する緊急アピール」を、全国の市町村教育委員会に送ったそうですから、あるいは宮地氏らの当時の言動は、学問的立場からのもの…というよりも、〝まずは緊急アピールありき〟の政治的立場からのものだったのかもしれません。

ともあれ、これらの史料が、「ペリーの書簡」そのものであるかどうかはともかく、少なくとも当時、ペリーが幕府の役人に語った内容を記録したものであることは、「九九パーセント」間違いないのです。結果的には、ペリーが露骨な「砲艦外交」を展開したということに、異議を唱える人は、じつはどこにもいなかった、ということになります。

第七講　神苑会の活動と明治の宇治山田

谷口裕信

一、はじめに

今回の題目設定について説明するにあたり、「伊勢の神宮と式年遷宮」という今年度の月例文化講座のテーマを、近代という時代に即して考えてみたい。そこで「近代における伊勢の神宮」と「近代の式年遷宮」という二つのポイントに分けてみることにしよう。

まず「近代における伊勢の神宮」についてである。周知のように明治新政府は祭政一致の方針をとり、神社を国家の宗祀として位置付けて神職の世襲を廃止した。このことは神宮においても例外ではなかった。檀家との関係から神宮大麻の配布や伊勢参宮の手配を行い、宇治・山田の行政にも影響力を持っていた師職（御師）が廃止されるなどの、いわゆる神宮改革が明治四年（一八七一）に断行された。この神宮改革によって近代における伊勢の神宮は、従来よりも強い国家管理の下に置かれたといってよいだろう。

次に「近代の式年遷宮」についてである。明治時代以降昭和戦前期に至るまで、神宮の式年遷宮は明治二年・二十二年・四十二年・昭和四年（一九二九）の四回（第五十五回〜五十八回）行われた。このうち明治二年の式年遷宮は、準備作業自体は江戸幕府によって手がけられており、実質的に近代の式年遷宮は明治二十二年の第五十六回以降である。明治二十二年の式年遷宮からは内務大臣の指揮監督の下、造神宮使庁（明治二十年に設置。ただし十五年三月に造神宮使・造神宮奉行等は置かれていた）に、造神宮使（神宮祭主が兼任）以下の職員が置かれた。また昭和四年の式年遷宮にあたっては、皇大神宮（内宮）遷御当日の十月二日を休日とすることが、勅令で定められた（同年勅令第二六五号）。このように近代の式年遷宮は、国家行事としての色彩が濃い。

しかし近代における神宮や式年遷宮は、国家管理・国家行事の側面だけでは決してない。特に式年遷宮の場合、お木曳きやお白石持といった、宮川以東の旧神領（現伊勢市域の大部分）の住民による奉賛行事としての側面も見逃せないだろう。神宮が国家管理から切り離された現代では、当然民間の奉賛行事という性格が強まるのは言うまでもない。

したがって神宮や式年遷宮の国家管理・国家行事化が進展する近代において、宇治山田（明治二十二年の町制施行以前においては宇治・山田であるが、本稿では便宜的に宇治山田を使用する）が地域としてこれにどのように対応したのか、ということは重要な論点となる。そこで今回は、明治十九年に宇治山田に創設され四十四年に解散した、神苑会という民間団体を事例として、その活動を明らかにしながら、この論点に迫ることを目的としたい。

二、神苑会の創立

神苑会の創立を見る上で、欠かすことのできない人物がいる。その一人が太田小三郎である。太田小三郎は弘化三年（一八四五）豊前国田川郡彦山に生まれ、勤王家鷹羽浄典の弟で匡一と称していたが、明治五年に宇治山田に移住して太田家（備前屋）を継いだ（「太田小三郎へ金杯下賜ノ件」）。太田は修養団体である十七日会と連携して、神宮宮域とその周辺の整備改良を行うことを決意する。十七日会の中心人物である大岩芳逸は尾張国知多郡内海の生まれで、彼もまた元来宇治山田出身ではない（『宇治山田市史』下巻）。太田にせよ大岩にせよ明治維新期に宇治山田へ移り住んだ人物が、神宮の尊厳保持に向けた活動をリードしていったのは興味深い。ちなみに太田と大岩の業績をたたえた石碑が、御幸道路大鳥居の脇に建立されている。

太田は活動の主旨を当時の三重県令石井邦猷、神宮宮司鹿島則文に説き、その賛同を得て「神苑会」という名の会を発足させることにした。満岡勇之助（三重県一等属。のち度会郡長となる）の助力を仰ぎながら、有志と共に「神苑会創設主旨」・「神苑会規則」・「寄附金募集手続書」を作成し、同時に地元住民の理解を求めることもおこたらなかった。度会郡長浦田長民の協力のもと、宇治山田地域の戸長（後の町村長に相当）・議員・有力者ら五十余名に前述の諸案を示して賛同を得た。そこでさらに委員を選出して「神苑会規則書」・「神苑会規則」・「寄附金募集取扱順序」・「神苑会事業着手順序予定」の本格的な起草に着手し、明治十九年六月に神苑会は創立を迎えたのである。

それでは神苑会創立の目的と事業計画の概要を、「神苑会規則書」により確認しよう（『神苑会史料』（以下、『史料』）一六頁。傍線・ふりがなは筆者、以下同じ）。

古来大廟域外ノ規画経理スルモノ之無キガ為メ、一タビ宮域ヲ出レバ道路荒廃、榛荊地ニ満チ、人ヲシテ歔欷《きょき》流涕《りゅうてい》セシムルノ現状ヲ呈シ、天下ノ勝区ヲシテ泯然荒寥《びんぜんこうりょう》陰鬱ノ中ニ埋没セシム、之実ニ千載ノ遺憾ナリ、因テ茲ニ大廟宮域ニ接スル人家ヲ撤去シ、幽邃《ゆうすい》清潔ノ神苑ト為シ、市街ノ塵囂《じんごう》ヲ遠ケ、次デ倉田山ニ一大壮観ナル苑囿ヲ開キ、博物館・書籍館・水族館・禽獣園等ヲ設ケ、宇内ノ天産人巧ヲ蒐集シテ公衆ノ耳目ヲ煥発シ、夫ノ名山古跡ノ形勝ヲ修メ、車道ヲ連絡シ、秩然神都ノ規模ヲ整理シ（以下略）

この史料によれば、宮域周辺整備の無計画性が荒廃した状況を招いており、「千載ノ遺憾」であるという。そこで宮域に近接する人家を撤去して清浄な神苑を設けて、宮域を俗世間から遠ざけ神宮の尊厳保持につなげる。あるいは倉田山に博物館等を設置してそこを一大公園化し、その他史跡名勝の保全や道路整備を行って神都としての面目を保とうという。これらを実現するのが神苑会だ、というのである。

事業規模は保存管理に充てる費用も含め、「神苑会事業着手順序予定」の当初段階では五〇万円であり、その財源は地元宇治山田で一万円以上、神宮司庁からの補助金二万五〇〇〇円、全国規模の募金三〇万円以上が予定されていた（『史料』一三頁）。ところがほどなく事業計画は、一二〇万円という壮大なものとなった。その財源は「主トシテ」宇治山田地方での募金でまかない、それを全国規模での募金で補うとされた（「神苑会規則」第三条・「寄附金募集取扱順序」第一条、『史料』一七頁・二二頁）。事業計画を練り上げる過程で地元住民としての心意気を示そう、ということになっていったのだろうか。明治十九年度の三重県歳出決算が四六万八九二一円五八銭三厘であることと比較しても（『三重県会史』第一巻、一〇九〇頁）、神苑会が目指した事業規模の大きさやそれに対する熱意のほどが分かるだろう。

したがって神苑会はまず、地元宇治山田において強固なる組織を作って、その活動を支えることが必要となった。そのことは神苑会創立時の組織を見れば明白である。神苑会は宇治山田の全三〇町に創立委員を配置し、創立委員は各町三名計九〇名（三名×三〇町）の常務委員を互選した。また明治十九年当時、宇治山田に置かれていた八名の戸長を委員とした[1]。そして協議事項は常務委員と委員との会合で議決することとし、日常的な事務に関しては、仮会頭（浦田度会郡長）が指名した常務委員（表を参照）が役員として庶務部・土木部・文書部・主計部を分担する形をとった（『史料』二三～二四頁）。規定には総裁・会頭・副会頭・幹事長各一名、幹事五〇名を置くことになっていたが（「神苑会規則」第一三条、『史料』一九頁）、いずれも空席となっており、組織の早期立ち上げを優先したと考えられる。

このように神苑会は地元密着型の組織としてスタートし、前述の神苑整備事業を遂行するべく寄附金の募集を開始した。明治十九年六月二十五日の常務委員会で議決された「醵金法案」によれば、「市街并ニ近郷村」から七万五〇〇〇円を集めることとし、内訳を次のように定めてい

表　創立時の神苑会役員一覧

仮会頭…浦田長民（度会郡長）

部　局	氏　　名	住　　所
庶務部	太田　小三郎	古市
	大岩　芳逸	一之木
	吉田　轍五郎	岩淵
	山本　伊兵衛	中島
	宇仁田　宗馨	八日市場
土木部	浜田　種助	中之切
	井坂　徳三郎	河崎
	澤瀉　久信	今在家
	西川　武右衛門	八日市場
	大西　六郎兵衛	宮後
文書部	石丸　弘人	八日市場
	古森　梅太郎	浦口
	白井　清栄門	古市
	藤井　清司	一志久保
	吉川　清三郎	田中中世古
主計部	橋爪　孫七	尾上
	上野　梧一	河崎
	島田　長兵衛	一志久保
	世古　善兵衛	一之木
	野村　四郎兵衛	中島

註：土木部と文書部は庶務部へ統合（明治19年12月）

出所：『神苑会史料』24頁、『校訂 伊勢度会人物誌』

る。宇治山田三〇ヵ町と近郷の村々の約八千戸から、各戸が労働力を提供するとしてそれを現金換算した五万四〇〇〇円、宇治山田三〇ヵ町からの寄附金一万六〇〇〇円、同三〇ヵ町の共有金からの繰入金五〇〇〇円である。七万五〇〇〇円という募金額は、総事業費一二〇万円からすると決して多額ではない。主として宇治山田地方での募金による、としていた割には随分と低い設定額のようにも思われる。この規模の募金をその後も継続する予定だったのかどうかは定かではないが、「各町ノ資産家ヲ網羅シテ主計部員ニ挙ゲ、範ヲ多数ノ町民ニ示サンガ為メ先ヅ役員ノ義捐ヲ促ガス。（中略）少キハ五拾円ヨリ多キハ参百円ニ至ル」（『史料』二六頁）ということからすると、今回の募金額の設定・達成が必ずしも容易ではなかったのではないか。

また募金地域の範囲が「市街并ニ近郷村」となっていることにも留意したい。神苑会はもともと宇治山田三〇ヵ町を基盤としていた。それが「附近村落ヲ誘導シテ創立ノ地位ニ加フルノ要アリ」（『史料』二五頁）としたのは、募金活動の範囲を広げることで神苑会の財政的基盤の強化を図ろうとしたということだろう。そして明治十九年十二月、神苑会は三重県知事に対して創立願を提出するが、その際宇治山田三〇ヵ町以外の人民総代も連印していることを確認できる（『史料』三二〜四二頁）。これらの村々が「近郷村」と考えておそらく差支えなかろう。ここにそれを列挙すると、北中村・楠部・一宇田・鹿海・朝熊・松下・江・庄・三津・山田原・溝口・西・黒瀬・小木・田尻・通・一色・今一色・神社・竹ヶ鼻・小林・上條・馬瀬・下野・大湊・王中島・長屋・新開・高向・大倉・佐八・津・前山・旭・藤里・勢田・神田久志本・上野・横輪・菖蒲・円座・神薗の村々である。宮川以東のいわゆる旧神領に属していた村々で、明治二十二年の町村制施行に伴う町村合併により四郷村、東二見村、西二見村、浜郷村、神社町、御薗村、大湊町、宮本村、沼木村となっていく。

三重県知事宛の創立願は、明治十九年の暮れも押し迫った十二月二十八日付で「聞置候事」(『史料』四四頁)と認許され、ここに神苑会は公式的にも発足したのである。

三、神苑会の事業計画

神苑会が取り組もうとした事業は前章でも紹介したように神苑と倉田山苑地の整備であったが、それを史料に基づいて再度確認しよう。

明治十九年六月に神苑会規則書等が起草・修正される過程で、当初五〇万円(保存管理費を含む)だったものが一二〇万円に規模が拡大されたことはすでに述べたとおりである。ただし事業の基本的な方針に関しては、五〇万円案と一二〇万円案との間に大きな相違はない。そこで五〇万円案である「神苑会事業着手順序予定」(『史料』一二頁〜一三頁)によって、事業の基本方針と内容を見ておきたい。

第一　内宮ハ宇治橋以内ノ地反別凡三町歩、地価凡弐千弐拾円及其地ニ存在セル家屋五十一戸ヲ買上ゲ、宝物拝観所ヲ建設シ、外宮ニ於テハ宮域ニ接続セル田中中世古町南側、即チ、外宮入口東方桜樹ノアル所ノ続キヨリ、仮郡役所ノ横ナル石橋ノアル所迄ト、豊川町内字前野ト称スル所一般、茜社左右ノ沼田及ビ岩戸下一般ト、岡本町内字堀切一般、右三個町ノ地、反別凡四町六反歩、地価概計参千八百円及其存在ノ家屋凡八十戸ヲ買上ゲ、花木等ヲ栽植シ、且又岩戸山ハ神苑会ニ拝借修飾ノ事ヲ以テ第一着歩トス。

第二　一大神苑ヲ別紙図面（別紙欠、筆者註）ノ倉田山ニトシ、歴史博物館ヲ建テ、其他花木奇石等ヲ配置シテ閑雅幽邃ノ風趣ヲ添ヘ、且一大館ヲ建設スルヲ以テ第二着歩トス。

第三　前記神苑ノ外、西行谷・丸山及ビ大瀧・小瀧等ノ古跡名勝ノ地ヲ修飾シ、神苑ノ別区トスルヲ以テ第三着歩トス

神苑会の事業が「第一着歩」、「第二着歩」、「第三着歩」の三段階で構想されていたことが分かる。「第一着歩」では内宮・外宮の神苑地整備を行い、そこに宝物拝観所や公園を置く。内宮の神苑は宇治橋を渡った五十鈴川右岸、広さは約三町歩（約三ヘクタール）であり、外宮の神苑は

田中中世古町（現、本町）〜豊川町〜岡本町にわたる宮域の北東部、広さは約四町六反歩（約四・五六ヘクタール）である。しかしいずれも更地ではなく、人家が前者には五〇戸あまり、後者にも八〇戸あまり建ち並んでいたため、当該地域の土地家屋の買い上げ＝立ち退きを必要とする。

「第二着歩」では神宮から離れた倉田山に苑地を造成し、そこに「歴史博物館」を建設しあるいは庭園を整備するという。この「歴史博物館」こそが後の徴古館につながるものであることに留意しておきたい。さらに「第三着歩」では、西行谷などの古跡名勝地を神苑の「別区」として整備するとしている。

なお各段階の予算は「第一着歩」で六万五〇〇〇円、「第二着歩」・「第三着歩」で三〇万円である（『史料』一三頁）。

明治十九年六月の事業計画は一二〇万円規模にまで膨張したが、これは「第二着歩」の内容が充実したことによる。歴史博物館を建設するのみならず、ゲストハウスとしての待賓館、倉田山を一大公園とするための噴水とそれに付随する水道施設、あるいは競馬場などの建設が新たに付け加わっている（『史料』一〇三〜一三〇頁）。

ところが明治二十二年の「神苑計画案」ではその三分の一である、四〇万円規模に縮小を余儀なくされた。というのもすでに内宮・外宮の神苑地整備事業は進行しつつあったが、募金の実績が明治二十一年十二月時点で六万円弱（神宮司庁補助金三万円を除く）にとどまり、決して順調ではなかったからである（『史料』一五六頁、一七一〜一七四頁、一九〇〜一九一頁）。

このような状況を打開すべく「神苑計画案」は策定された。実はこれとほぼ同じ頃、創立以来空席となっていた総裁以下の役職に適材を充当するという、神苑会の組織強化が図られている。「神苑計画案」の内容を見る前に、このことについて少しふれておきたい[2]。明治二十一年末から二十二年三月にかけて、神苑会は政財界の要人、皇族・華族などとの人的つながりを形成していく。二十一年十一月、太田小三郎は宮内大臣の土方久元に面会、神苑会事業の現状をつぶさに上申して土方の宇治山田訪問を実現させた。また太田自身が十二月に上京、諸方面を奔走して宮内省から一万円の御下賜金を拝受した。その際、総裁に有栖川宮熾仁親王を推戴し、会頭に宮内次官の吉井友実を、副会頭には帝国大学総長の渡辺洪基を迎えることに成功する。以下評議員には山田顕義・土方・副島種臣・花房義質・芳川顕正（内務次官）・香川敬三・渋沢栄一・重野安繹（帝国大学国史科教授）ら、幹事長には山崎直胤（三重県知事）、幹事には鹿島則文・満岡勇之助・太田ら、委員長には各府県知事、委員には各郡長のほか宇仁田宗馨・大岩芳逸・村井恒蔵らといった顔触れである。神苑会は宇治山田という地元密着型の組織から全国規模の、しかも宮中・皇族とのつながりを持つ組織へと変貌した。

以上のことを念頭に置いて「神苑計画案」（『史料』二〇一〜二一六頁）を見ていこう。この計画案は大きく二つの柱で出来ていた。一つは内宮・外宮の神苑地整備であり、もう一つは歴史博物館の建設であった。まず内宮・外宮の神苑地整備については、前述の「神苑会事業着手順序予定」の「第一着歩」とほぼ同じであるが、「内宮丸山琴ヶ岡道路」や「内宮丸山新館」の建築といった「第三着歩」の内容が含まれている。また「二見浦賓日館」の建設という、「神苑会事業着手順序予定」にはなかったものが含まれている。したがって「神苑会事業着手順序予定」の「第一着歩」が六万五〇〇〇円だったのに対し、「神苑計画案」の神苑地整備は八万九四七〇円二四銭九厘と約二万五〇〇〇円の増となっている。

次に歴史博物館の建設については、倉田山約二二万坪の地に木造二階建て四二一〇坪の本館のほか、附属の図書室や徴古園を建設するというものである。本館は時代別に「神代・人皇初代」、「推古・奈良朝」、「延喜・源平・鎌倉・南北朝」、「足利・豊臣」、「徳川」の五室と、衣食住・芸術・産業・政教といった事物別に四室が設けられる。附属の徴古園は考古資料の展示がなされるスペースである。これらを建設する総事業費は、一八万一七二九円七五銭一厘であった。「神苑会事業着手順序予定」でも、また前述の一二〇万円案でも倉田山への歴史博物館の建設は予定されていた。前者では三〇万円、後者では五七万六一一六円の事業費が計上されていたことと比較すると、「神苑計画案」では随分と規模が縮小されたことが分かる。博物館本館を一例にあげると、一二〇万円案ではレンガ造二階建五九〇坪であったものが、「神苑計画案」では木造二階建四二〇坪へと変更されて事業費の圧縮が図られているのである（『史料』一二三頁、一二二頁）。神苑会が宮中・皇族関係者や錚々たる名士達の後援を得て、全国規模の組織へと発展しようとしていた一方で、このように事業規模を縮小させたのは、一見すると不可解な行為であるように思われる。しかし募金総額六万円弱のうち、約九割は度会郡内からであった（『史料』一七一頁）。三重県内でさえ寄附の動きが鈍く、まして他府県からの寄付はほとんどなく、事業の継続が危ぶまれていた状況を改めて想起する必要があろう。したがって神苑会が組織の立て直しを図り、事業規模を縮小させたのは、事業継続の見通しが確実に得られるだけの寄付金の上積みを加速させるため、そして必要最低限の事業を確実に遂行するためだったのではないか。極めて現実的・戦略的な方針へと、神苑会が舵を切ったと考えられる。

四、事業の実施状況

それでは神苑会が事業計画と方針に基づき、実際に手がけた事業について、年代順に次の（一）〜（五）で見ていきたい。

（一）　賓日館の建設

二見浦に建設された賓日館は明治二十年（一八八七）二月に、神苑会が実施した事業では一番早く完成した。前章で紹介した「神苑会事業着手順序予定」から明らかなように、賓日館の建設は神苑会の事業計画にはもともとなかったものである。それが明治十九年十二月に急遽建設が始まり、二ヵ月という短期間に敷地千余坪・建坪百八十余坪の賓日館が完成を迎えたのには理由があった。それは明治二十年三月に英照皇太后の行啓が予定されていたためで、神苑会の創立に深く関わっていた石井三重県知事からも建設の要請があったことによる（『史料』一一九頁）。皇太后行啓の主たる目的は、賓日館への訪問・宿泊ではなかったが、神苑会はこのときに事業完成予想図を、県知事・宮内省を通じて台覧に供している（『史料』六〇～六一頁・六四頁）。神苑会は皇太后行啓を迎えるための賓日館の建設を、自らの事業を広く世に知らしめる絶好の機会ととらえ、積極的に推進したのだろう。

明治二十年に賓日館へ台臨した皇族は皇太后のほか、有栖川宮熾仁親王（実は皇太后行啓よりも早かった）や、神宮祭主久邇宮朝彦親王であった。その後も多くの皇族や要人が賓日館を訪れているが、なかでも明治二十四年に行啓した皇太子（後の大正天皇）は、七月～八月の三週間にわたって、神宮参拝と避暑のために長期滞在した（『史料』三四五～三四七頁）。

もちろん賓日館は、皇族や要人専用の応接施設だったわけではない。神苑会発行の「遊覧券」（一枚五銭）を購入すれば、「茶菓及海水温浴」のサービスが受けられた。ただしそれ以上の飲食については、席料を別途徴収するとされている（「賓日館規則」・「賓日館使用規程」、『史料』五七〜五九頁・六八頁）。明治二十年五月〜十二月には約千六百名の来館者・利用者があったという（「明治二十年度神苑会事務報告」、『史料』九八頁）。

賓日館は神苑会解散直前の明治四十四年二月に、旅館二見館を経営していた若松徳平に一万六〇〇〇円で売却された（『史料』九三四頁）。そして現在では資料館等として受け継がれ、平成二十二年（二〇一〇）には国の重要文化財の指定を受けている（「旧賓日館」）。

（二）内宮・外宮の神苑地整備

内宮・外宮の神苑地整備は神苑会創立当初から、事業計画における「第一着歩」と位置付けられていたものである。前述のように神苑地整備予定地区は、更地ではなく人家が建ち並んでいたため、まずはこの地区に所在する家屋と土地を買上げ、家屋を撤去する必要があった。明治二十年後半の神苑会は、家屋地所の買上げ交渉に忙殺されていた。その過程では「或ハ窃《ひそ》カニ私利ヲ営ミ、或ハ言ヲ左右ニ託シ、輙《たやす》ク転住ヲ為サズ、売買ノ間、譎詐《けっさ》百端、動モスレバ事業ヲ阻害セントスル者」が「冥頑《めいがん》固執仍《な》ホ不穏ノ情況」を示す有様で、神苑会の役員のほか満岡勇之助度会郡長が説示を加えることもあったという（『史料』九〇頁）。明治二十年末時点で買上げが完了していない家屋・地所の所有者は、三一軒・一八名で対象者全体の二割弱を占め（『史料』九三頁）、買上げ・撤去が神苑会の思惑通りに運ばなかったことがうかがえる。

そのような交渉を経て、内宮方面では立ち退きに応じた家屋が五六軒（建坪一七三七坪）、買収の地所は七五三〇坪となった（『史料』七一八頁）[3]。家屋の撤去は明治二十年九月二十一日から五〇日間で完了するとされた（『史料』九一頁）。これを図1－1で確認してみよう。内宮方面での家屋撤去は今回が初めてではなく、実は万治年間（一六五八～六〇）・天保年間（一八三〇年代）にも行われていた。ただしこの二回はいずれも火災がきっかけとなり、正宮への延焼を防ぐ目的から実施されたものである（『史料』三一六～三一七頁）。この二回の撤去により、家屋は現在の神楽殿近くまで迫っていたのが、火除橋の手前まで後退した。今回はそれをはるかに上回る規模で家屋を撤去したことになる。それだけに家屋撤去への住民の抵抗があったのだろう。砂利敷きの清々しい庭園（図1－2）しか知らない現在の私たちの目には、そもそもこの地区に人家があったこと自体が驚きである。

一方外宮方面では、立ち退きに応じた家屋が一一三軒（建坪二九三〇坪）、買収の地所は一万七七〇坪に及んだ（『史料』七一八頁）[4]。家屋の撤去は明治二十年十月十六日から五〇日間とされ

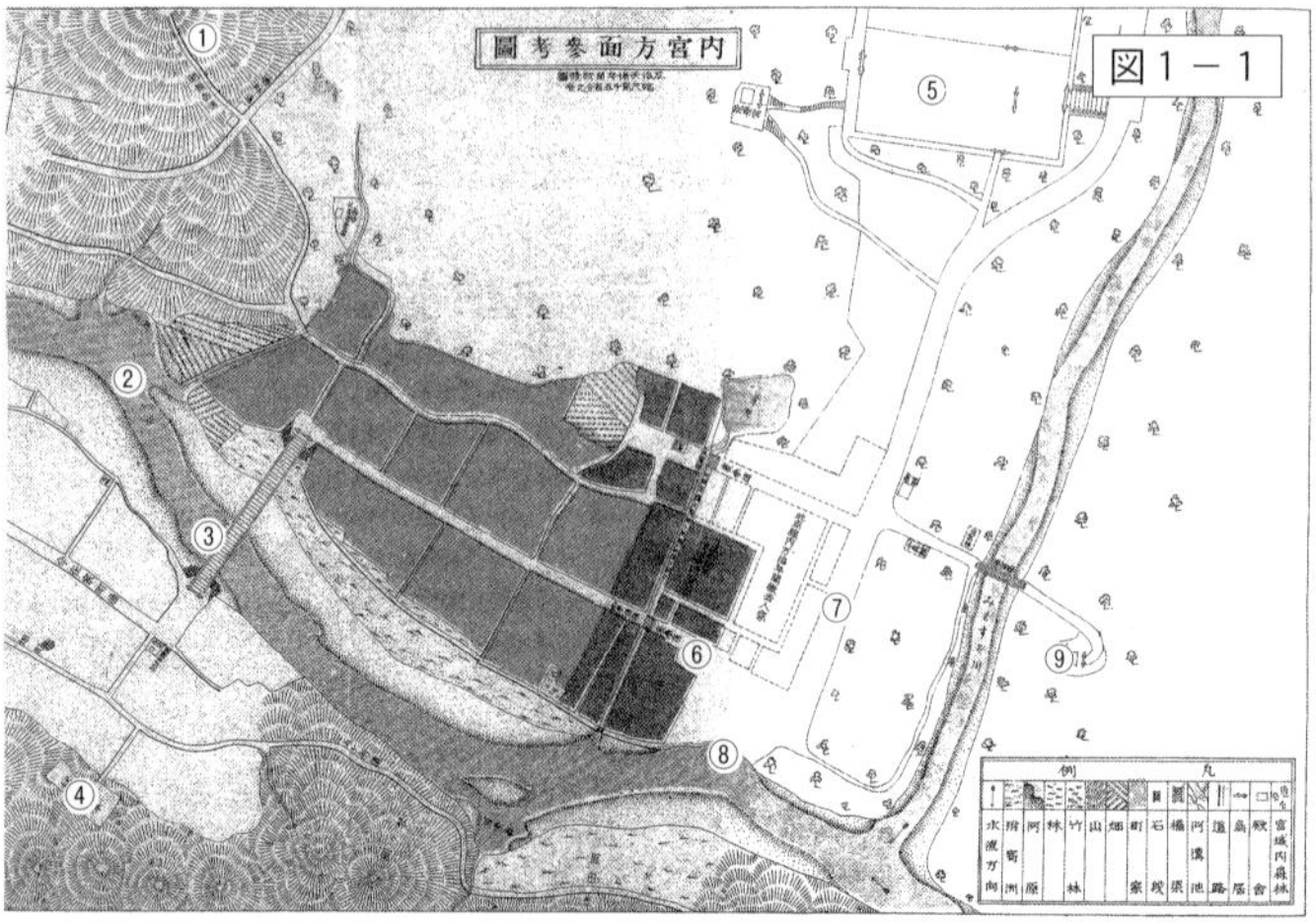

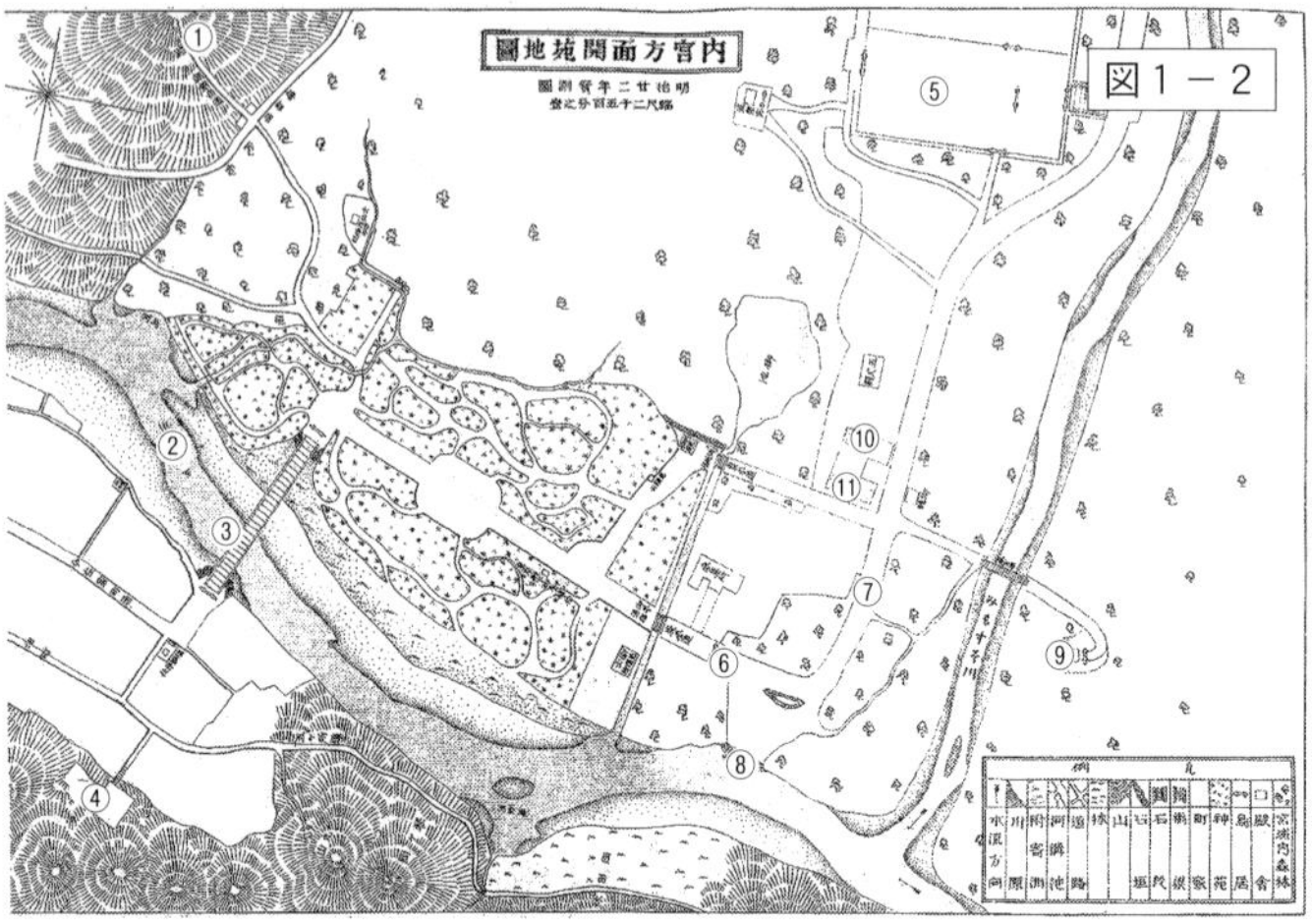

①島路山　②五十鈴川　③宇治大橋　④林崎文庫　⑤皇大神宮正殿　⑥一ノ鳥居
⑦二ノ鳥居　⑧手洗場　⑨風日祈宮　⑩御神楽殿　⑪大麻授与所

註：『神苑会史料』314・318頁所収図面を加工して作成

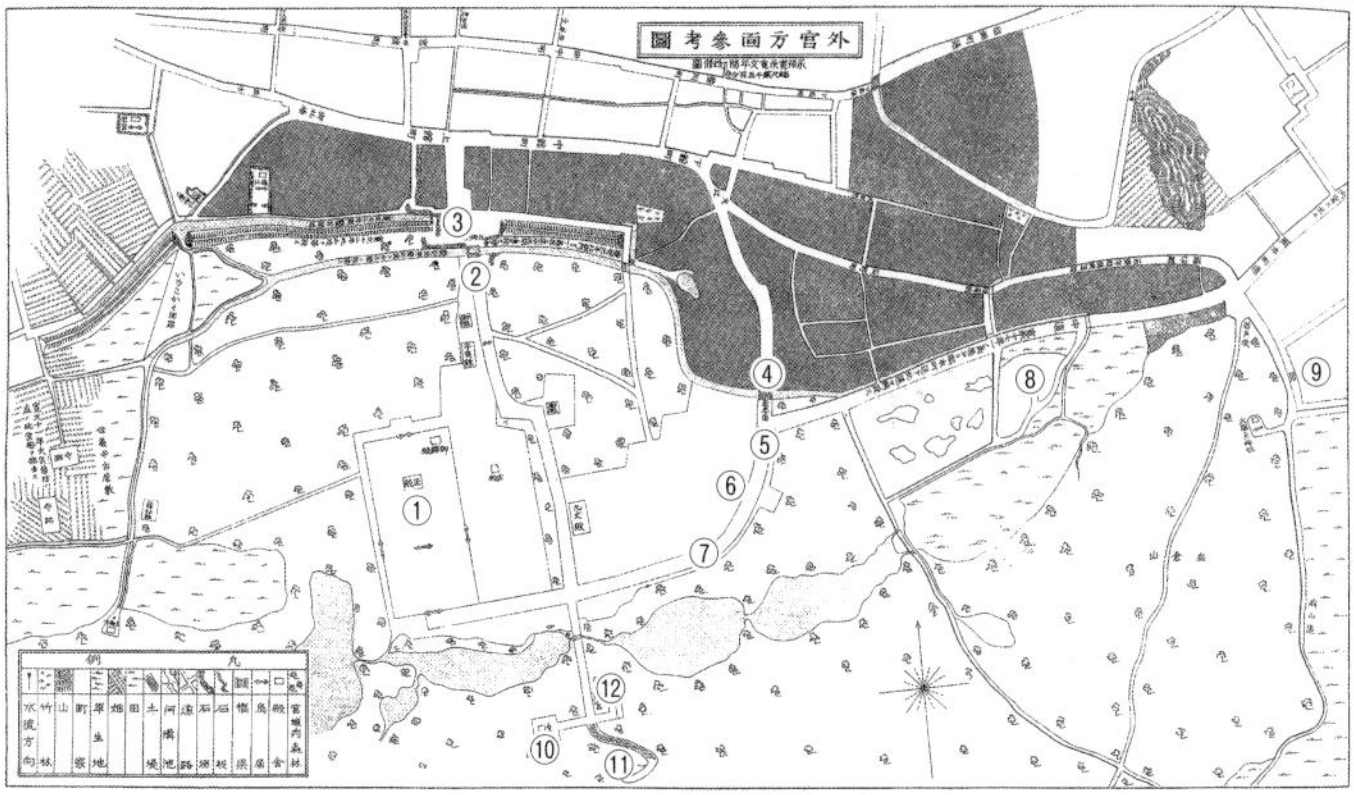

図２－１

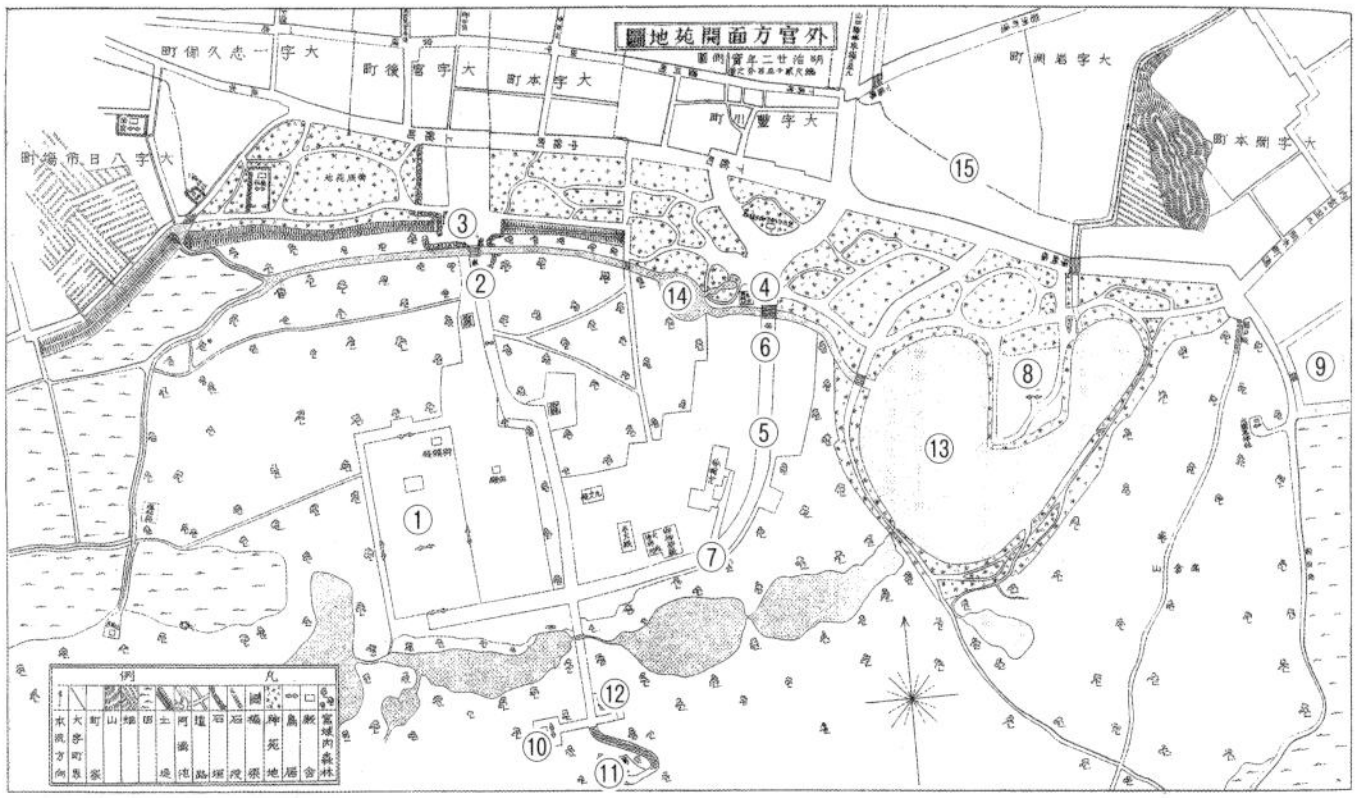

図２－２

①豊受大神宮正殿　②裏参道　③北御門橋　④御参道橋　⑤一ノ鳥居　⑥表参道
⑦二ノ鳥居　⑧茜社　⑨豊宮崎文庫　⑩土宮　⑪高宮　⑫風宮　⑬勾玉池
⑭琵琶池　⑮神苑会用地

註：『神苑会史料』320・324 頁所収図面を加工して作成

た（『史料』九二頁）。これを図2－1で確認すると、外宮方面でも内宮方面と同様に人家が参道の手前まで迫っていた。慶安元年（一六四八）・寛文十一年（一六七一）に防火用の道路や堀の築造のため、家屋の撤去が行われていたが（『史料』三二一～三二三頁）、今回の家屋撤去はそれをはるかに上回る規模であった。またこののち、明治三十四年九月には、北御門西方地区の旅館や家屋が神苑地拡張のために撤去されることになる（『史料』五〇五頁）。

家屋の撤去が終了して、明治二十一年から神苑地の造成が本格的に開始される。明治二十二年十月の第五十六回式年遷宮という、「盛典ノ挙行」に間に合わせるべく工事が進められ、そのような「本会積年ノ企望」はほぼ実現した。そして神苑会は二十五年十二月に開苑式を挙行、二十七年三月に両宮神苑地を神宮に献納した（『史料』四〇九頁）。その完成図が内宮は図1－2、外宮は図2－2である。図1－1、2－1と比較すると、従来家屋があって人々が生活していた記憶を全く消し去ったかのような、見事な神苑が出来上がったことが分かるだろう。特に外宮方面は表参道が延長されて宮域が拡張し、琵琶池や勾玉池が新たに作られている。『史料』は次のようにこの事業を自讃している（同、三一一頁）。

本会（神苑会、註）施工以前、陋巷《ろうこう》、宮域ニ迫リ穢汚《わいお》名状ス可ラズ、其旧観ヲ眼底ニ印スル者ニシテ始メテ能ク本会改修ノ光景ヲ識別スベシ。

（二）　農業館

神苑会事業の「第一着歩」である両宮の神苑地整備が完成すれば、当然直ちに「第二着歩」である歴史博物館（＝徴古館）の建設に向かうはずであった。ところが神苑会は明治二十三年十二月に「農業館開設ヲ要スル旨趣」を決議する（『史料』三三三〜三三四頁）。

徴古館開置ノ目的ハ、本会規則第二条ニ掲載スル所ニシテ、早晩着手ヲ要スルモノナルモ、其規模頗ル大ニシテ範囲モ亦広ケレバ、一朝ニシテ完成ヲ期スベキニアラズ。抑本邦ノ国ヲ立ル、農ヲ以テ本トシ、（中略）依テ按フニ、本会徴古館中、先第一着ニ農業館ヲ設置シ

徴古館、すなわち歴史博物館の建設は、総裁有栖川宮熾仁親王の決済を経て、明治二十二年四月の神苑会規則にも盛り込まれ確定しているが、早期完成は難しい。というのも前章（三　神苑会の事業計画）で紹介した諸事業計画から明らかなように、徴古館の設置は総事業費の約半分を占める壮大なプロジェクトだったからである。そこで徴古館を設置するにあたり、日本という国の根幹の産業である、農業についての博物館をまず設置しようという発想であった。つまり①徴

古館＝歴史博物館構想では、産業に関する展示室を設ける予定であったこと、②当時の日本の主要産業は農業であったこと、③徴古館構想を部分的にでも目に見える形で、早期に実現させる必要があったことの三点が農業館設置の背景として考えられよう。

農業館は外宮の神苑地整備に伴う豊川町の神苑会用地二〇二五坪に、木造瓦葺平屋建・建坪一〇三坪で建設され、明治二十四年五月に開館した。神苑会は展示内容等の一切を、博物学者・農学者として著名な田中芳男を中心に、老農の辻喜代蔵らに嘱託した。農具や統計表・報告書、農産物等を全国各地から収集・展示して、農業ひいては国力の発展に資することを目指したのである（『史料』三三二～三四一頁）。

（四）徴古館

（三）で見たように、徴古館構想は早期完成が困難な壮大なプロジェクトであり、とりあえず農業館が先発する形で設置された。しかし徴古館構想が神苑会事業の柱の一つである以上、いつまでもこのプロジェクトを塩漬けにするわけにはいかなかった。そこで神苑会の三重幹事長である成川尚義三重県知事は明治二十六年六月、花房義質会頭宛に徴古館速成を稟申する（『史料』三七七～三七八頁）。

本会創設以来、事業ノ成績ヲ看ルニ僅カニ待客館・徴古館ノ一部タル賓日館・農業館ノ建設ニ止リ、其他ノ部分ハ今尚建設ノ運ニ至ラザルノミナラズ、去二十四年已来、事業ハ退歩ノ一方ニ傾キ、今ヤ幾《ほと》ンド中絶ノ悲況ヲ呈スルニ至レリ、右ハ本会ノ資力乏シキニ拠ルモノニシテ而シテ資力乏シキヲ告ゲシハ寄附金ノ募集意ノ如クナラザルガ為メニ有之、然ルニ寄附者ノ一方ニ在リテハ事業ノ渋滞ニ不快ノ念ヲ抱キ、三重事務所ニ対シ、屢々《しばしば》右両館残部ノ建設ヲ促シ、甚シキハ之ヲ口実トシテ寄附金ヲ拒避スルモノアルニ至レリ、

明治二十六年時点で神苑会は本章の（一）～（三）で紹介した事業を完成させたに止まり、「事業ハ退歩ノ一方ニ傾キ、今ヤ幾ンド中絶ノ悲況ヲ呈スル」状況になっていた。そのような事業の停滞状況を招いていたのは何だったのだろうか。それは神苑会の資金源である「寄附金ノ募集」が順調に進まず、資金不足となったためである。すると神苑会へ寄附をし、あるいはしようとした人達は「事業ノ渋滞ニ不快ノ念ヲ抱」くようになる。早く事業を進めるように催促し、事業が停滞しているなら寄附をしないという人までいると、その危機的な状況を伝えている。

つまり寄附金募集の不調→徴古館建設などの事業完成の遅延→寄附金募集のさらなる不調、という悪循環に神苑会は陥っていたことが分かる。したがってこの悪循環を断つためにも、早期に

目に見える形で徴古館を完成させる必要があった。

このような危機感は、宇治山田町民にも共有されていた。成川幹事長（県知事）とほぼ同時期、花房会頭宛の陳情書が町会議員（島田長兵衛・山羽九郎兵衛・吉澤重郎・山本伊兵衛）と村井恒蔵町長の連名で出されている。その内容は内国勧業博覧会と平安京奠都千百年紀念祭が京都で開かれる明治二十八年を期して、徴古館が完成する手立てを講じてほしいというものであった（『史料』三八〇〜三八二頁）。

花房会頭はこれらに即座に反応し、徴古館設立を速やかにする主意書を発して、その中で次のように述べている（『史料』三八六頁）。

来明治二十八年ハ、京都ニ於テ桓武天皇奠都《てんと》一千百年祭ヲ挙行シ、帝国政府ハ内国勧業博覧会ヲ開キ（中略）帝国博物館ノ京都・奈良ノ両旧都ニ建設セラル丶モノ、亦将ニ此時ヲ以テ落成ヲ見ルニ至ラントス、此神都ニシテ完全ナル徴古ノ機関ナキヲ得ベケンヤ（中略）本会此機ヲ失ハズ、至当ノ計画ニ拠リ徴古館ヲ建営シ、典籍物品ヲ蒐集シ、神苑ト共ニ維持保存ノ根基ヲ鞏固ナラシメントス、

花房は徴古館を速成させる上で、京都と奈良に建設中の帝国博物館を強く意識していた。京都

と奈良という「旧都」に帝国博物館が完成するならば、宇治山田という「神都」にも「完全ナル徴古ノ機関」が必要だとする。まさに京都と奈良の帝国博物館が完成するこの時機をとらえて徴古館を建設し、神苑と一体の整備を行おうという決意表明であった。

ところが徴古館の建設計画に暗雲がたちこめる。翌明治二十七年から二十八年にかけて日清戦争が勃発し、そのために募金活動が不調で計画が延期された(『史料』四二九〜四三〇頁)。明治三十三年には臨時の遷宮が行われることとなり(内宮正宮焼失のため)、その機会に徴古館を建設しようという機運もあったが(『史料』四七九〜四八〇頁)、このときも着工にまでは至っていない。

このような中で徴古館の建設計画を、神苑会の資力に見合う規模に縮小する方向で変更が検討された。明治三十一年三月、「寄附金成績ノ不良ニ徴シ」て徴古館を倉田山に建設する計画を変更し、豊川町の農業館に隣接する土地を買収してそこに建設することがいったん決定をみたのである。農業館が徴古館の一部として設置された経緯もあり、豊川町と倉田山とに分散させない方が管理上都合がよいとの考えもあった(『史料』四四八〜四四九頁)。

しかし一方で徴古館建設計画の規模縮小によって、「神宮ノ体面ニ影響スル」ことがあっては「内外国人ニ対シ慚愧ニ堪ヘザル」ことになり、再び倉田山への建設を目指す当初案に立ち戻った。もちろんそれでは資金不足状態であることに変わりがないため、明治三十三年三月、神宮司庁へ補助金下付を申請し認められた。補助金額は三十二年度分が三万円、三十三年度分が一万円、以降六十二年度まで毎年一万五〇〇〇円ずつであった（『史料』四七三〜四七八頁）。

二転三転した徴古館建設計画は、倉田山建設でここに一定した。翌三十四年には宮内省技監片山東熊らによって倉田山建設地の実見が行われた。市街地から離れ道路の新設を必要とする倉田山への徴古館建設計画には、依然として一部に反対があったが、計画を覆すほどの大きな勢力にはならなかった。(5) そして三十六年十二月には改めて徴古館建設計画が策定された。翌三十七年度〜四十年度の四ヵ年にわたって、総事業費二〇万八一九三円で建設することになったのである。主な内訳は徴古館本館がレンガ造平屋建三百坪で一〇万五〇〇〇円、農業館移築建増（（五）を参照）が一万三六五〇円などである。従前の計画よりもさらに規模が縮小している。財源は寄附金や前述の神宮司庁からの補助金のほか、神苑会が所有していた地所や賓日館の売却代金が予定されていた（『史料』六二七〜六三五頁）。

ところが明治三十七年十一月に着工が延期される。それは同年二月から日露戦争が始まり、戦争遂行へ国力の傾注が求められる中、募金活動の鈍化や補助金の減額が見られたからであった（『史料』六五一頁）。また日露戦争中は神宮への参拝客が減少して、観光業を中心とした宇治山田の景気悪化も影響していただろう。ただしすでに収集を進めていた展示品の一部は、三十八年七月に徴古館の倉庫を「仮徴古館」としてそこに陳列を始めた（『史料』六八二〜六八四頁）。

したがって戦争が終結していわゆる戦後経営に人々の関心が寄せられるようになれば、建設計画は再び動き始める。明治三十九年に入り神苑会は徴古館の落成時期について、

米四十二年両宮正遷宮式迄ヲ期シ、徴古館ノ建設ヲ完成スルノ見込ヲ以テ、本年秋季ヨリ工事着手ノ筈、現下専ラ手配中ニ有之

このように明治四十二年十月の第五十七回式年遷宮までに、竣工・開館にこぎつけるという目標を明らかにした（『史料』七三四頁）。そして三十九年十一月に起工して四十二年五月に竣工、正遷宮式直前の九月にようやく開館の日を迎えたのである。ここで徴古館建設工事の様子がうかがえる写真をあげておこう。この写真は現在の倭姫宮の前から久世戸町

写真１　徴古館（左上）・御幸道路（中央）建設現場
右上の建物は撤下御物拝観所

へ上がっていく、その坂道から徴古館方面を撮影したものである。この写真のピントは徴古館にではなく、同じく工事中であった御幸道路（「五　神苑会の関連事業」―（二）を参照）にあるが、建設中の徴古館は写真の左奥に見え、足場が組まれているのが分かる。ところで完成した徴古館は展示室を九室（①風俗人形及武器②武器・馬具・服飾③服飾・風俗人形・楽器・遊戯具・文房具④書画⑤祭祀器具⑥書画・筆蹟⑦祭祀器具・仏教器具・儀式・調度・貨幣・度量衡⑧上古遺物⑨建築・輿車・船舶・石器時代遺物）備えており、一万八〇〇〇点余の陳列品を所蔵した。開館初年度は七万四五〇〇人の観覧者を集めたという（『史料』九〇三頁）。

（五）　倉田山苑地の整備

徴古館建設予定地の倉田山一帯は、苑地として明治三十六年以降造成が進み（『史料』六一三頁）、そこに徴古館を含む諸施設が設置された。それを図3によって確認しよう。倉田山苑地の諸施設は、御幸道路（図3―ソ）をはさんで東側と西側に大きく分かれる。徴古館（図3―イ）は西側にあり、そこには農業館（同―ト）、庭園（同―ヲ）、仮徴古館だった倉庫（同―ホ）、神苑会事務所（同―チ）などが置かれ、倉田山苑地の中心をなした。農業館は本章（三）で見たように豊川町に当初設置されていたが、徴古館とは近接した方が管理運営上都合がよいとのことから、明治三十三年に徴古館の倉田山建設が一定すると、それにともなって農業館も三十八年七月に倉田山へ移築された（『史料』五〇〇頁、六八三頁）。ちなみに図3中の農業館は、現在の神宮美術館の位置にあたる。また倉庫（図3―ホ）の近くにある戦利品陳列所（同―へ）は、日露戦争でロシアから獲得した大砲などの戦利品を陳列する場所であり、時代性を強く反映した施設であるといえよう。戦利品は神苑会が陸海軍に出願し、明治三十九年〜四十年に下付を受けたものである（『伊勢新聞』明治三十九年五月二十六日付・四十年七月二日付）。

いっぽう御幸道路の東側には、撤下御物拝観所（図3―ナ）や庭園（同―ラ）が置かれた。撤下御物拝観所については次章五―（一）で紹介するが、現在の神宮文庫の位置にあたる。したがって

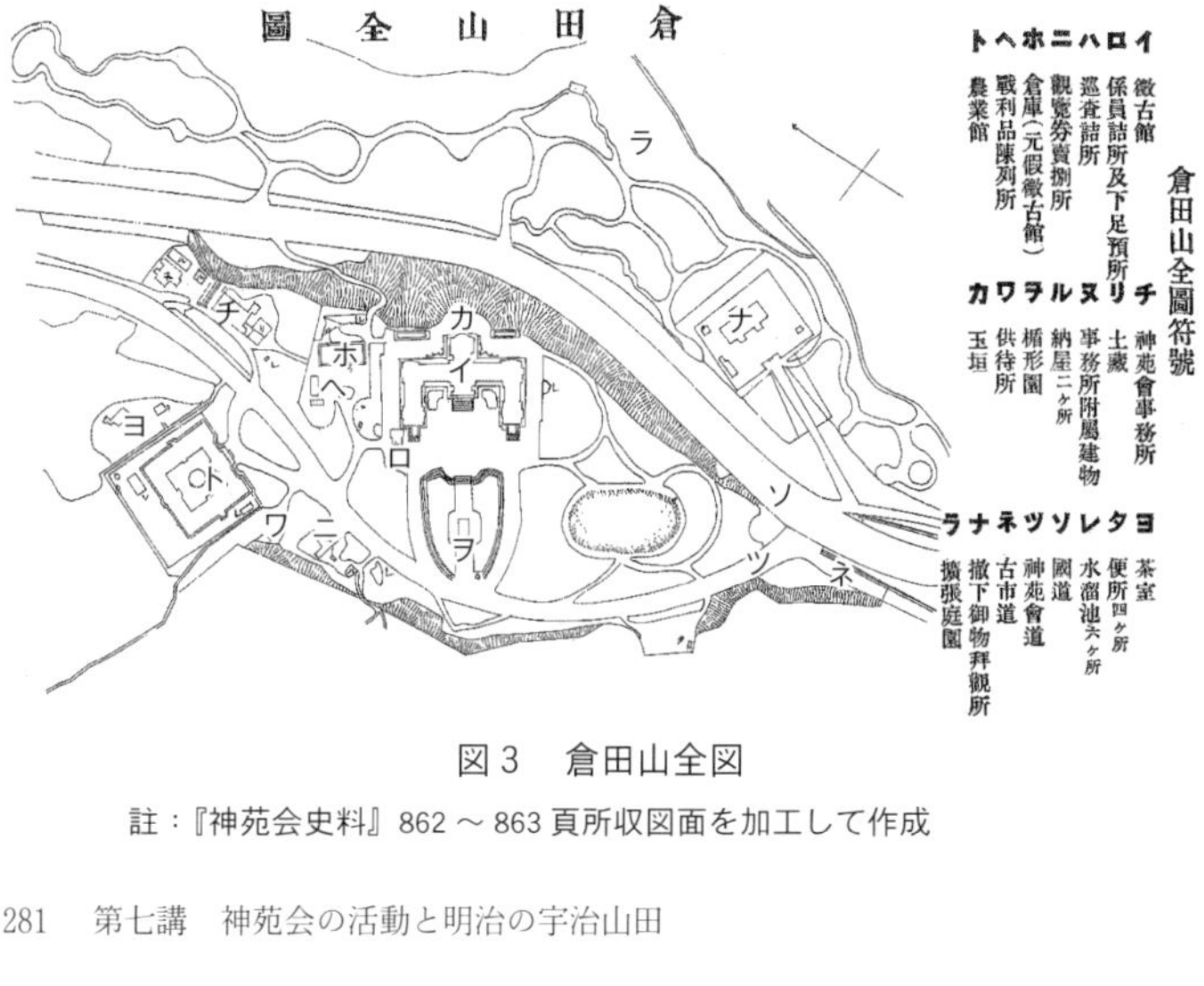

図3　倉田山全図

註：『神苑会史料』862 〜 863 頁所収図面を加工して作成

当時はまだ、神宮文庫の「黒門」（旧福島御塩焼大夫邸門）も見当たらない。また庭園は現在の皇學館大学の敷地にあたるが、皇學館大学の前身である神宮皇學館が倉田山に移転するのは、大正八年（一九一九）のことである。

五、神苑会の関連事業

これまでは神苑会が単独で手がけた事業を見てきたが、他の団体との共同事業や神苑会の事業が基になって発展した事業についても取り上げたい。

（一）　神宮撤下御物拝観所

神宮撤下御物拝観所とは、神宮から下げ渡された神宝を展示して、広く観覧に供する施設のことであり、明治三十六年（一九〇三）五月に倉田山に開設されたものである。

そもそも神宮撤下御物拝観所が設置された契機は、明治三十六年三月～七月に大阪で開催された第五回内国勧業博覧会であった。この博覧会に呼応して結成された第五回内国勧業博覧会三重協賛会（会長は三重県知事。以下、協賛会）から、博覧会目的の観光客を三重県へ呼び込む目玉として拝観所設置が提案された。そこで神苑会は協賛会とともに神宮の冷泉為紀宮司・桑原芳樹少宮司らとも協議し、拝観所設置を積極的に推進する方針を決めた。そして神宮司庁・内務省に神宝貸下を出願したのである（『史料』五三一〜五三二頁）。

ところが内務省内では、神宝を神宮宮域外に持ち出すことは初めてのケースでもあり、反対意見が強かったらしい。神宮司庁ならびに協賛会（三重県）が粘り強い交渉を続けた結果、拝観所を建設してもよいが拝観所を神宮に献納すること、神宝を含めて神宮司庁の管理下に置くことが条件となった。さらに神苑会と協賛会との間で細部を詰めた結果、三十五年八月に両者は合意に達している。合意内容の要点は、拝観所を倉田山に設置すること、設置に必要な費用は神苑会と協賛会とが等分すること、拝観所に至る道路を新設すること、拝観所完成後は神宮司庁に献納することであった（『史料』五三一〜五三六頁・『伊勢新聞』九月十八日付）。拝観所は敷地三六三坪・建坪九〇坪余で、翌三十六年四月に完成し五月二十一日から拝観可能となった。撤下・展示された神宝は、嘉永二年（一八四九）および明治二年式年遷宮時のものであった（『史料』六一五頁・『伊勢新聞』五月二十三日付）。ただし「其筋」の意向から一般公開はされず、拝観者は神苑会員や協賛会委員、貴衆両院議員、判任官待遇以上の官吏、日本赤十字社正社員以上、軍服着用の在郷軍人などに限定された（『伊勢新聞』明治三十五年九月十九日付、同三十六年五月二十

図４　明治33年当時の宇治山田

註：「神都実測図」をもとに加工して作成

図５　大正13年当時の宇治山田

註：「宇治山田市街精図」をもとに加工して作成

三日付)。

前述の神苑会と協賛会との合意事項中、拝観所に至る道路を新設することについて触れておきたい。そもそも参宮鉄道山田駅や農業館、郡役所のある宇治山田中心部から、倉田山へ抜ける幹線道路が、拝観所建設当時には開通していなかった(図4)。だからこそ前章四―(四)で見たように、道路の新設を必要とする倉田山への徴古館設置に難色を示した人たちもいたのである。ところで拝観所に至る新設道路は、岩淵町から古市久世戸までの九九一・一六間(約一・八キロメートル)、路幅五間(約九メートル)、最急勾配二十五分の一、最少曲線半径九十尺(約二十七メートル)で、橋梁が一、暗渠が一、土管伏設箇所が八という設計であった。

総工費予算は当初一万九九三五円一二銭四厘であったが(「宇治山田町神苑会道路新設設計書」)、神苑会の金銭的余裕がなかったため一万三六四三円五二銭六厘に圧縮して施工された(『史料』七二二頁)。三十六年三月に起工し、宮川電気株式会社(伊勢電気鉄道株式会社の前身)の軌道(路面電車、本町〜二見間)敷設工事と一部並行しつつ工事は進められ、七月にはほぼ完成したという(『史料』五九四〜五九八頁、六一九頁)。ちなみにこの新設道路工事で架けられた橋梁は、「錦水橋」と命名され現在も残っている(『史料』六二二頁)。

御幸道路は倉田山を経由して内宮と外宮とを結び、明治四十三年三月に国道として完成した道路である。現在も国道二三号線・県道一二号線・三七号線の一部として利用されている。国道といっても工事主体は三重県であり、明治四十年度〜四十三年度の三ヵ年度継続事業の総事業費予算三八万七四八六円二六銭八厘のうち、国庫からの補助金を除外した県の負担は率にして五六・七％であった（『三重県会決議録』明治三十九年〜四十一年）[6]。

それでは御幸道路の建設に、神苑会はどのように関わっていたのであろうか。御幸道路のルート、すなわち御幸道路が倉田山を経由していることが、その問いへの答えを導くカギとなる。すでに見たように、（一）の神宮撤下御物拝観所設置にあたって、神苑会は拝観所に至る道路を建設していた。その道路が岩淵町から錦水橋を経由して倉田山に至る、距離にして約一・八キロメートルといえば、御幸道路とほぼ重なるのである。そして御幸道路建設にあたって、神苑会は拝観所に至る道路敷地を明治三十九年十月、三重県に寄付したとされる（『史料』七五七頁）[7]。

御幸道路と神苑会との関連性をさらに考えるために、御幸道路が明治末年にそもそも必要とされた背景についても見ておこう。内宮と外宮とを結ぶ道路には御幸道路建設当時、小田橋から尾上坂・古市・中之町・櫻木町・浦田坂・浦田町を経由する道（両宮街道）があった。しかし道幅は人馬が行き交うには十分という程度で狭く、勾配も急という難点を抱えた、江戸時代来の旧態然とした街道であった。現在でも路線バスが通る道にしては、車がやっとすれ違える道幅の狭い箇所もある。しかも今や道の両側には民家が立ち並ぶだけであるが、明治〜大正期には旅館等が立ち並ぶ繁華街だったのである（図4・5）。そこで神宮への日露戦争戦勝奉告のため、明治三十八年十一月に行われた明治天皇行幸の折、それを迎える宇治山田町は両宮街道について次のような対応をとっている（「宇治山田町の奉迎準備」、『御巡幸紀要』三八一頁）。

一　尾上町倭町の道路狭隘の所は、差支ある商店軒燈を一時取外し、溝蓋の上に置土を為し、郵便函及電燈柱電話柱を後方に移退し、道路上に出過ぎたる庇を切取らしめ路傍の広告板及便所を修理せしむ。

明治天皇の鹵簿は、天皇の馬車の右側に警備・護衛関係の馬が、左側に随行員（総理大臣・宮内大臣など）の馬車が並び立っていたから（『御巡幸紀要』四三四頁）、その通行の妨げとなるものの移動や修理はもちろん、庇の切り取りまでも命じたのだろう。それほどまでに道幅が狭かったのである。三重県も両宮街道での鹵簿通行に対する懸念を、次のように表明している（明治三十八年十月二十七日付各郡市長宛知事官房通牒、『御巡幸紀要』三八二頁）。

宇治山田町ニ於ケル内宮外宮間ノ道路ハ、御承知ノ如ク狭隘ニシテ且坂路多ク、電燈柱電話柱郵便柱函ニ至ルマデ移転セシメ候モ尚且聖駕ノ御通過ニ如何アラン歟ト苦心致居候様ノ次第ニシテ

以上のことから従来の両宮街道に代わる、内宮外宮を結ぶ新たな道路が必要であったことは明白だろう。明治三十八年の明治天皇の神宮参拝は、明治二年・五年・十三年に次ぐ四回目であったが、今後も神宮参拝ごとに電柱の移動や庇の切り取りをしないといけないのは、なかなか煩雑な作業である。そのような作業が不要になる広い道幅で、勾配がゆるやかな道が求められたのである。

そこで三重県は明治三十九年に入ると、新たな両宮街道のルート選定に取りかかった。三月段階で『伊勢新聞』記事（同年三月三日付）に掲載されたところによれば、次の三ルートが候補となったらしい。

（一）岩淵町より徴古館道を経由して久世戸町に出で、古市中之町櫻木町を経て牛谷坂を降りて、浦田町中之切今在家町を現路を八間巾になすもの

（二）徴古館道路を久世戸町に出で同町の坂を下り、楠部中を通じ五十鈴川岸に沿ふてす■（判読不能）こと

（三）岡本町百五銀行の側より裏道を蛙石を直線に電柱に沿ふて宇治に出で、檜尾山を開きて中之切町の裏を宇治橋に至る

「徴古館道」、すなわち神苑会が新設した岩渕町から神宮撤下御物拝観所に至る道路を、新両宮街道の一部とするルートが（一）と（二）である。（一）は久世戸から古市に抜けて、それ以降が従来の両宮街道と重なる。（二）は久世戸までは（一）と同じだが、そこから楠部へ抜けて五十鈴川沿いとなる。（三）は図４・５とあわせて見ると、「岡本町百五銀行」は豊宮崎文庫の隣にあり、「蛙石」は中山寺の北東方面近くに見えるので、現在の御木本道路（県道三二号線）に相当するルートであると考えられる。

先ほどの『伊勢新聞』の記事によれば（三）が有力とされているが、完成した御幸道路を見れば（一）〜（三）のルートのいずれでもなかった。強いていえば「徴古館道」をベースにした、全く新しい道路ということができるだろう。（一）と（二）は「徴古館道」＋在来の道路であるから建設コストを抑えられる。しかし新両宮街道建設の目的である拡幅や勾配の緩和が、繁華街を通る在来の道路で果たして可能だろうか。可能であれば従来の両宮街道の改修でよかったはず

である。(二) は拡幅や勾配の緩和実現できる可能性があり、その点で有力なルートだったのかもしれないが、「徴古館道」をベースにしていない点がマイナスポイントだったのではないか。

つまり逆にいえば、「徴古館道」を新両宮街道のベースにすることは、建設コスト削減以外にどのような意味があったのか、ということである。「徴古館道」を通ることは、神宮御物拝観所はもちろんのことであるが、豊川町から移築した農業館、そして建設中の徴古館の側を通るということである。神苑会が手がけた事業の柱は、一つが内宮外宮の神苑地整備、そしてもう一つが徴古館を中心とした倉田山苑地の整備であった。「徴古館道」が新両宮街道に組み込まれることで、この二つの神苑会事業の成果をたどることができるわけである。そしてまた鹵簿の通行を容易にし、整然としたものにするためにも、繁華街の喧騒を離れた倉田山苑地を通過することが最適であると、三重県は考えたのではないだろうか。内務省・宮内省両省からの新両宮街道への補助金下付は、新両宮街道が「御幸」道路であると同時に、神宮へ献納される倉田山苑地を通過するゆえのものであったことも指摘しておきたい(有松英義県知事説明、『三重県会会議録』明治三十九年、一二三頁)。

それでは御幸道路が完成したことで、何がどのように変化したのであろうか。それは第一に皇族が神宮参拝をする際に通過する道・ルートの変化である。御幸道路というからには、天皇の行幸をとりあげるべきだろうが、明治天皇の最後の神宮参拝は明治三十八年の行幸時であり、道路の完成前と後の比較ができない。そこで皇太子（後の大正天皇）について、完成前の明治三十八年十一月のルートと完成後の四十三年十一月のそれとを比較することにしよう。

【明治三十八年十一月】（『宇治山田市史資料』神宮篇五四　行幸啓五、二六頁）

御旅館外宮間御道筋

御旅館ヨリ右へ、浦田町左右へ、浦田坂ヲ上リ櫻木町中之町古市町ヲ経テ、尾上坂ヲ下リ尾上町通リ小田橋ヲ渡リ、警察署前通リ岡本町右へ、豊川町左へ、外宮へ

【明治四十三年十一月】（『宇治山田市史資料』神宮篇五四　行幸啓五、三一～三三頁）

第三日（十一月十四日）

午前七時三十分　　御出門（前日の宿泊地は津市、註）

（中略）

仝九時五分　　外宮御着

　御参拝

仝九時三十五分　　御発　　御成街道ヲ経テ（一里十四町）

仝十時十五分　　内宮御着

御参拝
仝十一時十五分　御発　今在家町新橋ヲ経テ館町（四町）
仝十一時三十分　神宮皇學館御着
正午十二時　御発　浦田町ヨリ御成街道ヲ経テ（二十九町）
午後零時二十五分　徴古館御着
御昼餐
午後一時五十五分　御発　館前道路ヲ御成街道ニ出テ岩淵町吹上町川崎町ヲ経テ学校前通（三十一町）
（以下略）

明治三十八年については内宮方面の宿舎から外宮方面へと向かう道筋を、明治四十三年については外宮方面から内宮方面へ、そしてまた山田・外宮方面へと向かう道筋を示している。明治三十八年に皇太子が通過した道は、浦田町〜古市〜小田橋を通る両宮街道であり、明治天皇がその一週間前に通過した道と同じである。一方、明治四十三年に通過した道は「御成街道」、すなわち御幸道路である。このとき内宮を出発した皇太子はいくつかの施設（皇學館大学の前身、神宮皇學館を含む）に立ち寄っているが、なかでも注目すべきは徴古館に立ち寄り、昼食休憩も含めて比較的ゆっくりと滞在・視察していることであろう。このことは神苑会事業の重要性を、改めて人々に示すことになったのではないか。

したがって御幸道路の完成による変化の第二として、倉田山苑地とその中心的な施設である徴古館への多くの人々の流れがあげられよう。前述した徴古館開館初年度の観覧人数七万四五〇〇人は、そのことを如実に物語っている。それだけ多くの人々が倉田山方面に移動できたのは、御幸道路そのものよりもむしろ、明治三十九年十月から山田駅と内宮前とを松尾観音・楠部経由で結んでいた、伊勢電気鉄道（図5）によるところが大きかっただろう。ただし伊勢電気鉄道は外宮前から倉田山までは御幸道路上を走行していたこと、しかもその旅客輸送力を高める複線化工事は、道幅五間の徴古館道を八間に拡幅した御幸道路においてであること（『伊勢新聞』明治四十一年八月二十二日付、四十二年六月七日付）からすれば、倉田山苑地への人の流れに間接的にであれ、御幸道路が持っていた影響力は少なくない。

図6　参宮自動車営業開始広告
（『伊勢新聞』明治44年10月４日付）

そして明治四十四年九月にはバスが御幸道路に登場する。バス会社の参宮自動車が、山田駅から御幸道路を通って内宮宇治橋までを結ぶ路線を設定し、午前六時〜午後六時に二四往復を運行した。運賃は山田駅〜錦水橋〜楠部〜宇治橋の各区間四銭で、全区間通しで一二銭であった（『伊勢新聞』十月二日付、図6）。各区間内で停留所が設置されていたかどうかは不明だが、御幸道路を走るバスによって倉田山苑地に直接乗り入れることができ、市街からのアクセスはさらに改善されたと言えるだろう。

六、おわりに

徴古館の開館後これに附属する庭園が完成し（明治四十三年六月）、これにより神苑会の目的は達せられたとして、翌四十四年三月三十一日をもって神苑会は解散した。倉田山苑地をはじめ、神苑会が所有する土地・建物等は一切、神宮へ献納された（『史料』九一四頁、九三五〜九三八頁、九五六頁）。

神苑会は明治十九年の設立から四十四年の解散まで、七〇万九〇〇〇円余の収入があったが、このうち国内各地方からの寄附金が三〇万四〇〇〇円余だったのに対して、神宮司庁補助金が約二三万七〇〇〇円も下付されていた（『史料』九六一頁）。つまり国内各地方からの寄附金も相当集まったが、神苑会事業は神宮司庁の補助事業としての性格が強かったといえるだろう。

しかしながらそれを神苑会事業の限界と断じて、事業の意義を評価してよいのだろうか。本稿をむすぶにあたって、神苑会事業の目的・内容・意義について改めて考えたい。

神宮宮域に人家が近接していた状況に対して、神苑会は神宮の防火上および尊厳保持上の問題があると考えていた。そこで内宮・外宮両宮の宮域に近接する人家を撤去し、そこに清浄な神苑を設け、宮域を俗世間から遠ざけて神宮の荘厳さを守ろうとしたのである（両宮神苑地の整備）。さらに神苑会は神宮宮域だけではなく、宇治山田という地域全体を「神都」として整備することを考えた。市街地から離れた倉田山に徴古館や農業館といった博物館、あるいは庭園を設置して一大公園としたのである（徴古館・農業館の開設と倉田山苑地の整備）。

両宮神苑地の整備は明治二十年から開始され、二十二年の第五十六回式年遷宮時にはほぼ完成し、二十五年の開苑式を経て神苑は神宮に献納された。一方で徴古館・農業館の開設と倉田山苑地の整備については、農業館が徴古館に先立って明治二十四年に開館したものの、そのほかは募金活動の低迷による資金不足、二度の対外戦争（日清戦争・日露戦争）のために難航した。徴古館は日露戦争後に工事が本格的に始まり、明治四十二年の第五十七回式年遷宮を前にして完成、開館した。神苑会の手がけた事業は、結果的に式年遷宮と連動した形で展開されたものとなった。

また倉田山苑地の整備に関連して、神宮撤下御物拝観所を開設し、岩渕町からそこへ至る道路（徴古館道）を整備した。拝観者の範囲は限定されたものの、拝観所は式年遷宮時の神宝を初めて宮域外で拝観することを可能にした。また徴古館道はその後、古市町を通っていた従来の両宮街道にかわり建設された御幸道路の一部となった。

以上のことを本稿の「はじめに」で提示した論点、すなわち近代の神宮や式年遷宮に、宇治山田が地域としてどのように対応したのか、ということに即して考えてみよう。本稿では宇治山田の対応を神苑会の活動を通して見たが、それは神苑会が明治二十二年以降全国区の組織となってからも、太田小三郎ら宇治山田在住者が会内で果たしていた役割が依然大きかったことによる。さて神苑会の活動は神宮司庁の単なる補助事業にとどまらず、神宮や式年遷宮を主体的・積極的に奉賛したものであった。というのも神宮・式年遷宮が国家管理の下に置かれた時代にあっても、国家が実施できた事業の範囲は限定的だったからだ。実際に国家が宇治山田のみを対象にした都市計画を法制化するのは、昭和十五年（一九四〇）の「神宮関係特別都市計画法」まで待たなければならなかった。それに比べて神苑会がいかに早く事業計画を立て、またそれを実現させたかを、私たちは改めて認識する必要があるだろう。

そして最後に、神苑会の事業が宇治山田という都市・地域の形成に果たした役割をまとめておきたい。第一に、神苑会は宇治山田を神宮が鎮座する「神都」として位置づけ、神宮関係特別都市計画まで続く聖地化の流れの原点となった。第二に、神苑会は倉田山苑地の整備を通して、内宮と外宮とを結ぶ新たなルートを作る原動力となった。バスや複線化された市内電車の登場は、神宮の参拝客を大量に輸送することを可能にし、「観光都市」としての宇治山田を人々に印象付けた。第三に、倉田山苑地は宇治山田市民が集い憩う公園となった。天長節の官民祝賀会や各種団体の園遊会などの会場に、倉田山苑地がしばしば利用されていった（『史料』九二二頁、『伊勢新聞』明治四十五年三月十日付）。神苑会の倉田山苑地整備は、「公園都市」としての宇治山田を出現させることにもなったのである。

付記　本稿は平成二十二年度文部科学省科学研究費補助金（20720175）による成果の一部である。

（補注）

（1）数ヵ町が連合して役場を置いていたため、戸長は必ずしも各町に一人ではない。

（2）以下明治二十二年の組織改編についての記述は、『史料』一五六頁～二七九頁を参照。これより以前明治二十年にも神苑会の組織改編があった。このときは各町三人の常務委員を各町一人としてこれを委員と称し、それまで戸長が就任していた委員を委員長とする程度の、小規模な改編であった（『史料』

八九頁）。なお明治三十六年に神苑会は財団法人となり、総裁以下理事（会頭・副会頭・専務理事）、評議員、監事が置かれ、地方組織として委員総長（府県知事）、委員副総長（府県庁幹部）、委員長（郡市長）、委員・委員補（府県郡市町村吏員）が置かれた（『史料』五四六頁、五五八頁〜五五九頁、七四八〜七四九頁）。

（3）『史料』九一頁には、建坪一九三七坪・買収地所八一三八坪とある。

（4）『史料』九一〜九二頁には、建坪二一九三坪・買収地所一万九九二坪とある。

（5）例えば村井恒蔵ほか一〇名が花房会頭宛に「徴古館位置ニ関スル建議」を提出し、倉田山建設案は「巨費ヲ投ズル」道路の新設が必要となるため、それが不要である旧豊宮崎文庫に徴古館を建設すべきだ、としている（『史料』五〇八〜五一三頁）。

（6）国庫補助金額は以下のとおり。明治四十年度は内務省から六・三万円、四十一年度は内務省から六・三万円、宮内省から一万円、四十二年度は内務省から二・六万円、宮内省から一万円。三ヵ年度の合計は十七・二万円である。

（7）ただし県に寄付されたとすれば、県会あるいは県参事会の決議録に記載があるはずだが、管見の限り確認できていない。しかしだからといって拝観所に至る神苑会の道路と、御幸道路との間に関係性がないということも考えにくい。

神苑会略年表

年　　月	事　　　　　　項
明治 19.6	神苑会創立
明治 19.12	創立を三重県に出願、認許を得る
明治 20.2	賓日館完成
明治 20.6	仮会頭浦田長民辞職、鹿島則文神宮宮司就任
明治 20.7	太田小三郎幹事に就任
明治 20.9	神苑整備のための家屋撤去開始
明治 20.10	神苑会規則書を朝野・時事・郵便報知・東京横浜毎日・東京日日新聞に掲載、全国規模で寄附を呼びかける
明治 21.2	三重県下各郡長に神苑会事業への協力要請
明治 21.3	三重県下各郡寄附金募集法案を立てる
明治 21.12	宮内省下賜金 10,000 円
明治 22.2	総裁に有栖川宮熾仁親王、会頭に吉井友実宮内次官、副会頭に渡辺洪基が、評議員に三條実美らが就任
明治 22.4	神苑会規則改正。東京・三重に事務所を設置。
明治 22.10	第 56 回式年遷宮
明治 23.11	花房義質が副会頭に就任
明治 24.5	農業館開館
明治 24.6	農業館構内に三重事務所を新築
明治 24.6	花房義質が会頭に就任
明治 25.12	神苑開苑式
明治 27.3	神苑を神宮へ献納
明治 28.6	有栖川宮威仁親王が総裁に就任
明治 33.3	神宮司庁より明治 62 年度まで補助金下付が決定
明治 33. ?	倉田山山地買収
明治 35.8	第 5 回内国勧業博覧会三重協賛会と共同で、神宮撤下御物拝観所を倉田山に建設することを決定
明治 36.1	財団法人となる
明治 37.1	神宮撤下御物拝観所の建物を（敷地は同年 3 月）、神宮へ献納
明治 38.7	仮徴古館・農業館開館式
明治 39.10	外宮・内宮間国道新設に係る土地・道路を献納、売却＊
明治 39.11	徴古館工事起工
明治 42.5	徴古館竣工
明治 42.9	徴古館開館式
明治 42.10	第 57 回式年遷宮
明治 43.6	倉田山庭園完成
明治 44.3	神苑会解散

＊本稿註 7 を参照のこと。
出所：『神苑会史料』

第八講　遷宮と昭和の宇治山田

田　浦　雅　徳

（史料の引用にあたっては読みやすくするため適宜句読点や濁点を付し、片カナは平がなに直した）

一、はじめに

遷宮シリーズの今回の講座もいよいよ今日で最後となった。さて昭和の遷宮を論ずるにあたり、前回の谷口講師による「明治の遷宮と神苑会」で示された視点をまず確認しなければならない。そこには昭和の遷宮と宇治山田を考えるにあたって重要な視点が示されているからである。

まず第一に昭和の遷宮に関して、勅令で遷御当日を休日とされた事実をもって、遷宮が「国家行事」となったことが示された。本稿ではこの視点をさらに掘り下げていきたい。第二に神苑会事業に関して、宇治山田が「神都」として聖地化の進展がはかられたことが指摘された。さらに第三に、より多くの参拝者が訪れることにより「観光都市」として道路・市内電車の整備がはかられ、市民の集う場としての倉田山苑地にみられるように「公園都市」としての性格も持ち合わせるようになった。以上三点が提示されたが、結論的に言えば、特に第一および第二の視点は昭和に入っては一層顕著になるというのが私見である。

まず昭和四年におこなわれた第五十八回式年遷宮の写真をスライドで何枚かご覧いただきたい

（省略）。このときの遷宮式年祭には後ほど詳述するが、総理大臣をはじめ内務大臣以外の閣僚その他政府関係者や民間代表者も多数参列している。また参道には多くの一般の観覧者もおり、これはそれ以前の遷宮には考えられなかったことであった。

二、明治四十二年の式年遷宮

昭和の遷宮以前に、近代に入ってから行われた遷宮は三回ある。いずれも明治年間に行われたもので、明治二年、二十二年、四十二年である。ちなみに昭和四年の前の遷宮は明治四十二年の第五十七回式年遷宮であった。この時期は、日露戦争に勝利して条約改正の完成にもう一息という、まさに近代国家としての日本の国家体制が整う頃である。この第五十七回の遷宮に関してどのように世間に伝えられたか新聞を通して調べてみると、ある事実に気づかされる。昭和四年のそれと比べ全国紙ではそれほど大々的には報道は行われていなかったことである。新聞の形態も昭和のものとは違い紙面構成も随分おとなしいものであるので一概にいえないが、内宮の遷御が十月二日、外宮の遷御が十月五日に行われ、全国紙では内外宮における遷宮の式典が報道されているものの、それは決して大袈裟なものではなかった。明治四十二年十月三日付『読売新聞』

（以下『読売』と略）の「御遷宮の盛典」という記事は簡潔なものであるが、『東京朝日新聞』（以下『朝日』と略）同日付は一段分とって大体の様子がわかるくらいの報道の仕方である。

これらの記事からわかることは、勅使岩倉掌典長、宮地掌典、臨時祭主久邇宮多嘉王殿下、三室戸大宮司以下百四十四名によって遷宮式が行われ、政府からは神宮の所轄官庁である内務省から平田東助内相以下の関係者が参列し「荘厳を極めたる大盛典」（『朝日』同年十月二日付）が執り行われたということである。

三重県の地元紙である『伊勢新聞』が九月から遷宮関係の記事は増え、遷宮式についても連日詳報しているのも、やはり地元紙だけあって全国紙とは趣を異にしている感がある。

この式年遷宮の祭典がどれくらい拝観を許されたかというと、「特別拝観者、勅任官以上は新殿板垣御門下東方に、奏任待遇以上は新殿と旧殿との間参道北方に百五十余名整列、奉迎す。判任官及各高等官婦人は一段東方にて拝観」し、「一般参観者は平常の参道を境として竹柵を設けたる外より人垣を築きて拝観し」（同前）ということであった。

遷宮にどれくらいの参拝者が訪れたか、はっきりとは確定できないが、新聞報道によれば、十月二日の内宮について『朝日』は「二日の参詣者総数は四万六千三百余、内二万は遷宮式参観者にて実に二十年来の盛況なりき」（十月四日付）、『読売』は「拝観者五万に及び頗る雑踏を極めたり」（十月三日付）と報じ、『伊勢新聞』は「当市に於ける混雑は元より其の近郷、近在迄も余波を被り居れるが二日当日の旅客は（中略）先づ雑と五万人が至当なるらし」といくつかの根拠を示して推量している。内宮参拝者は三紙を総合すれば約五万といったところであろうか。なお外宮参拝者は『伊勢新聞』十月八日付によれば約三万人と報じている。

むろん宮域も市中も大混雑したようだが、「遷宮当夜は饂飩屋の店にも酢屋の台所にも人間の転寝して居らぬ場所はない（中略）殊に甚しいのは内宮神路山へ握飯を腰に附けて樹の根枕に野宿したものが百人や、二百人でなかつたそう《ママ》で、之を見ても其雑沓の如何を窺ひ知られる」（『伊勢新聞』明治四十二年十月五日付）というような話も出ている。しかし一方では、宿泊数に関しては「宿泊人員は予想より尠なく、市内旅館の一日来投宿したる人員は一日四千百二十五人、二日八千二百八十八、三日二千八百五十三、四日三千百五十九人にて、二日は御遷宮当日の事とて八千余人に達し居れるも三日に至りては外宮遷宮式拝観の為め却つて増加を来たし居れり。然るに旅館にては多数旅客の投宿を予想し、貸布団などを借り入れて準備をさをさ怠りなかりしが、さて実際の情況は前記の如く予想程の旅客なく甚だ失望せる向き多しとの事」（『伊勢新聞』同年十月六日）と過大な期待は裏切られたらしい。しかし飲食店は一般に好況で、これは余談だが、赤福餅は「宇治山田市第一なりし」（同前）と今と変わらぬ状況だったようである。

報道のかぎりでは参列者は式年遷宮祭を執行する祭主や供奉員以外は内務省関係や新殿造営にかかわった人々に限られ、後述する昭和四年のように官界各層や民間からも広く参列させるものではなかったし、遷宮のために参拝する人は多いが、国家行事として国民全体で祝意を表し国民注視のなかで行われるほどのものではなかったのである。

また遷宮の様子がどういうものだったかについては、『写真集 三重百年』に掲載された明治四十二年の内宮の「御遷宮図」に付されたキャプションに「当時神宮域内での写真撮影は一切禁止されていたので、絵でしか残っていない」（四九頁）とあるように、写真で知ることはできなかった。新聞には遷宮記念絵葉書が掲載されているが、これは逓信省が発行したきわめて珍しい写真である。少なくとも明治の遷宮自体はこのように粛々と祭事が行われるが、それをメディアを通じて国民に報知するという発想には欠けていたのであった。

しかしその後の二十年というものは、天皇および皇室そして神社の位置づけに大きな変化が生じた。まず図らずも二度の新天皇の御即位を日本は経験した。大正天皇と昭和天皇の御即位は希代の慶事として、また国民教化の観点からも国家の総力を挙げて、国民的慶事として広く伝えられるだけでなく、国民自身が各職域や学校または神社を通じ祝意を表することによって、この慶事に参加する経験を味わったのであった。

ことに昭和天皇の場合は、昭和三年に京都で即位式が盛大に挙行され、即位の礼、いわゆる御大礼を終えた昭和天皇が神宮に親謁されたので、昭和四年の遷宮の前年に新天皇が宇治山田を訪れる機会が生じていた。このとき宇治山田市では御大典事業として新天皇を迎えるために道路整備や下水道整備など新たな土木事業を予算化した。

三、衆議院で式年遷宮の国民的奉祝を質問

では昭和四年の第五十八回式年遷宮はどのように国家行事として取り組まれたのか、その経緯をやや詳しく追っていきたいと思う。最初にこの問題を取り上げたのは政府ではなく、議会側であった。昭和四年三月十九日に衆議院議員池田敬八他四名が「伊勢神宮式年遷宮ノ国民的奉祝ニ関スル質問主意書」を政友会内閣下の政府に提出した（国立公文書館所蔵「公文雑纂」）。この質問の賛成者は二九二名という定数四六六の六割を超すものであった。池田自身は前大蔵省印刷局長、尾崎行雄と同じ三重二区の選挙区で、前年実施された普通選挙法下での最初の選挙で民政党から出馬しトップ当選をはたした人物である。この質問の提出者・賛成者には民政党はもとより与党政友会や中立系、無産政党の議員も名を連ねており、いわゆる超党派による質問であった。

その「質問主意書」は、

今秋行はせらるべき皇大神宮及豊受大神宮の式年遷宮は我が国の重大事にして、其の遷御は皇祖奉斎の重要儀たり。従て国民の挙げて奉祝せざるべからざる国家至重の儀典たること勿

論なり。政府は遷御の当日全国一般に休暇を与へ、或は官国幣社以下諸神社に於て遙拝の祭式を行ひ、或は各学校に於て遙拝の式を挙げしめ、其の他遷宮式当日成るべく参列者の範囲を拡張し多数の者に域内奉拝の機会を与ふる等、国民をして大に之を奉祝せしむるの方法を講ずるの意思なきや。

というもので、式年遷宮の国民的奉祝を行うために、

①遷御当日の休日化
②諸神社での遙拝の祭式を行う
③学校で遙拝の式を挙げる
④なるべく遷宮式の参列者の範囲を拡大する
⑤参列者の範囲を拡大して多数の者が遷宮式を奉拝できるようにする

の五点にわたってその実現方を要望した。その理由として、

両宮の遷宮は我が国最重の儀典たるに拘らず、未だ国民全般に渉り十分に之を知悉せられず、為に遷宮に対する国民的の奉祝に欠くる所あるは誠に遺憾に堪へざる所なり。宜しく此の大儀を全国に周知せしめ国民をして益皇祖皇宗の尊厳を奉拝し皇室の威徳を敬仰せしめ、以て国体の精華を発揮し併せて国民精神の作興に資せざるべからず。

と主意書は述べ、政府に対し、式年遷宮を国民全般に周知徹底させ、「国民的奉祝を行ふこと

刻下の急務なり」と訴え、政府の遷宮への取り組みの方針を質したのであった。

この質問書に対する、政府の答弁書もみておかねばなるまい。当時は政友会内閣で、この問題の主務官庁である内務省の望月圭介内相は次のような答弁を行っている。

神宮式年遷宮の大儀は皇祖奉斎の最重要儀にして、挙国表慶、奉賀の誠を至すべき国家至重の儀典なるを以て、其の当日を国祭日となさんとするは誠に意義あるものと信ずるも、其の影響する所亦少からざる次第なるを以て目下慎重考究中に属す。

尚当日各地に於て遙拝式を挙行すること、並宮域内に於ける参列者、奉拝者の範囲を拡張すること、其の他可及限り挙国奉祝の実を挙ぐるの方法に就ては、目下夫々攻究を進めつつあり。

質問の①遷御日の休日に関しては、国民全体を巻き込むことになるので慎重な態度を示していたが、②~⑤については検討中であることを表明している。これ以前に政府と主意者の間に何らかの合意がすでに得られていたかどうかはわからないが、少なくとも形式的には遷宮の国民的奉祝は民政党・政友会・中立をふくんだ実に多数の議員の要望から始まったといわねばならない。この質問を受けて、政府が遷宮を国民的奉祝とする方向で検討しだしたことが、当時の新聞記事からわかる。

『朝日』昭和四年五月十日付の「今秋伊勢神宮の遷宮式年祭、国民的祝祭日として／次官会議で協議」という記事である。それによれば五月九日に首相官邸にて各省次官会議を開き、式年遷宮は「国民的の祭であるから政府としても国を挙げてこれを記念する方針に決定し」たという。具体的には、

①神宮への一般参拝者について宮内省・内務省・内閣間で協議する。

②式年遷宮当日は休日とするが、十月二日（内宮）のみとするか五日（外宮）も含めるかは今後協議する。

③休日の公布は勅令で行う。

④一般神社の遙拝式、学校の奉賀式、遷宮に関する唱歌やスタンプに関して宮内省と内務省間で協議する。

⑤海軍省からは軍艦「五十鈴」を二見浦沖に派遣する。

⑥遷宮に関するラジオ放送を文部・内務・逓信・宮内の各省間で協議する。

⑦鉄道運輸の便宜を図るため鉄道・内務・宮内の各省間で協議する。

の七項が挙げられている。前述の議員の質問書の要望するところは全て実現化の方向が示され、内容はさらに拡大している。後に政府が正式に決定する内容はほぼここで出そろっている。

次官というのは各省の大臣に次ぐ地位で事務方のトップである。当時の内閣は田中義一首相による政友会内閣で、田中義一は前年十一月に挙行された即位の大礼の晴れ舞台には首相として参

列する光栄に恵まれたが、前年に起こった満洲某重大事件、すなわち張作霖爆殺事件の処理をめぐって内閣が揺れ動いているときであった。それはともかく政友会内閣における各省次官会議で式年遷宮を国民的祝祭とすることが決定された。

遷宮の国家行事的取り組みの具体化は、『伊勢新聞』の紙面においても伝えられていた。これを紙面から追うと、「今秋行はれる神宮御遷宮式を内務、文部、両省が呼応して宣伝に努める」（昭和四年五月十二日付）、「神宮御遷宮式に軍艦の派遣は空前／国民の公休日は十月の二日？／神宮司庁某高官語る」（同前）、「国家をあげて行はるる伊勢神宮の御遷宮式／国民の代表人物を参列拝観せしむ／本県の之れに対する諸準備」（五月二十五日付）、「崇厳極りなき御遷宮の大儀／従来の慣例を破つて挙国的に執行する」（五月三十一日付）と次第に国家的行事化される様子が伝えられていた。

六月十五日には府県知事を内務省に集めて地方長官会議が開かれている。各府県知事は戦前では民選ではなく、内務省の役人が任じ、地方長官という言い方をすることも多くあった。地方長官会議というのは府県知事の会議ということである。冒頭、望月内相は、

神宮式年遷宮は御承知の如く二十年毎に行はるゝ皇祖奉斎の至重なる祭典であります。（中略）この盛儀に方りまして国民ひとしく奉賀の至誠をを致すべきはもち論でありますが、更に進で一層、神宮奉斎の意義を一般に徹底すべきやう各位においても適宜の処置を執られむ

ことを望むのであります。

と地方長官に訓示を垂れている（『朝日』六月十六日付）。新聞報道によれば午前中の質問では、神奈川・佐賀・宮崎の知事から、式年遷宮の時に当たって「敬神思想の振作」に努力してはどうか、遷宮式参列者の範囲は如何か、という質問がなされ、それに対して吉田茂神社局長（後の首相吉田茂とは別人）は、「至極同感であるから敬神思想の振作に関し適当の方法を講ずるはずである。遷宮遙拝の祭事を定めて各神社にとり行はせる積りである。又参列員の範囲はなるべく国民全体が奉賀し得るやう考慮中である」と答えている（『朝日』六月一六日付「遷宮式当日は国民全体が奉賀／地方長官会議第二日」）。内務省において中央と地方長官が一体となって、遷宮の「国民的奉祝」が形成されていったということであろう。

四、政権交代後も変わらぬ取り組み

ところがその半月後の七月二日、先述の満洲某重大事件の処理に窮した田中内閣はついに倒れ、民政党を与党とする浜口雄幸内閣が誕生した。大正末から昭和七年の犬養内閣まで、いわゆる「憲政の常道」として政友会と民政党（前身は憲政会）が二大政党として政権を交代で担当することが多く、田中内閣崩壊のあと民政党総裁の浜口雄幸に大命が降下した。政権が代わって政策が変更されることは当時も往々あることであった。しかし民政党内閣が成立した直後の『伊勢新聞』七月十日付に「神宮御遷宮式は全国的祭儀とする／内閣が更迭しても何等変らぬ／けさ来県した吉田神社局長談」という興味深い記事が載っている。「伊勢神宮参拝の安達内相に同車随行して、御遷宮式に関する検分の為め九日朝来県した吉田神社局長は車中、御遷宮式に就て左の如く語った」という書き出しで始まる記事であるが、吉田神社局長が伊勢新聞の記者に語った内容は以下のとおりであった。

伊勢神宮御遷宮式は内閣の更迭に依って何等変るものでないから、前内閣に於て決定した如く全国的祭儀として執行されるので、已に閣議で決定して居る如く来る十月二日の内宮に於ける祭典を国民祭として一般官公署、学校等に休日を賜るのであるが、今後当局としては此祭儀を機会に国民に皇祖敬神の思想を普及徹底すべく目下神宮当局で遷宮式に関する唱歌を募集中で、之れを全国の学校生徒に奉唱せしむると共に、祭儀当日は全国の各学校、青年団等で学校長又は団長等より、これに関する講話を為さしめ同時に其趣旨を全国に配分する考へである。参列者も出来得る限り全国より各代表者に網羅する計画で、国務大臣では首相と内相は当然参列するが、貴衆両院議員代表者其他全国的に参列せしむる方針である。

重要なのは、民政党内閣においても遷宮を国民的祭儀とする方針には変わりがないことを安達謙蔵内相に同行した神社局長が明言した点である。神社は、戦後は国家管理から離れているが、戦前には神社は国家管理の下にあり神宮はもとより一般の神社もその社格に応じて内務省や県の管轄下に置かれており、神社行政を担当するのは内務省神社局であった。その神社局長の言だけに重みがあった。

民政党と政友会では特に外交政策では対立することが屢々で、例えば対中国政策では片や不干渉政策を貫き、片や山東出兵など積極的干渉を行うといった風であった。ゆえに遷宮に関しては政権交代しても何等変更はないことをいち早く明言し、世間の不安を払拭したのではないかと思われる。

五、式年遷宮に関する諸計画の決定

このあとの『朝日』七月二十七日付の「遷宮事務参与会/けふ内相官邸で初会合」という記事は、内務省に「神宮式年遷宮委員会部規定及職員」(委員長は潮恵之輔内務次官)が定められ、その初会合が行われたことを伝えている。いよいよ式年遷宮を挙行する内務省を中心とした政府の体制が固まったことがわかる。

またちょうど同時期の七月下旬ころ、政府において「神宮式年遷宮に関する諸計画」が策定されている（内閣総理大臣官房総務課「神宮式年遷宮ニ関スル件」、国立公文書館所蔵）。この史料は、今回の遷宮奉賀の取り組みが、それ以前にはない新たな事業であることを示す重要なものである。これまで判明した計画と重なる部分も多いが、興味ぶかいので全文を紹介しよう。

神宮式年遷宮に関する諸計画

今秋（皇大神宮十月二日・豊受大神宮十月五日）挙行せらるべき神宮式年遷宮は皇祖奉斎の至重なる祀典なるを以て、普く其の意義を国民に周知徹底せしめ挙国奉賀の実を挙ぐるが為、予て当局に於て大体左記計画に依り之が準備を進めつゝあり。

記

一、参列員に関する件（従前なし）

神宮式年遷宮は国家至重の祭儀たるに鑑み、当度より一定の資格者をして本儀に参列せしむるの例を開かんとす。而して参列の資格に関しては目下関係当局に於て考究中に属す。

但し参列員の服装は大礼服、正装、服制なきものは通常礼服とする見込なり。

一、奉拝者の件（従前に比し範囲拡張）

成るべく多数の者をして奉拝せしむる予定にて、既に其の資格、場所、人員等に付大体之を決定し目下其の設備に関し準備中なり。

一、休日の件（従前なし）

挙国奉祝の至誠を表せんが為、皇大神宮遷御当日たる十月二日を以て国祭日とし休日に定めらるゝ様致したき希望なり。

一、官国幣社以下一般神社遙拝式の件（従前なし）

当日は全国の官国幣社以下一般神社に於て遙拝式を執行すべき旨規定する見込なり。

一、学校其の他に於ける奉賀式の件（従前不十分）

諸学校、男女青年団、青年訓練所等に於ては遷御当日奉賀式を執行せしむる予定にて、既に大体文部省と内議済なり。而して右奉賀式に於ける訓話材料は神宮司庁に於て之を作製し目下印刷中に属するを以て、之が完成の上は主として内務・文部両省に於て各所へ送付の予定なり。

一、奉頌唱歌の件

従前皇大神宮奉頌の唱歌なきを以て今回の式年遷宮を機とし之を定め、前項奉賀式の際を初めとし爾後神宮の参拝、遙拝其の他適当なる場合に国民をして奉唱せしむるものとなさんとす。而して歌詞は懸賞募集の方法に依りて定むるを適当と認め、本年六月一日内務・文部両省の名を以て之が募集の公告をなし、締切日たる七月十五日迄に約三千の応募歌詞を得たり。又歌譜は音楽学校に作製方を依頼する見込なり。

一、記念切手等に関する件（従前はスタンプ絵葉書のみ）

式年遷宮を記念せんが為、切手並絵葉書の発行及スタンプの押捺等に関し逓信省に於て考慮せられたき希望なり。而して同省に於ては既に其の資料を蒐集考案中の趣なり。

一、御警衛並奉祝の為軍艦を伊勢湾に派遣するの件（従前なし）

御警衛並奉祝の為海軍省に於ては特に軍艦「五十鈴」を二見沖に派遣し、皇礼砲を発射せしむる予定なり。尚状況に依り水兵一箇中隊を儀仗又は奉拝の為神宮に派遣し、又軍艦「五十鈴」をして夜間電灯艦飾を行はしめらるゝ趣なり。

一、参宮者の鉄道運賃割引の件

遷御当日を始とし其の以後引続き全国より多数参拝者の群参あるべきを以て、其の便宜を計る為鉄道省に於て臨時列車の運転、運賃割引等に関し考慮中の趣なり。

一、ラヂオ放送の件

遷御当日遷宮に関する講話を放送する予定なり。

ここに具体的な計画が出そろったのである。各項目の下に付記された「（従前なし）」とか「（従前不十分）」などの文言にも注目する必要があろう。各項の説明を見ても今回の遷宮をもって遷宮のやり方、遷宮の奉祝の仕方に新例を開こうとする明確な意思を読み取ることができる。遷宮を「国民参加型の国家的行事」にするという意思である。それは国家による敬神思想の強化、国民教化の普及と見ることも出来るが、国民の側からいえば国民に開かれた遷宮とも言える。その点からいえば、国家管理から離れざるを得ず、それゆえに財政的支援が失われ「奉賛会」形式で行われた、戦後の式年遷宮に通ずるものがあるという見方もできるのではないかと思われる。その意味で第五十八回式年遷宮は遷宮史における一つの画期だった言えるのではなかろうか。

右の諸計画は次々と新聞を通じて広く国民に報知されていく。「神宮式年遷宮奉拝式／文部省から各学校へ通牒」(『朝日』八月十八日付)とあるように、文部省から各学校に対して遷宮当日に左記の事項を行うよう通達が出された。

一、神宮遙拝
一、教育に関する勅語捧読
一、神宮式年遷宮に関する訓話
一、神宮奉せう歌奉唱

最後にあげられた「奉せう歌」は歌詞と楽譜をあわせて「神宮奉頌歌」として、九月四日に選定され『官報』で公表された。これは遷御当日の奉拝式で歌われることになる。

遷御当日を休日とする案が出されていたことは既報のとおりだが、結局内宮で行われる遷御当日一日のみを休日にすることが、九月二日付勅令第二六五号で定められる（国立公文書館所蔵「公文類聚」）。

「神宮式年遷宮に属する皇大神宮遷御の当日昭和四年十月二日は之を休日とする」

というもので、その「理由書」には、

神宮式年遷宮は国家の重事にして、就中遷御の儀は皇祖奉斎の至大なる祀典なるを以て、皇大神宮遷御当日たる十月二日を祭日として休日に定め、以て挙国奉賀の至誠を表する所あらしむるを至当とするに由る。

とある。しかも休日とした十月二日を休むことによって生ずる日給の喪失に対しても、「神宮式年遷宮に属する皇大神宮遷御の当日（来る十月二日）は、本年勅令第二百六十五号に基き諸官業休業とするも、其の職工其他従業員の当日の給料は特に之を支給すること」が閣議決定され（九月六日）、官営工場従業員その他各官庁の日給雇員に対してはその日の賃金を給与することになった。まず各官公庁等の日給勤務者に対して休日となった当日分の賃金を支給することにより、民間会社への波及を狙ったものであろう。

六、幅広い範囲で参列員と特別奉拝者

すでに一定の資格を有する者を参列員となす方針については示されていたが、その範囲が決定したのは九月十三日であった。その後の追加分と合わせて列挙すれば、

大勲位総代、枢密院議長、元帥総代、国務大臣総代、宮内大臣、内大臣、前官礼遇総代、陸軍大将総代、海軍大将総代、枢密院副議長及び枢密顧問官総代、貴族院議長、衆議院議長、有爵者総代から各一人。

各中央官庁（内閣、枢密院、宮内・外務・内務・大蔵・陸軍・海軍・司法・文部・農林・商工・逓信・鉄道・拓務各省、会計検査院、行政裁判所、貴族院事務局、衆議院事務局、朝鮮総督府、台湾総督府、関東庁、樺太庁、南洋庁）の職員各一〜数人。

警視総監・北海道庁長官・府県知事、勅任官又は同待遇たる三重県内の官衙又は学校の長、神宮皇學館長、官国幣社以下神社神職総代、貴族院議員総代、衆議院議員総代、三重県選出貴衆各院議員、道府県会議長、全国市長総代、全国町村長総代、宇治山田市長、宇治山田市会議長、神宮旧神領町村長、民間功労者、神宮造営及遷宮関係各庁高等官、神宮造営関係功労者から各一〜若干名（前掲「神宮式年遷宮ニ関スル件」）

となる。省庁や職位・官位等の中で総代や参列員を選ぶべきところは十七日までに名簿を出すように指示が出されている。出てきた名簿にしたがい人員は内宮・外宮それぞれに割り振られた。省庁から代表一人だけのところは両宮に参列する。人選は実に広い範囲に及んでいる。文武百官というにふさわしい中央・地方の官界・議会から民間にいたるまで、参列員を国民各界各層から選ぼうというものであった。朝鮮総督府など本土以外の版図の統治機関の代表にも拡げられて、まさしく遷宮が「帝国」の盛儀にふさわしいものとされている点は注目すべきであろう。

また神宮旧神領の町村長、具体的には二見町・大湊町・神社町・宮本村・御薗村・四郷村・浜郷村の町村長と城田村長を参列員に挙げている。当時進行していた宇治山田都市計画の指定区域として宇治山田市以外に選ばれるのが、上記のうち城田村を除く旧神領の三町四か村になることを考え合わせると実に興味ぶかい。

遷宮参列員名簿が確定すると、大勲位・前官礼遇総代とか民間功労者などの氏名が確定すると新聞で報道された。国民にも段々と参列員の範囲も判明して、それが各界の名士ぞろいだとわかると、遷宮への注目度がさらに増していったのだろうと想像される。

特に重要なことは今回の遷宮が内閣総理大臣の参列のもとに行われることであった。「遷宮要解」(前掲「神宮式年遷宮ニ関スル諸計画」)ではその点を次のように強調する。

前例によれば内務大臣并に御造営工事に関係の職員をして式中に参列せしめられたのである

が、当度は内閣総理大臣・内務大臣以下衣冠の装にて参列供奉せしめらるゝ上に、更に文武百官等の代表に参列を命ぜられ、此等の参列者は大礼服又は正装にて御式に参列するやうに承って居る。此の如く首相を始め百官群臣の代表者に供奉若くは参列を命ぜらるゝ事は当聖代より始めて行はせらるゝ事にて、皇祖奉斎の第一重儀たる遷宮祭を国家の最大儀典として愈々整備せらるゝ次第と有難く拝察するのである。

ここに述べられているように、昭和四年の遷宮がまさしく「国家の最大儀典」として位置づけられていた点に大きな特徴があると言えよう。

他方、「諸計画」の第二に上げられていた、「奉拝者の件」はどうだったのであろうか。「神宮式年遷宮特別奉拝者」の資格・参拝出願手続き・服装等について発表されたのは八月二十六日付『官報』であったが、その具体的有資格者は、

高等官・同待遇、有爵者、有位者、帯勲者、貴族院議員、衆議院議員、褒章受領者、神仏各教宗派管長、門跡寺院住職、基督教各派代表者、学位を有する者、法律勅令の定むる各種委員会の委員、在職判任官・同待遇、道府県会議員、朝鮮道評議会員、台湾総督府評議会員、台湾州協議会員、市長・大連市長・旅順市長、六大都市の市の参与・助役・局長・区長、市会議長、大連市会議長、旅順市会議長、宇治山田市会議員、町村長(名主、小笠原島世話掛、朝鮮に在りては面長、台湾に在りては街庄長・区長、関東州に在りては会長、樺太に在

りては町村長、南洋に在りては総村長・区長・村長・助役を含む）、町村会議長、名望家・各種事業功労者、神宮関係事業従事者、神宮皇學館学生生徒、学校学生生徒並児童総代、消防組員総代、帝国在郷軍人会員総代、青年団員総代、青年訓練所生徒総代、女子青年団員総代、少年団員総代、特に遷宮委員部に於て認定したる団体の代表者（「奉遷期日其の他官報掲載」、前掲「神宮式年遷宮ニ関スル件」）

であった。

特別奉拝者の許可範囲は実に幅広い層にまでゆきわたり、その該当者は一万五千名に上った。その最たるものが、「学校学生生徒並児童総代」であった。具体的には大学、高校、専門、師範、男女中学、実業学校、小学校のそれぞれの総代であり、『大阪朝日新聞』三重版はこれを「小学生の総代も遷宮祭奉拝を許さる／一万五千に上る特別奉拝者、参列者とその資格」（八月三十一日付）と特筆して伝えている。

特別奉拝者の割り当てては三重県では県内小学児童、実業補習生、青年訓練所等の総代一千余名が「差許された」ので、さらに各郡市に割り当てられ、度会郡の旧神領地四郷、二見、浜郷、神社、大湊、御薗、宮本の各町村には特別に多く計百三人が許された。宇治山田市は各学校生徒児童中から一五三名で、ちなみに津市は二二名、四日市市は一九名であった（「特別奉拝の小学生／その割当数」『大阪朝日新聞』三重版九月十八日付）。宇治山田市の学校関係の特別奉拝者をもう少し詳しくいえば、小学校尋常科五年生以上の正副級長、中学校は正副級長を代表者に選抜した。青年訓練所からは生徒四一名、引率者二名の特別参拝が「差許された」という(『神都の学校青訓、特別奉拝者割当／地元の故で番外の多数／成年にも同様差許されん」『伊勢新聞』九月十九日付)。神宮を擁する三重県は他県に比して、割り当て該当者多かったが、ことに地元宇治山田市は県内の他市町村のなかで群を抜いていた。

特別奉拝者の資格範囲が示されると、それに基づき地元でも出願の手続きが始められた。例えば浜郷村役場は九月四日に「神宮式年遷宮特別奉拝者ノ件」と題する文書を出し、奉拝有資格者である「有位者、帯勲者、在職判任官仝待遇、県会議員、町村長」のうちから出願者を募ったが、願い出た者は幕谷甚平など十二名で、結局同村からはそのうち九名が特別参拝参入証を交付されている(伊勢市通町自治会所蔵「通町有文書」)。

なお出願手続きを経て最終的に決まった特別奉拝者は約一万二千余人となったが、そのうち三重県は三、四九〇名であった(『伊勢新聞』九月二十一日付)。

さて神宮および神社の主務官庁である内務省の主要な管掌は、大きくは地方自治や治安警察で、新聞も内務省の管轄下にあった。政府は遷宮に関して国民教化の観点から新聞による報道を重視したのであろう。『朝日』九月十日付に「遷宮新聞通信団組織／申込規約発表」という記事が掲載されている。

来る十月初旬伊勢にて行はれる神宮式年遷宮は、従来に例を見ない総理大臣の参列をはじめ奉拝者の数も許す限りにおいて増加せられ、敬神崇古の国民精神を一般に徹底せしむべく当局でも努めてゐるが、この盛儀を報道するに万遺憾なきを期するため内務省は遷宮新聞通信団設置斡旋方を都下有志新聞通信社の組織する二十一日会に委嘱したので、その尽力により今回遷宮新聞通信を組織することゝなつた。

前述の「諸計画」に「参宮者の鉄道運賃割引の件」とあったが、これも具体化されて報道されることになる。「遷宮祭に臨時列車／賃金も二割引」(『朝日』九月二五日付)では、遷宮祭参列者のために九月三十日と十月四日に東京発山田往き臨時寝台急行列車(三日、六日はその逆)を運行すると発表し、「なほ一般参列者のため九月二十八日より十月十五日まで全国各駅から山田駅行往復切符に限り二割引とする事となつた」と鉄道利用の参拝者のために鉄道運賃の二割引を実施することにした。

また「諸計画」では海軍省が軍艦「五十鈴」を二見沖に派遣するとされていたが、実際には、五十鈴はもとより第一艦隊総勢三六隻が二見沖に入港するというさらに大規模な内容に発展している。新聞記事は次のように伝える。

「遷宮祭に海軍の行事」(『朝日』九月二十日付)

一、十月二日午前八時四十五分より艦船部隊、学校において遙拝式を挙行し訓話をなす。

一、十月二日、五日の両日は伊勢湾在泊中の軍艦、駆逐艦、掃海艇は満艦飾をなし、潜水艦は艦飾を行ふ。夜はイルミネーションをなす。

一、十月一日より六日まで御警衛のため軍艦五十鈴を特派する。

一、第一艦隊全部十月一日より五日頃まで伊勢湾停泊。

一、十月二、三、四、五の四日間、第一艦隊においては毎日二千五百名の参拝団を組織し神宮参拝をなす。

艦船部隊や学校つまり海軍兵学校とか海軍教育機関の各種の学校で遙拝式をおこなうことにし、五十鈴川河口にひろがる伊勢湾沖でも海の上から奉祝しようというわけであった。地元の浜郷村長竹屋弥助は村内の区長あてに、十月二日から六日の間に第一艦隊が二見沖に停泊するので、その間の軍艦の観覧が許可されることを知らせている（前掲「通町有文書」、昭和四年九月二十六日「軍艦観覧ニ関スル件」）。恐らくこれは浜郷村に限らずこの地域の人々が第一艦隊の堂々たる偉容を眺めるばかりか軍艦に乗艦し直接観覧する機会を与えられたことを物語っている。

また浜郷村長竹屋弥助は、各区長あてに、両宮における遷宮当日「国旗を掲揚すべきは勿論」であるが、「旧神領民として可成《なるべく》休業、奉祝の誠意を表するを適当の処置なりと被存候」と通達している（同右）。

今回の昭和四年の遷宮はそれまでに遷宮への取り組みと一線を画す重大な国民的盛儀であったことがわかるが、それを端的にあらわしたのが次の記事である。「式年遷宮の新意義」（『朝日』十月二日）

今次第五十八回の御式年について、特に後世のために記念すべき点は幾つもあるが、第一には空前の荘厳をもつて、昨秋執行はせられた御即位の大典に引続いて、偶然ながらもこれが昭和御代始めの、民を新たにする一つの大切なる目標となつたことである。第二には政府が国民多数の心からの希望に順応して、いよいよこの御儀式を全国化し、また中心化しようとして居ることである。これは少なくとも過去の御遷宮の事績においていまだ録せられざる新しい出来事であつた。

とくに第二の点は重要であろう。「国民多数の心からの希望に順応して」という文言はこの遷宮が、政府による上からの国家行事化という側面だけではなく、国民の側からの希望であった点も表している。昭和戦前期という独特の熱気をおびた時代の雰囲気を表すものではないだろうか。そしてこの熱気こそ、宇治山田という都市の「神都」、「聖地」としての性格を深めていく原動力になったと言えよう。

七、遷宮に対する宇治山田市の取り組み

では宇治山田市は遷宮に対して、どのような独自の取り組みをしたのだろうか。市では御遷宮奉祝費として昭和四年度予算にすでに三千五百円を計上していたが、前回明治四十二年の奉祝費が三千円であったのに比べて少額の感があったので、「一般市民はなるべく盛大に奉祝したいと要望してゐるので、市当局では市民の声に応ずべく近く町総代と市会議員との聯合協議会を開いた上、追加予算を計上し市会の承認を得る予定」(『大阪朝日新聞』三重版五月九日付) だと報じている。その後、町総代では「三千余円を投じて懸賞煙火競技大会ほか各種余興を開催することを決定したが (『伊勢新聞』七月十七日付)、七月十九日に開かれた市会の奉祝委員と町総代委員との連合協議会では、次のような新たな奉祝施設が計画された (「神宮遷宮奉祝施設費八千円／市内学生の提灯及旗行列も催す」『伊勢新聞』七月二十日付)。

市としては経費七千八百余円を投じ、駅前に鳥居型奉祝大緑門《アーチ》の建設、或は十月二日内宮、五日外宮の遷御式当日、市内男女学生が提灯行列及旗行列を催す外、各般の施設を為す予定で同施設予算案の内容は、

△駅前緑門設備費 九千円《(ママ)》、△御幸道路其他装飾設備費 四百四十円、△献上品 百五十十円、△記念品費 九百円、△接待費 一千五百円、△祝砲費百円、△衛生費五百円、△救護費四十五

円、△湯呑所二ヶ所設備費百七円、△警備費三百五十円、△学生提灯旗行列費一千八十円、△事務費六百六十円、△ポスター其他宣伝費五百四十円、△予算〔備〕費五百円、▲合計七千八百五十余円

であつて、既決奉祝費予算三千五百円では四千三百五十余円の不足を愬《うった》へるので、近く追加予算を市会に提出することになるであろう。

実際七月二十三日の市会において奉祝費四三五二円の追加歳出が認められ、その財源として新たに同額の特別税戸数割の追徴も可決された（『宇治山田市公報』第六三号、昭和四年八月五日、『伊勢新聞』七月二十一日付）。

市内の小学校、中学校は九月二日に市役所で協議し、「十月三日、同六日の両日昼は、小学校児童、商業学校、高等女学校生徒六千六百名が旗行列をなし、夜は尋常五年以上の児童三千名が提灯行列をなし市内を練り歩くこととなった」（『大阪朝日新聞』三重版九月四日付）。

計画通り鉄道による宇治山田の玄関口である山田駅前には、杉の枝葉で覆った鳥居型大アーチの歓迎門が建てられ、十月三日および六日に昼間の旗行列と夜の提灯行列が奉祝を盛り上げた。三日は昼が約一万数千人、夜が約一万人（『大阪朝日新聞』三重版十月三日付）、六日は昼が約九千人、夜が約五千人が見込まれると報じた（『大阪朝日新聞』三重版十月五日付）。花火大会は「御遷宮奉祝全国花火競技大会」として催され、応募が予想以上の多数にのぼったため、六日夜

の四百本弱の打ち上げ花火だけでなく、七日の夜には「奉納花火」として宮川堤で盛大に打ち上げられた。

遷御式は十月二日に内宮、五日に外宮で「荘重に」（『大阪朝日新聞』三重版十月三日付）行われた。二日はあいにくの秋雨であったが、五日はそれを拭うように晴れわたった。参拝者も早朝から押し寄せ、山田駅は「大雑踏」であった（『大阪朝日新聞』三重版十月六日付）。遷宮による神宮参拝客や駅の乗降客数について「御遷宮を目あてに神宮参拝に押寄せた人々はざつと三十万人といはれてゐるが、山田駅における十月一日から六日までの乗降客は乗客六万二千八百五十七人、降客十二万三千二百九十五人であつた。なほ両宮参拝者は内宮十一万余人、外宮十五万三千人であつて、六日の参拝が一番多かつた」（『大阪朝日新聞』三重版十月八日付）という。乗客と降客の人数に余りにも開きがありすぎるが、これは六日以降もまだ滞在していた客が多かったということであろうか。

宇治山田市の公表によれば、昭和四年十月の内宮・外宮合計参拝者数は七三万二千人であった。その前後の年の月間参拝者数が同四年十月に次いで二番目に多いのが、御遷宮奉祝神都博覧会の会期中の同五年四月期の四九万二千人であるから、それをはるかに超える数字であった。ただし十月期の山田駅、山田上口駅合わせた降車人数は約二三万七千人であり、その年で最も多い四月の約二八万六千人には及ばなかった（『宇治山田市公報』第九六号、昭和五年十二月五日）。

宇治山田、二見管内の旅館の宿泊者数も同年十月は約五万一千人でその年の二、三、四月の宿泊者数には届かなかった（『宇治山田市公報』第九三号、昭和五年十一月五日）。遷宮の期間は約一週間と限られており、集中的に訪れたとしても月間ではそれほど多くはなかったのである。しかし昭和四年の年間参拝者数は約三八五万人となり、前年より一挙に百万人近く増加した。その年以降昭和十九年まで三百万人台は一度も下回っていない。参拝者数は一つの目安にすぎないかもしれないが、神宮（内宮・外宮）参拝者数においても、昭和四年は明らかに画期であった。

神宮へ注がれる国民の意識と人の流れの拡大は、「伊勢神宮式年遷宮ノ国民的奉祝ニ関スル質問主意書」にみられるように、国家イデオロギーにおける神宮の位置づけの上昇と密接にからんでいた。遷宮の取り組みのなかでこれを宇治山田市の発展の好機会として博覧会的なものの開催につなげようという動きもその延長にあり、それは翌五年の「御遷宮奉祝神都博覧会」として結実する。また宇治山田市は昭和二年に都市計画法の指定を受け、都市計画像の構想を練りつつあったが、その構想も「神都」にふさわしい壮大な構想へと発展していき、大神都聖地計画構想へとつながっていくのである。昭和四年の遷宮は近代の宇治山田を変えていく明かな画期となったといえるであろう。

参考文献・史料一覧

第一講　伊勢の神宮と式年遷宮（清水潔）

【史料一覧】

・『日本書紀』（新訂増補国史大系本・日本古典文学大系本）
・『古事記』（日本古典文学大系本・新潮日本古典集成本）
・『古語拾遺』（岩波文庫本）
・正倉院文書「皇大神宮殿舎錺金物注文」（『大日本古文書』二十五・年紀闕・「造大神用途帳案」）
・『万葉集』（日本古典文学大系本）
・『続日本紀』（新訂増補国史大系本・新日本古典文学大系本）
・『日本後紀』（新訂増補国史大系本）
・『日本三代実録』（新訂増補国史大系本）
・『扶桑略記』（新訂増補国史大系本）
・『延喜式』（新訂増補国史大系本・訳注日本史料『延喜式』上）
・『皇太神宮儀式帳』（新校群書類従本）
・『止由気宮儀式帳』（新校群書類従本）
・『大神宮諸雑事記』（新校群書類従本）

・『二所太神宮例文』（新校群書類従本）
・『倭姫命世記』（新訂増補国史大系本・日本思想大系一九『中世神道論』大隅和雄校注本）
・『金光明経』（大正新修大蔵経十六）
・『仁王般若波羅蜜経』（大正新修大蔵経八）
・『明治天皇紀』第十（明治三十七年七月二十一日条）

【研究一覧】
・福山敏男『神宮の建築に関する史的調査』（造神宮使庁・昭和十五年）
・福山敏男『日本建築史研究』（墨水書房・昭和四十三年）
・広瀬和雄「神殿と農耕祭祀―弥生宗教の成立と変遷―」（池上曽根遺跡史跡指定二〇周年記念事業委員会）
・広瀬和雄「弥生・古墳時代のカミ観念」（『大美和』一一〇）
・広瀬和雄編著『日本古代史 都市と神殿の誕生』（新人物往来社・平成十年）
・宮本長二郎「伊勢神宮本殿形式の成立」（『神道史研究』四九―三・神道史学会）
・宮本長二郎『伊勢神宮御正殿構造形式の変遷』（伊勢神宮崇敬会叢書十二）（伊勢神宮崇敬会・平成二十年）
・滋賀県守山市教育委員会『伊勢遺跡確認調査報告書Ⅶ』（平成二十一年）

・史跡池上曽根遺跡整備委員会「弥生王国の宮室」（平成七年）
・B・タウト『ニッポン』篠田英雄訳（世界教養全集七・平凡社・昭和三十六年）
・田中卓『伊勢神宮の創祀と発展』（田中卓著作集四・国書刊行会・昭和六十年）
・坂本廣太郎『神宮祭祀概説』（神宮教養叢書第七集・神宮司庁・昭和四十年）
・谷　省吾『神を祭る』（皇學館大学出版部・平成元年）
・西義雄「神道と護国三経典」（大倉精神文化研究所『総合研究　飛鳥文化』・国書刊行会・平成元年）
・日野西資博『明治天皇の御日常』（新学社教友館・昭和五十一年）

第二講　持統天皇の伊勢行幸と第一回式年遷宮（岡田登）

【史料一覧】

・『万葉集』巻一（四〇・四一・四二・四三・四四・五七・五八・六〇・六一・一九九番歌）
・『延喜式』巻四・神祇四・伊勢大神宮（『新訂増補国史大系』所収）
・『日本書紀』神代巻下、崇神天皇五・六年条、神功皇后摂政前紀、持統天皇六年条、天武天皇即位前紀、天武天皇元年六月条
・『続日本紀』文武天皇二年・大宝二年・宝亀十一年条（『新訂増補国史大系』所収）

・『釈日本紀』巻十五・述義十一・天武天皇（『新訂増補国史大系』所収）
・『神宮雑例集』（『群書類従』巻第一所収）
・『新抄格勅符抄』第十巻・神事諸家封戸・大同元年牒（『新訂増補国史大系』所収）
・『日本霊異記』（『岩波古典文学大系』所収）
・『和名類聚抄』（『諸本集成倭名類聚抄』本文篇所収）
・『十六夜日記』（『岩波古典文学大系』所収）
・『吾妻鏡』（『新訂増補国史大系』所収）
・『皇太神宮儀式帳』（『群書類従』巻第一所収）
・『太神宮諸雑事記』（『群書類従』巻第一所収）

【研究一覧】
・『神宮―第六十回神宮式年遷宮―』（小学館）
・神宮司庁『お伊勢参り』
・『斎宮歴史博物館総合案内』

第三講　鎌倉時代の遷宮（多田實道）

【史料一覧】

・「皇太神宮儀式帳」(『群書類従』巻第一所収)
・「止由気宮儀式帳」(『群書類従』巻第二所収)
・「建久元年内宮遷宮記」(神宮司庁編『神宮遷宮記』第一巻所収)
・「遷宮例文」(『神宮遷宮記』第二巻所収)
・「安貞二年内宮遷宮記」(『神宮遷宮記』第一巻所収)
・「宝治元年内宮遷宮記」(『神宮遷宮記』第一巻所収)
・「文永三年遷宮沙汰文」(『神宮遷宮記』第一巻所収)
・「元亨三年内宮遷宮記」(『神宮遷宮記』第三巻所収)
・「神宮雑例集」(『群書類従』巻第四所収)

【研究一覧】

・『伊勢市史』第二巻・中世編(伊勢市・平成二十三年)
・増補大神宮叢書1『神宮典略』前篇(神宮司庁編・吉川弘文館・平成十七年)
・神宮司庁編『神宮要綱』(昭和三年)
・神宮司庁編『神宮史年表』(戎光祥出版・平成十七年)
・神宮司庁広報室編『第六十二回神宮式年遷宮へ向けて　神宮』(神宮司庁・神宮式年造営庁・

平成十八年）
・大西源一『大神宮史要』（平凡社・昭和三十五年）
・岡田登「外宮御杣、阿曽御杣をめぐって―十三世紀に於ける動向―」（『皇學館大学文学部紀要』第四十輯・平成十三年）
・鎌田純一「中世における遷宮」（『神道史研究』第二十巻第五・六号、昭和四十七年）
・鎌田純一「中世における神宮仮殿遷宮（上）（中）（下）」（『大倉山論集』第二十七・二十八・三十輯、平成二～三年）
・福山敏男「神宮の建築とその歴史」（相賀徹夫編『神宮―第六十回神宮式年遷宮―』所収・小学館・昭和五十年）

第四講　式年遷宮の中絶と復興（岡野友彦）

【史料一覧】
・「遷宮例文」（『神宮遷宮記』第二巻所収）
・『中院一品記』（内閣文庫所蔵、和三五四三六）
・「波多野家文書」（平成十八年度第二十五回三重県埋蔵文化財展『北畠氏とその時代』図録〈三重県埋蔵文化財センター編集発行〉所収）

・「徳大寺公維・足利義満両宮願文」（神宮文庫蔵、一門一二九八三号）
・「延徳以来内宮注進状」（『大日本史料』第八編之十九所収）
・『氏経卿引付』（『三重県史』資料編中世1〈上〉所収）
・「氏経神事記」（増補大神宮叢書『神宮年中行事大成』前篇所収）
・薗田守良『神宮典略』後篇（増補大神宮叢書所収）
・「伊勢太神宮参詣記」（増補大神宮叢書『神宮参拝記大成』所収）
・蓬莱尚弘『御裳濯河大橋部類』（神宮文庫蔵、一門八〇〇七号）
・『太神宮司神事供奉記』（増補大神宮叢書『神宮年中行事大成』前篇所収）
・『皇大神宮年中行事当時勤行次第私註』（増補大神宮叢書『神宮年中行事大成』前篇所収）

【研究一覧】

・伊勢商工会議所・伊勢文化舎編『改訂版 検定 お伊勢さん　公式テキストブック』（伊勢商工会議所・伊勢文化舎、平成二十二年）
・大西源一『参宮の今昔』（神宮教養叢書第三集・昭和三十一年）
・西山厚『仏教発見！』（講談社現代新書一七五五・平成十六年）
・勝山清次『中世伊勢神宮成立史の研究』（塙書房・平成二十一年）
・改訂版詳説『日本史』B（山川出版社・平成二十年）

・最新『日本史』高等学校（明成社・平成二十年）

第五講　江戸幕府と遷宮（上野秀治）

【史料一覧】

・「式年並臨時仮殿遷宮一覧表」（神宮司庁編『神宮要綱』所収・昭和三年）
・「幕府大老老中下知状」（神宮文庫所蔵、第一門九一三八号）
・「両宮御造営吟味帳」（神宮司庁編『神宮御杣山記録』第一巻所収・昭和四十九年）
・「当代記」（国書刊行会編『史籍雑纂』第二所収・続群書類従完成会・昭和四十九年復刻）
・「作所要例控」（神宮司庁編『神宮御杣山記録』第一巻所収、明和六年式年遷宮関係）
・「両宮御造営御下行并諸入用積書」（神宮司庁編『神宮御杣山記録』第一巻所収、寛政元年式年遷宮関係）
・「宝永御造営木曽山被仰出節日次抜書」（神宮司庁編『神宮御杣山記録』第一巻所収、宝永六年式年遷宮関係）

【研究一覧】

・『忠臣蔵と旗本浅野家—旗本の職務と川海の役割—』（たつの市立龍野歴史文化資料館図録四

○・平成二十一年）
・木村政生『神宮御杣山の変遷に関する研究』（国書刊行会・平成十三年）

第六講　幕末の神宮―守りと祈り―（松浦光修）

【史料一覧】
・東京大学史料編纂所『大日本古文書』〈幕末外国関係文書之一〉（東京大学出版会・明治四十三年）
・佐藤信淵『混同秘策』（『安藤昌益　佐藤信淵』〈日本思想大系四十五〉・岩波書店・昭和五十二年）
・沼田次郎『開国前後』（講談社・昭和五十年）
・吉田松陰『癸丑遊歴録』・「嘉永六年五月十一日付森田節斎宛藤書簡」・「急務則一則」（『吉田松陰全集』〈第一巻・第五巻・第七巻〉・岩波書店・昭和十年～十一年）
・「守雅長官日次」・井坂徳辰『神境防夷』・竹川竹斎『神国攘夷　神乃八重垣』（『三重県史』資料編〈近世編4下〉・三重県・平成十一年）
・『皇太神宮儀式帳』（『新校　群書類従』〈第一巻〉・名著普及会・昭和七年）
・中村英彦『度会人物誌』（度会郷友会・昭和九年）

・『宇治山田市史』〈上巻〉（宇治山田市役所・昭和四年）
・岩倉具視「神州万歳策」（『幕末政治論集』〈日本思想大系五十六〉・岩波書店・昭和五十一年）
・『孝明天皇紀』（平安神宮・昭和四十二年）

【研究一覧】
・松浦光修「ＮＨＫ『龍馬伝』への大いなる違和感」（『正論』・産経新聞社・平成二十二年十一月）
・ラス・カサス『インディアスの破壊についての簡潔な報告』（岩波書店・昭和五十一年）
・徳富猪一郎『近世日本国民史』〈第五巻〉・時事通信社・昭和三十八年）
・高瀬弘一郎『キリシタン時代の研究』（岩波書店・昭和五十二年）
・岸敏光『ペリーの白旗』（毎日新聞社・平成十四年）
・大西源一『大神宮史要』（平凡社・昭和三十五年）
・原剛『幕末海防史の研究―全国的に見た日本の海防体制―』（名著出版・昭和六十三年）
・三谷博『明治維新とナショナリズム』（平成九年・山川出版社）

第七講　神苑会の活動と明治の宇治山田（谷口裕信）

【史料一覧】

・『伊勢市史』（伊勢市・昭和四十三年）
・『伊勢新聞』明治三十五・三十六・三十九・四十一・四十二・四十四・四十五年
・『宇治山田市史』上巻・下巻（宇治山田市役所・昭和四年）
・『宇治山田市史資料』神宮篇五四（宇治山田市役所・昭和三年）
・『宇治山田明治年代記』（倉田正邦校訂・三重県郷土資料刊行会・昭和五十七年）
・『校訂伊勢度会人物誌』（川端義夫校訂・昭和五十年。度会郷友会編『度会人物誌』・昭和九年刊の複製）
・『御巡幸紀要』（三重県斯民会・昭和三年）
・『神宮・明治百年史』上巻（神宮司庁・昭和六十二年）・下巻（神宮司庁・昭和六十三年）
・『神苑会史料』（藤井清司編・神苑会精算人事務所・明治四十四年）
・『地図でみる伊勢のあゆみ』（伊勢市教育委員会・昭和六十一年）
・『三重県会史』第一巻（三重県・昭和十七年）
・「宇治山田町神苑会道路新設設計書」（「神苑会資料」五二、神宮文庫蔵）
・「太田小三郎へ金杯下賜ノ件」（「公文雑纂」明治四十五年第二巻・国立公文書館蔵）
・「旧賓日館」（「国指定文化財等データベース」、http://www.bunka.go.jp/bsys/）
・「三重県会会議録」明治三十九年（三重県史編さん室蔵）

・「三重県会決議録」明治三十九年〜四十一年（三重県史編さん室蔵）

【研究一覧】

・森本和男『文化財の社会史』（彩流社・平成二十二年）
・谷口裕信「宇治山田における教会講社の展開―日露戦争前後の事例から―」（『皇學館史学』二三・平成二十年）

第八講　遷宮と昭和の宇治山田（田浦雅徳）

【史料一覧】

・三重県『昭和大禮行幸記要』（昭和四年）
・『御遷宮餘韻』（私家版・中東紀美子氏所蔵）※中東氏のご厚意により閲覧させて頂いた。この場を借りて厚く御礼申し上げます。
・『写真集　三重百年』（中日新聞本社・昭和六十一年）
・内閣総理大臣官房総務課「神宮式年遷宮ニ関スル件」、「公文雑纂」昭和四年、「公文類聚」第五十三編・昭和四年（国立公文書館蔵）
・『伊勢新聞』（明治四十二年・昭和四年）

・『読売新聞』（明治四十二年）
・『東京朝日新聞』（明治四十二年・昭和四年）
・『大阪朝日新聞』三重版（昭和四年）
・『宇治山田市公報』（昭和五年）
・「通町有文書」（伊勢市通町自治会蔵）

【研究一覧】

・宮地直一・阪本廣太郎『神宮と式年遷宮』（四海書房・昭和四年）

表紙

・『伊勢参宮名所図会』（皇學館大学附属図書館所蔵）

あとがき

皇學館大学では、専任教員が講師を勤める月例文化講座を開催してきた。平成二十二年度は国史学科が担当することとなり、「伊勢の神宮と式年遷宮」というテーマを設定、国史学科所属の全教員がそれぞれ専門とする時代を扱うことにした。そして講演内容を講演集として一冊にまとめる計画もたてた。実際講演が実施されたのは次の日である（演題は本書の各人のタイトルと同様であるので省略した）。

第一講　平成二十二年五月八日　清水　潔　　第二講　同六月十二日　岡田　登
第三講　同七月十日　多田實道　　第四講　同九月十一日　岡野友彦
第五講　同十月九日　上野秀治　　第六講　同十一月十三日　松浦光修
第七講　同十二月四日　谷口裕信　　第八講　平成二十三年一月八日　田浦雅徳

講演終了後各人、講演のもととなった原稿、録音テープから起した下原稿に修正加筆、または講演内容をもとに論文としたものを提出してもらった。すべてが口語体ではないものの、一般向けにわかりやすい内容に仕上がったと思う。

第一講は、古代を中心に神宮や式年遷宮に関する総論的な内容になっている。第二講は、第一回式年遷宮を持統天皇の伊勢行幸と関連付け、式年遷宮制の創始の意義など述べた。第三講は、鎌倉時代の遷宮を一覧し、具体的な遷宮の手順をあきらかにするとともに、仮殿遷宮の多さから用材や建築法の問題を指摘している。第四講は南北朝～戦国時代を扱い、式年遷宮が南北朝期と戦国期の二度大幅に実施が延期されたことを指摘、その時代背景を述べる。第五講は江戸時代を扱い、殊に江戸幕府等の遷宮費用負担の問題と、寛文九年式年遷宮に際し、用材や神宝類に難点があったため、幕府が旧に復すよう指示していたことを指摘した。第六講は、幕末期に外国から神宮をいかに防衛するかという問題を、朝廷や諸藩の動向から述べ、神宮の重要性を捉えなおした。第七講は、宇治山田に神宮宮域整備を目的として明治十九年に設立され、二十五年程活動した「神苑会」を取り上げ、その意義を考えた。第八講は、昭和四年の式年遷宮を中心に、国家行事として実施されていく実態、またこの遷宮が宇治山田の神都化の画期になったと述べる。

以上通読していただければ、式年遷宮も時代によって変遷・変化があったことがおわかりいただけよう。古代からの伝統を守りつつ、今後の式年遷宮を考えていく一助になれば幸いである。

最後に、一部原稿提出の遅れから、各方面にご迷惑をおかけしたことをお詫び申し上げる。また本書刊行に当たっては、録音テープ起しから割付等の編集事務のすべてを元国史学科事務助手加﨑千恵氏にお願いした。本年六月一日にコミュニケーション学科事務助手に異動となったものの、最後まで本書完成に尽力いただいた。ここに厚く感謝申し上げる次第である。

平成二十四年十月十日

皇學館大学文学部国史学科主任　　上野　秀治

執筆者紹介（執筆順・平成二十四年十月一日現在）

清水　潔（しみず・きよし）　皇學館大学学長　博士（法学）
昭和二十三年生まれ。専門は日本古代神祇・法制・文化史。
〈著書・論文等〉『類聚符宣抄の研究』（国書刊行会・昭和五十七年）、『式内社調査報告総索引』（皇學館大学出版部・平成七年）、『新校本朝月令』（皇學館大学神道研究所・平成十四年）、『名張市史　資料編　古代』（共編・平成二十四年）

岡田　登（おかだ・のぼる）　皇學館大学文学部教授・史料編纂所長
昭和二十七年生まれ。専門は日本考古学・日本古代史・神宮史。
〈著書・論文等〉『磯部町史』上・下巻（磯部町・平成九年）、『伊勢市史』第六巻・考古編（伊勢市・平成二十三年）、「奈良三彩小壺出土の多気町クツヌイ遺跡をめぐって─東大寺大仏造立と伊勢神宮─」（皇學館大学史料編纂所『史料』一六五・平成十二年）、「皇大神宮（内宮）の創祀年代について」（『神宮と日本文化』皇學館大学・平成二十四年）

多田實道（ただ・じつどう）　皇學館大学文学部准教授
昭和四十五年生まれ。専門は日本中世史・禅宗史（曹洞宗史）。

〈著書・論文等〉『紀伊半島東部　曹洞宗史研究』（山喜房佛書林・平成二十年）、『伊勢市史』第二巻・中世編（共著・平成二十三年）、「寺院における「神前御祈禱」―藤堂高虎と神宮近隣の寺院―」（『神道史研究』第五十七巻第二号・平成二十一年）

岡野友彦（おかの・ともひこ）　皇學館大学文学部教授・佐川記念神道博物館長　博士（歴史学）
昭和三十六年生まれ。専門は日本中世史・古文書学・博物館学。
〈著書・論文等〉『中世久我家と久我家領荘園』（続群書類従完成会・平成十四年）、『源氏と日本国王』（講談社現代新書・平成十五年）、『北畠親房―大日本は神国なり―』（ミネルヴァ書房・平成二十一年）

上野秀治（うえの・ひではる）　皇學館大学文学部教授
昭和二十四年生まれ。専門は大名生活史・華族制度史。
〈著書・論文等〉『三重県の歴史』（共著・山川出版社・平成十二年）、「江戸城登城日をめぐる幕藩関係―菰野藩主土方家を例に―」（『徳川幕府と巨大都市江戸』東京堂出版・平成十五年）、「『岩倉公実記』編纂過程の研究・上」（『皇學館史學』第二十号・平成十七年）

松浦光修（まつうら・みつのぶ）　皇學館大学文学部教授　博士（神道学）
昭和三十四年生まれ。専門は日本思想史。

〈著書・論文等〉『大国隆正の研究』（神道文化会・平成十三年）、『やまと心のシンフォニー』（国書刊行会・平成十四年）、『夜の神々』（慧文社・平成十七年）、『【新訳】南洲翁遺訓　西郷隆盛が遺した「敬天愛人」の教え』（PHP研究所・平成二十年）、『日本の心に目覚める五つの話』（明成社・平成二十二年）、『【新訳】留魂録　吉田松陰の「死生観」』（PHP研究所・平成二十三年）

谷口裕信（たにぐち・ひろのぶ）　皇學館大学文学部准教授　博士（文学）

昭和五十年生まれ。専門は日本近代史。

〈著書・論文等〉「明治中後期における郡制廃止論の形成」（『史学雑誌』一一三－一・平成十六年）、「地方改良下の郡改革」（『ヒストリア』一九八号・平成十八年）、『日記に読む近代日本2』（共著・吉川弘文館・平成二十四年）、『伊勢市史』第四巻・近代編（共著・平成二十四年）

田浦雅徳（たうら・まさのり）　皇學館大学文学部教授　博士（文学）

昭和二十八年生まれ。専門は日本近代政治外交史。

〈著書・論文等〉『日本近代史の再構築』（共著・山川出版社・平成五年）、『植民地帝国日本の法的展開』（共著・信山社・平成十六年）、『伊勢市史』第四巻・近代編（共著・平成二十四年）

皇學館大学講演叢書　第135輯～第142輯

伊勢《いせ》の神宮《じんぐう》と式年遷宮《しきねんせんぐう》

平成二十四年十一月三十日　初版
平成二十八年　四　月　一　日　再版

本体価格　二、〇〇〇円

著　者　清水　潔・岡田　登・多田實道・岡野友彦
上野秀治・松浦光修・谷口裕信・田浦雅徳

発行所　皇學館大学出版部
代表者　井　面　護
五一六―八五五五　伊勢市神田久志本町一七〇四
電　話　〇五九六―二二―六三二〇
振替口座　〇〇八四〇―二―一六三二六

印刷所　千巻印刷産業株式会社
五一六―〇〇七二　三重県伊勢市宮後二丁目九―四一

ISBN978-4-87644-198-3　C0014